Studies in Talmudic Logic
Volume 1

Non-Deductive Inferences in The Talmud

We analyse the three basic non-deductive rules of Talmudic inference; namely Kal Vachomer (Argumentum A Fortiori) and the two kinds of Binyan Av (Analogy and Induction). We construct a unified Matrix Abduction model which explains all the major instances of these rules in the Talmud

Volume 1
Non-Deductive Inferences in the Talmud
Michael Abraham, Dov Gabbay, and Uri Schild

Studies in Talmudic Logic
Series Editors
Michael Abraham, Dov Gabbay, and Uri Schild

dov.gabbay@kcl.ac.uk

Non-Deductive Inferences
In The Talmud

Michael Abraham

Dov Gabbay

and

Uri J. Schild*

Bar Ilan University

*and Ashkelon Academic College

ISBN 978-1-84890-000-4

College Publications
Scientific Director: Dov Gabbay
Managing Director: Jane Spurr
Department of Computer Science
King's College London, Strand, London WC2R 2LS, UK

http://www.collegepublications.co.uk

Printed by Lightning Source, Milton Keynes, UK

Analysis of the Talmudic Argumentum A Fortiori Inference Rule (Kal Vachomer) using Matrix Abduction

Contents

1 Introduction and Motivation

This section explains and motivates the intuitive use of the new method of Matrix Abduction to analyse the non-deductive rules of Analogy and Argumentum A Fortiori. This rule is a form of Induction rule when used in an Artificial Intelligence context and is a recognised Jurisprudence rule in Jewish, Islamic and Indian legal reasoning. In the Jewish Talmud it is known as the Binyan Abh and the Kal-Vachomer rules. In Islamic jurisprudence it is known as Qiyas (analogy) and in Sanskrit logic (Nyaya) it is known as Kaimatya Nyaya (or Kaimutika Nyaya, the *even more so*) rule.

1.1 Matrix Abduction in AI

Let us begin by trying to buy, over the Internet, two items:

1. An LCD computer screen

2. A digital camera

We start with the LCD screen. We want something good, within a price range we can afford and we would especially like it to have stereophonic speakers. So the usual thing to do in such cases is to go to a price comparison website. In our case.[2] We went to `www.wallashops.co.il` and got comparison tables for four candidates.

Screen 1.   Xerox XM7 24A

Screen 2.   Viewsonic FHD VX 2640w

Screen 3.   Nec 2470 WVX

Screen 4.   Nec 24 WMCX

The specifications of interest we got are shown in Figure 1 below.

	P price over £450	C self collection	I screen bigger than 24inch	R reaction time below 4ms	D dot size less than 0.275	S stereo- phonic
Screen 1	0	1	0	1	0	1
Screen 2	0	0	1	1	0	1
Screen 3	0	0	0	0	1	?
Screen 4	1	1	0	0	1	1

1 = yes; 0 = no; ? = no data given

Figure 1

It seems that for screen 3 there is no information about the stereophonic feature. It was not possible to get the information from other sites. Can we abduce the information from the table itself? How do we do that?

---

[2]This is a real example we are describing, of what we did on 1.2.09.

Let us check another example, where a similar problem arises. We look for cameras at the same site.

Camera 1.   Canon A590 8MP + 4GB

Camera 2.   Olympus FE20 (thin) 8MP + 4GB

Camera 3.   Olympus FE60 + 2GB

Camera 4.   Olympus 8MP in Hebrew + 1GB.

Figure 2 gives the specifications for comparison

	P price over £100	M over 12 monthly payments	D quick delivery	B more than one battery	W weighs more than 150g	F flash has more than 3 states	E can edit image afterwards
Camera 1	1	1	0	1	1	0	?
Camera 2	0	0	0	0	0	1	1
Camera 3	0	0	1	0	0	1	1
Camera 4	1	0	1	0	0	0	1

Figure 2

Again, there is no information whether Camera 1 can edit an image taken into the camera memory. Our question is, can we assume that this type of camera, as compared with the others, will have this feature? Can we use the matrix to get the answer? See Example 3.25 for a solution.

We can now formulate the general problem:

Definition 1.1 (Matrix abduction problem) *Let* $\mathbb{A} = [a_{i,j}]$ *be a* $0 - 1$ *matrix, where* $a_{i,j} \in \{0, 1, ?\}$ $i = 1, \ldots, m$ *(m rows)* $j = 1, \ldots, n$ *(n columns) such that the following holds:*

a. $m \leq n$ *(there are more columns than rows*[3]*)*

b. *exactly one* a_{i_0, j_0} *is undecided all the others are in* $\{0, 1\}$.

The abduction problem is to devise some algorithm which can decide whether $a_{i_0, j_0} = ?$ *should be 1 or* $a_{i_0, j_0} = ?$ *should be 0 or* $a_{i_0, j_0} = ?$ *must remain undecided*

We cannot solve this problem without further assumptions on the meaning of the entries. Put in different words, if we give an algorithm $\mathcal{A}$ to be applied to $\mathbb{A}$, we need to specify its range of applicability. To specify whether $\mathcal{A}$ can be meaningfully applied to $\mathbb{A}$, we need to know how $\mathbb{A}$ was constructed. In other words, we need some assumptions about the meaning of the rows and columns of $\mathbb{A}$.

---

[3]This condition does not matter in the formal abstract case, since we can rotate the matrix. However, in some applications the rows and columns may have special meaning. The formal machinery works even if $n < m$.

3

The examples above suggest that we can look at the roles of $\mathbb{A}$ as representative agents or causes, which can generate various features. The columns of the matrix represent the features. So objects like cameras or LCD screens can "generate" the properties listed in the columns. There are other examples, for instance, hurricanes can generate a lot of damage through various features. If we go to the web, we can find a list of names for hurricanes and a list of the main kinds of features they generated. We can construct, for example, Figure 3.

	rip tide	winds	storm surge	flooding	tornado
Katrina					
Andrew					
Ivan					
Hugo					
Camille					
$\vdots$					

Figure 3

The $a_{i,j}$ slots usually contain numerical data or even qualitative data. For example, the wind column may contain the maximum speed in miles per hour of each hurricane.

To turn the data into $0-1$ data we need to decide on a cut-off point. Say for winds we choose 150 miles per hour. We have two choices for the wind column. Do we take 1 to mean over 150 miles per hour or do we take it to be $1 =$ under 150 miles per hour? The reader might think it is a matter of notation but it is not! We need to assume that all the column features pull in the same direction. In the hurricane case the direction we can take is the capacity for damage. In the LCD screen and camera case it is performance. So to put 1 as opposed to 0 in a box indicates more strength to the feature in the general agreed shared direction. So the representation of the columns must be compatible with the chosen direction. So if 1 in the winds means over 150 miles (in direction of increased damage), then 1 in the tornadoes column must go in the same direction. To give an example of a matrix where there is no direction to the columns, take a simple graph, see Figure 4.

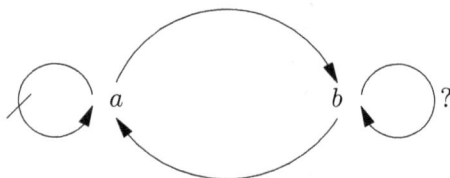

Figure 4

4

This is a binary relation R

$$(a, b) \in R, (b, a) \in R, (a, a) \notin R.$$

We ask is $(b, b) \in R$? Form the characteristic matrix in Figure 5

	a	b
a	0	1
b	1	?

Figure 5

There is no direction or meaning here. We might apply our algorithm formally and get an answer but it means nothing.

Let us give another example. Imagine a society of agents and various context in which the agents might wish to apply actions. Say action **a** might be to shoot to kill and the context B might be a burglar in the middle of the night. The matrix $\mathbb{A}$ might give $0 - 1$ values to indicate the accepted norms.

So we may get Figure 6

	A	B	C	D
a	0	1	1	0
b	1	?	0	0
c	1	1	0	1

Figure 6

$\mathbf{a}, \mathbf{b}, \mathbf{c}$ are actions and A, B, C, D are situations.

We know that action **b** for example is allowed in situation A but we don't know about situation B.

The reader may ask how can such a problem arise? If actions are described by pre-conditions and post-conditions and situations (states) are also described properly then we can check whether the preconditions hold and whether there are any restrictions on the execution of the action. The problem is that the above presentation is already a formal model.

If we construct a table and use common sense, there may be clear answers in some places and question marks in others. Figure 7 is such a case:

	burglar unarmed	burglar armed	burglar could be armed	burglar could be armed but several murders same week
shoot the burglar	0	1	?	1
beat up the burglar	?	1	1	1

Figure 7

This example also has a "direction". We allow severe actions for severe situations. So we may decide on the basis of the matrix that if the burglar may be armed then better shoot him and maybe then decide that if he is definitely not armed then beat him up, sensing the general "severe" spirit of the case.

Another example could be from monadic predicate logic over a finite domain. The domain can be $\{d_1, \ldots, d_n\}$ and the monadic predicates $A_1(x), \ldots, A_m(x)$. Assume we know all values of $A_i(d_j) = e_{i,j}$ except one, say $A_k(d_r) = ?$. We get the matrix of Figure 8

	d_1	d_2	...	d_r	...	d_n
A_1	$e_{1,1}$	$e_{1,2}$				
A_1	$e_{2,1}$	$e_{2,2}$				
$\vdots$						
A_k	$e_{k,1}$	$e_{k,2}$		?		
$\vdots$						
A_m	$e_{m,1}$	$e_{m,2}$				

Figure 8

Our method allows us, under certain assumptions, to get a value for $A_k(d_r) = e_{k,r}$. More on this example in Appendix D.

The above discussion gives us an idea of when a matrix $\mathbb{A}$ is within the range of applicability of our matrix abduction algorithm. However the explanation is not formal but in terms of examples showing how the matrix is constructed we have not given a formal definition which says when an arbitrary $0 - 1$ matrix is within the range of applicability.

We shall do this in Section 3 where we develop some matrix machinery. Definition 3.7 describes when a matrix has a 'direction'. Meanwhile consider the two matrices in Figure 9. The first is not within range, it has no direction, the second is within range, as we shall see later.

1.2 The Talmudic Kal-Vachomer[4]

Here we give a small example. An extensive model will be given later in the paper.

A bull can do damage in two ways.[5] It can trample something with its feet or it can use its horns. Also the location of the arena of the damage can either be in a public place or a private place (e.g. a public road or a private

---

[4] Also written as Qal-Vahomer, or Qal-Vachomer.

[5] Actually a bull can damage in three ways. He can eat (Tooth), trample (Foot) and gore (Horn). The Horn is intentional damage. The Tooth and Foot are not intentional, but the Tooth gives benefit to the perpertrator and the Foot gives no benefit.

(1)

	A	B	C
a	1	0	0
b	0	1	0
c	0	0	1

(2)

	A	B	C
a	1	1	1
b	0	1	1
c	0	0	1

Figure 9

garden). The amount of compensation paid by the owner of the bull depends on these features.

Figure 10 describes the situation.[6] The entries indicate proportion of the damage to be paid, as indicated in the Bible.

	public place	private place
Foot action	0	1
Horn action	$\frac{1}{2}$	$x = ?$

Figure 10

The Talmudic law specifies that foot damage by a bull at a public place needs to pay 0 compensation. Horn damage at a public place pays $\frac{1}{2}$ the cost of damage as compensation.

In a private area foot damage must be paid in full. What can we say now about payment for horn action in a private place? This is not specified explicitly in the Biblical written law and the Talmud is trying to abduce it from the above matrix using Kal-Vachomer.

The next section shows how the Talmud does it.

1.3 Preview of the model

We use the bull example of Section 1.2 to show how the model works.

First the intuitive argument:

We see from the public arena, that horn damage is considered more serious than foot damage. You need to walk but certainly you don't need to use your horn in a public road! If this is the case, then if in a private place foot damage has to pay in full, then certainly horn damage has to pay in full.

[6]If we insist on $\{0, 1\}$ values in the matrix we can read the entries as taking either the value 0 or taking the value of $\frac{1}{2}$ or 1 in which case the (Horn, public place) square will be 1. Subsequent considerations for $x = ?$ in Section 1.3 always use $x \geq \frac{1}{2}$ or $x = 0$ as options anyway.

We can also look at Figure 10 from the row point of view. We see from row 1 that damage in private area is considered more seriously than damage in public area. You are allowed routinely to walk and move in public areas but not in a private area. So if horn action in public area pays $\frac{1}{2}$ then certainly it has to pay at least half if done in a private area!

We now give you a glimpse of the maths of the model. Consider the matrix of Figure 10 and consider columns as vectors and consider two cases:

Case 1 we put for ? the value $x \geq \frac{1}{2}$.
Case 2 we put for ? the value $x = 0$.

For $x \geq \frac{1}{2}$ we have

$$\begin{array}{ccc} \text{Public} & & \text{Private} \\ \begin{pmatrix} 0 \\ \frac{1}{2} \end{pmatrix} & \leq & \begin{pmatrix} 1 \\ x \end{pmatrix} \end{array}$$

but for $x = 0$ we get that the two columns are not comparable.

We get two types of orderings, described in Figures 11 and 12. a, b are two abstract points of ordering which in our case can represent the public column and the private column. The two abstract orderings we get are

$$a \quad \rightarrow \quad b$$

Figure 11

$$\bullet\, b \qquad\qquad \bullet\, a$$

Figure 12

So one is a linear ordering $a \leq b$ and the other is no ordering of a, b. We ask which one is "nicer". The intuitive answer is that Figure 11 is nicer. So $x \geq \frac{1}{2}$ is our answer to the question in this case.

Comparing rows we get for $x = 1$:

$$\text{Horn } (\tfrac{1}{2}, 1) \geq \text{Foot}(0, 1),$$

i.e. the abstract ordering of Figure 11 again, where now a, b represent foot and horn rows.

For $x \leq \frac{1}{2}$ we get two incomparable rows, i.e. Figure 12 again. So again, if Figure 11 is considered "nicer", we must take $x = 1$ as our answer.

The actual case is decided in Jewish law as $x = \frac{1}{2}$.

1.4 Qiyas and Kaimutika Nyaya

We saw that the Talmudic rule of Kal-Vachomer is used in Jewish Jurisprudence to derive further conclusions and laws from the explicit existing laws in the Bible. A similar rule in Islamic Jurisprudence is in the Qiyas, see [22] and [25].

Literally Qiyas means measuring or ascertaining the length, weight or quality of something. It is used to extend a Shariah ruling from an original case to a new case. This is done by identifying a common cause between the original case and the new case. See Examples 1.2 and 1.3.

Example 1.2 (Example of Qiyas (from Wikipedia))
For example, Qiyas is applied to the injunction against drinking wine /wiki/ Wine to create an injunction against cocaine /wiki/Cocaine use.

1. *Identification of a clear, known thing or action that might bear a resemblance to the modern situation, such as the wine drinking.*

2. *Identification of the ruling on the known thing. Wine drinking is prohibited.*

3. *Identification of the reason behind the known ruling . For example, wine drinking is prohibited because it intoxicates. Intoxication is bad because it removes Muslims /wiki/Muslim from mindfulness of God.*

4. *The reason behind the known ruling is applied to the unknown thing. For instance cocaine use intoxicates the user, removing the user from mindfulness of God. It is therefore prohibited.*

Example 1.3 *This example is from www.islamtoday.com.*

What is the ruling on giving one's parents a good smack?

We will not find any text in our scriptures that directly addresses this question. However, we are in no doubt that it is absolutely prohibited and sinful to do so.

We find in the Qur'ân that it is sinful to even mutter "ugh" or "uff" to our parents in exasperation when they ask us to do something for them.

Allah says: "And your Lord has commanded that you shall not worship any but Him, and that you show kindness to your parents. If either or both of them reach old age with you, say not to them so much as "ugh" nor chide them, but speak to them a generous word." [Sûrah al-Isrâ: 23]

We are prohibited to say "ugh" to our parents, because it is abusive behaviour. At the very least, it hurts their feelings. We can have no doubt that shoving them or smacking them is even more abusive and hurtful. Since the reason for prohibition is even more evident here, we can be certain that smacking our parents is unlawful and very sinful.

A similar rule exists in Indian Logic. We quote an example:

Example 1.4 (Kaimutika Nyaya (from sadagopan.org)
http://www.biblio.org/sadagopan/ahobilavalli/sus_v2p2.pdf)

It has been said also in SANdilya-smriti: "There may be doubts concerning the redemption of those who serve AchArya, but there is absolutely no doubt about the redemption of those who delight in the service of His devotees" (1-95). So, in the case of those who depend solely on the AchArya, there is no doubt at all concerning the fruition of prapatti, by the principle of "kaimutika nyAya".

> *(Will not the Lord, who saves those who take refuge in His devotees, save those who take refuge in their AchAryas? Will not a benefit, which is got by one who is not qualified, be obtained by one who is qualified?).*

> *It is thus established that sarveSvara, the Lord of all, will not grant us the supreme goal of existence, unless prapatti is performed in any of these two forms, and by some one or other. Thus the Lord has done another favour by revealing these important messages inbuilt in these mantras, said SwAmi Desikan, in this sub-section*

It is now time to define the mathematical model.

2 Motivating the matrix model

Before we give the algorithm, let us say how it is to be used.

The algorithm works as follows. We are given a matrix $\mathbb{A}$ with one place with $x = ?$ and all the rest are entries from $\{0, 1\}$. We need to decide which is better $x = 0$ or $x = 1$ or declare the case as formally undecided.

Let $\mathbb{A}^1$ be the matrix with $x = 1$ and $\mathbb{A}^0$ be the matrix with $x = 0$.

Step 1
Let Π_1 be the partial order of the columns of $\mathbb{A}^1$, taken as vectors and compared coordinate wise. Let Π_0 be the same for $\mathbb{A}^0$.

Step 2
Decide, if you can, which is "nicer". (Formal definitions will be given later.)

Step 3
If Π_1 is definitely nicer than Π_0 then say $x = 1$ is the output. If Π_0 is definitely nicer than Π_1 then let output be $x = 0$.

If neither can be shown to be nicer then say that x is undecided.

Thus we need an algorithm on two partial orders X and Y to say either "X is better than Y" or "Y is better than X" or "X, Y are not comparable".

This algorithm must be compatible with the meaning of the rows and columns of the matrix as discussed in Section 1.1 and may use the matrix for help.

The next section will give precise mathematical definitions but before than we need to give some methodological remarks.

The Kal-Vachomer rule (and the algorithms supporting it) are nonmonotonic rules of induction. This means they are not absolute deductive rules but defeasible common sense rules. So we may use these rules to obtain a conclusion A, but further information and further arguments may force us to doubt A or even come to accept $\sim A$.

Let us compare this rule with ordinary Abduction.

Imagine we have hard facts, accepted statements of the form $\Delta = \{A_1, \ldots, A_m\}$, we are looking for further information. We consider Δ and using common sense, experience, our knowledge of the way the world works, our creative imagination, our religion and whatever else we bring to bear on the case, we put forward that H should be added to Δ. The decision to add H is defeasible. We may find out later, through more facts, etc., that H was the wrong addition.

On the other hand, compare this with a proof in school geometry. If $A_1, \ldots, A_m$ are assumptions about geometric figure and we *prove* H, then H follows absolutely! It is not defeasible no matter how much more information we get.

Matrix abduction is a defeasible rule. We looked for the missing information about the camera and could not get it. We may use matrix abduction to conjecture that the camera did have a stereophonic feature and decided to order it from the dealer. It is quite possible that when we get the camera we find out that it does not have this feature. This does not mean our matrix abduction rule was wrongly applied. The rule was correctly applied but was defeated by further data.

Another typical case of abduction can be described as follows. Given a theory Δ, say $\Delta = \{A, A \wedge B \to C, X\}$ and a result G, say that $G = C$ such that we know that $\Delta \vdash G$ must hold. However without knowing what X is, G does not follow from Δ. We therefore want to *abduce* a hypothesis H such that

1. $H \not\vdash G$

2. $\Delta + H \vdash G$.

There may be several such candidates but we decide that a certain algorithm is the one we use. Once we decide on that, we can calculate H and let $X = H$. In the above case we can use a goal directed algorithm for $G = C$ which goes as follows:

1. What can give us C? We can get C from the data $A \wedge B \to C$ if we have two items A and B.

2. We do have A, but B is not available, however we have X which we don't know what it is.

3. So abduce $X = B$.

Thus $H = B$

Note that the weaker assumption $X = (A \rightarrow B)$ would also do the job but this is not what our algorithm does.

So for the case of the matrix $\mathbb{A}$ the inductive/abductive step is to use our specific algorithm. Once we decide on that, the answer becomes mathematically determined. However the whole process gives us defeasible conclusions, not absolute conclusions.

3 Superiority relation on partial orders

This section develops the mathematical machinery for our Matrix Abduction algorithm.

Definition 3.1 (Graphs)

1. *A partial order is a set S with a binary relation $<$ which is transitive and irreflexive. We write $\tau = (S, <)$ for a partial order. We write $\leq$ for the reflexive closure of $<$.*

2. *Let $x \prec y$ be the relation*

$$x \prec y \text{ iff } x < y \wedge \sim \exists z (x < z < y)$$

   We represent graphically "$x \prec y$" by "$x \leftarrow y$". So for example in Figure 13, we have $x_1 \prec x_2, x_2 \prec x_3, y_1 \prec x_3$, etc., etc.

   $x \prec y$ means that x is an immediate predecessor of y (or equivalently y is an immediate successor of x).

   We have that $<$ is the transitive closure of $\prec$. From now on we look at $(S, \prec)$.

3. *A path in $(S, \prec)$ of length n, is a chain of the form $x_1 \prec x_2 \prec \ldots \prec x_n$.*

   A path is maximal if there is no longer path containing it.

4. *Let $T \subseteq S$. Let T^*, the projection of T, be the set*

$$T^* = \{y \mid y \leq t, t \in T\}.$$

5. *Let T be a maximal path in $(S, \prec)$. T is said to be maximal thin path if there is no other maximal path T_1 such that T_1^* has less elements than T^*.*

6. *Figure 13 is a good graph to serve as an example for our concepts. There are two maximal paths.*

$$T_1 : x_1 \prec x_2 \prec x_3 \prec z \prec x_4 \prec v$$

   and

$$T_2 : x_1 \prec x_2 \prec x_3 \prec z \prec x_4 \prec x_5.$$

   The path ending up in v is thinner, because $y_3 \in T_2^*$ but $y_3 \notin T_1^*$.

12

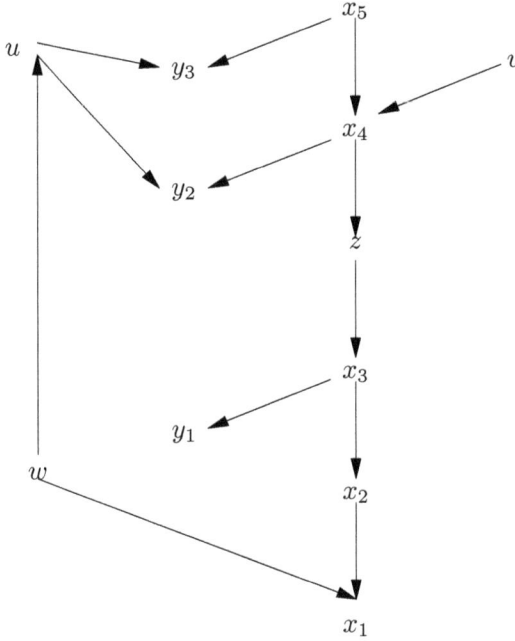

Figure 13

7. *We now divide $(S, \prec)$ into levels.*
   Level 1
   All minimal points, i.e. all points x such that $\sim \exists y(y < x)$.
   Level $n+1$
   Let $P_r(y)$ be the set of all predecessors of y. Then y is of level $n+1$ if all predecessors of y are of level $\leq n$, with at least one such prececessor being of level n.

   For example, in Figure 13, the following are the levels of the nodes:
   Level 1 x_1, y_1, y_2, y_3
   Level 2 x_2, u
   Level 3 x_3, w
   Level 4 z
   Level 5 x_4
   Level 6 x_5, v.

8. *A point $z \in S$ is a critical point if the following holds:*

   (a) *z has at least two predecessors*

   (b) *there exists y such that $\sim (z < y)$ and all predecessors of z are less than y.*

Definition 3.2 (Abduction matrices) *An abduction matrix $\mathbb{A}$ has the form*

$$\mathbb{A} = [a_{i,j}], 1 \leq i \leq m, 1 \leq j \leq n$$

13

where i runs over rows and j over columns we require

1. $m \leq n$

2. $a_{i,j} \in \{0, 1, ?\}$

3. *exactly one $a_{i,j}$ has value ?*

Definition 3.3

1. *A matrix $\mathbb{A}$ is definite if $a_{i,j} \neq ?$ for all i, j, that is we always have values in $\{0, 1\}$ for the entries.*

2. *Given a definite matrix $\mathbb{A}$, its columns are $0 - 1$ vectors of length m, i.e.*

$$V_j = (a_{1,j}, a_{2,j}, \ldots, a_{m,j}).$$

Define an ordering on two vectors V, V', by comparing coordinates.

$$V \leq V' \text{ iff for all } i, v_i \leq v'_i,$$

where

$$V = (v_1, \ldots, v_m), V' = (v'_1, \ldots, v'_m).$$

We also indicate the ordering by writing

$$V \to V'.$$

Lemma 3.4 (Graph representation theorem) *Let $(S, <)$ be an abstract partial ordering based on a finite set $S = \{a_1, \ldots, a_n\}$. Then there exists a definite matrix with m column and m rows such that the column ordering is the same as $(S, \leq)$.*

Proof. Let $\mathbb{A} = [a_{i,j}], 1 \leq i, j \leq 1$ be the matrix defined by $a_{i,j} = 1$ iff $a_i \leq a_j$.

This is the characteristic matrix of the ordering. We shall see that we can identify that column V_i with the element a_i
we have

$$V_k \leq V_j$$

iff (by definition)

$$\text{for } i = 1, \ldots, n \text{ we have } a_{i,k} \leq a_{i,j}$$

iff for $i = 1, \ldots, m$

$$a_i \leq a_k \Rightarrow a_i \leq a_j$$

$$\text{iff } \forall x \in S(x \leq a_k \to x \leq a_j)$$

iff (since $\leq$ is reflexive and transitive

$$a_k \leq a_j.$$

■

Remark 3.5 *The lemma is important because we can assume that the definition for "nicer" or superiority among ordering can use conditions and properties of the matrix generating them.*

So from now on we can assume that every ordering $\tau = (S, \leq)$ comes from a matrix $\mathbb{M} = \mathbb{M}_\tau$, or $\tau = \tau(\mathbb{M})$.

We now want to get some intuition about when one ordering is superior to another. Our strategy is as follows

1. Look at some orderings and give some plausible mathematical definition of when one is superior to another. Such a definition must use topological and mathematical properties of the ordering and in no way have any connection with problems of abduction and reasoning.

2. It is inevitable that such a definition will be partial and incomplete and in many cases will have nothing to say.

We now run our definition on orderings derived from matrices arising from actual reasoning cases where we know what answers we should be getting. We use these cases to make our partial definitions more precise.

If the extra precision required turns out to be topologically meaningful, then we can say we got a good model, because of the intuitions of the reasoning do correspond to topological conditions on the ordering.

Example 3.6 (Examples of ordering) *The following (Figure 14) are some examples of orderings. Note that for $b \prec a$ we also write*

$$a \to b$$

or

$$a$$
$$\downarrow$$
$$b$$

when we present the ordering as a graph.

We now give a partial definition of superiority. To expand the partial definition into a full definition we need to know the application area, and take it into consideration.

Definition 3.7 (Multisets)

1. *Let $\mathbb{L}$ be a set of labels $\mathbb{L} = \{\alpha_1, \alpha_2, \ldots\}$. Let $\mathbb{M}(\mathbb{L})$ be the family of all multisets based on $\mathbb{L}$. So these are subsets with copies from $\mathbb{L}$. For example $\{2\alpha, 3\beta\}$, this is a multiset with 2 copies of α and 3 copies of β.*

2. *Let $\mathbb{M}_1(\mathbb{L})$ be all multisets of the form $\{m\alpha, \beta_1, \ldots, \beta_{k-1}\}$, i.e. at most one element appears with more than one copy. So for example $\{2\alpha, 3\beta, \gamma\}$ is not in $\mathbb{M}_1(\mathbb{L})$.*

   We call the number k in $\{m\alpha, \beta_1, \ldots, \beta_{k-1}\}$ the dimension of the element and the number m in its (multi-valued) index.

15

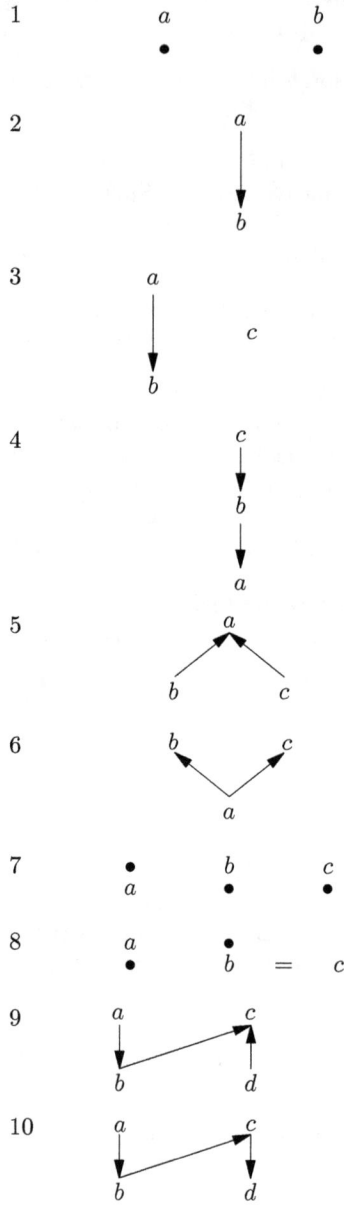

Figure 14

3. *Let E be a finite subset of $\mathbb{M}_1(\mathbb{L})$. Define the dimension and index of E as the maximum of the respective dimensions and indices of its elements.*

Definition 3.8 (Multiset representation of ordering) *Let $(S, <)$ be a partially ordered set and let $\mathbb{L}$ be a set of labels. A function $\mathbf{f}$ giving for each $x \in S$ a multiset $\mathbf{f}(x)$ be in $\mathbb{M}_1(\mathbb{L})$ is called an $(\mathbb{L}, \mathbf{f})$ realisation of $(S, <)$ iff the following holds:*

(∗) $\qquad x \leq y$ *iff* $\mathbf{f}(x) \subseteq \mathbf{f}(y)$ *where* $\subseteq$ *is a multiset inclusion*

The dimension and index the realisation are defined as those of $E = \{\mathbf{f}(x) | x \in S\}$.

Lemma 3.9 *For every $(S, <)$ there exists an $\mathbb{L}$ and $\mathbf{f}$ such that $(\mathbb{L}, \mathbf{f})$ is a realisation of $(S, <)$.*

Proof. Let $\mathbb{L} = S$ and let $\mathbf{f}(x) = \{y | y \leq x\}$. ■

Definition 3.10 (Multiset representation of matrices) *Let $\mathbb{A} = [a_{i,j}]$ be a definite abduction matrix. Let $V_1, \ldots, V_n$ be its columns and $U_1, \ldots, U_m$ be its rows. Let $\mathbb{L}$ be a set of labels.*

1. *A function $\mathbf{f}$ giving each column and each row X a multiset $\mathbf{f}(X) \in M_1(\mathbb{L})$ is considered a realisation of $\mathbb{A}$ iff the following holds*

   (∗) $\qquad a_{i,j} = 1$ *iff* $\mathbf{f}(U_i) \supset \mathbf{f}(V_j)$

2. *We say that the matrix $\mathbb{A}$* has a direction *if it has a representation where the number of labels in $\mathbb{L}$ is strictly less than the number of columns in $\mathbb{A}$.*

Lemma 3.11 *Let $\mathbb{A}$ be a definite matrix. Let U_i, V_j be the rows and columns respectively. Let $\mathbb{L} = \{V_j\}$. Let $\mathbf{f}$ be defined as follows:*

$$\begin{aligned} \mathbf{f}(V_j) &= \{V_j\} \\ \mathbf{f}(U_i) &= \{V_j | a_{i,j} = 1\}. \end{aligned}$$

Then $\mathbf{f}$ is a representation for $\mathbb{A}$.

Proof. We have indeed

$$\mathbf{f}(U_i) \supseteq \{V_j\} \text{ iff } a_{i,j} = 1.$$

■

We now define the concepts we shall use to give a definition of when one ordering τ_1 is superior to another ordering τ_2.

Definition 3.12 (Minimal realisation) *Let $(S, <)$ be an ordering and let $(\mathbb{L}, \mathbf{f})$ be a realisation of it. The realisation is said to be* label-minimal *iff there is no other realisation $(\mathbb{L}', \mathbf{f}')$ with less labels, i.e. the dimension of $(\mathbb{L}, \mathbf{f})$ is minimal among all the realisations of $(S, <)$.*

The proof of Lemma 3.9 presented a multiset realisation for $(S, <)$, using the same number of labels as the number of points in S. It is important for us to minimise the number of labels needed for the realisation, as we use this number as a simplicity indicator for the ordering. We shall therefore give a construction for obtaining realisations a with minimal number of points.

To explain to the reader the ideas and difficulties with this algorithm, we begin by executing it for the graph in Figure 13 and pointing step-by-step all key points. Examples 3.13, 3.14 and 3.15 do the job.

Example 3.13 (Maximal chains)
First note some important strategic points. Consider the graph in Figure 15.

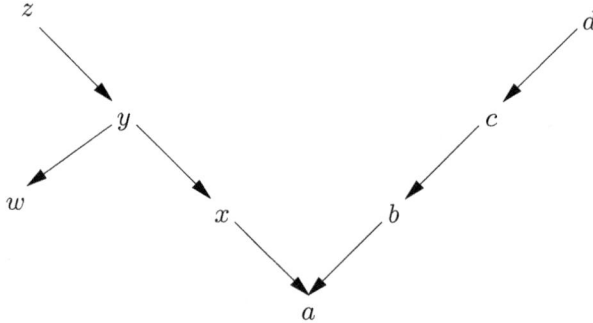

Figure 15

We want to give it a realisation with a minimal use of labels. We are allowed to duplicate only one label, say α. So we can use $2\alpha, 3\alpha, \ldots$.

For this purpose it is good to identify a long chain and increase the number of copies of the α label along the chain. In Figure 15 we have two chains

$$a < b < c < d$$

and

$$a < x < y < z.$$

The second chain has $w < y$, this contributes a new label to y and so saves us from the need of duplicating α. It is therefore better to increase the α along the other chain.

Figures 16 and 17 show the two options

Obviously Figure 17 requires more labels.

We can be clever and duplicate α along both chains. So in Figure 17 we can make $\delta = \alpha$ (i.e. increase α and have for c $2\alpha, \gamma$). This will not work because it makes $x < c$. Similalry we cannot make $\delta = \alpha$ in Figure 16 because this will make $b < z$. So our strategy is to choose a maximal chain with as little as possible points smaller than members of it.

This is what we called thin chain in Definition 3.1.

There is a trick we can use when the number of points in S is finite, say less than a fixed k. In our Figure 15 the number of points is less than 8.

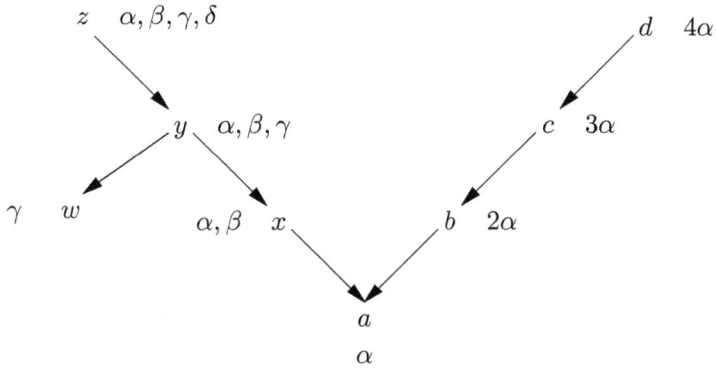

Figure 16

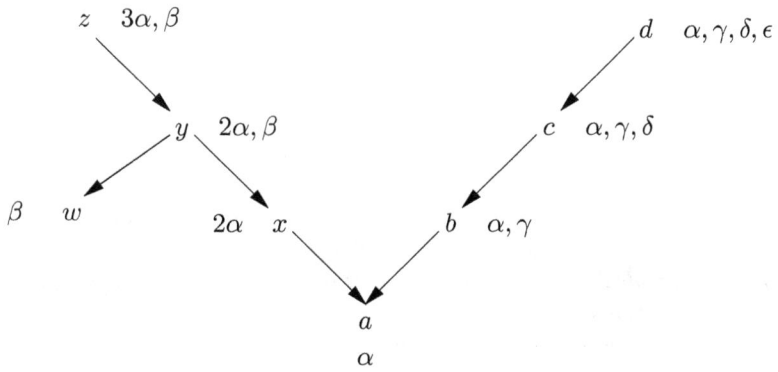

Figure 17

So we progress with α along the main axis along the progression $\alpha, (m + 1)\alpha, (m + 2)\alpha$, etc., where m is the number of points remaining in the chain and $m \leq k$.

Using this trick Figure 16 becomes Figure 18.

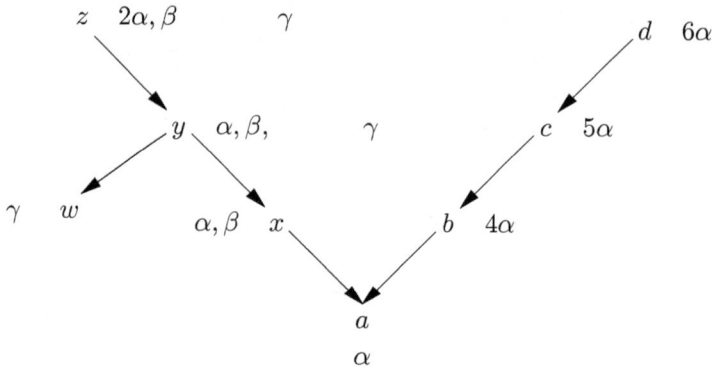

Figure 18

Similarly Figure 19 can improve on Figure 17.

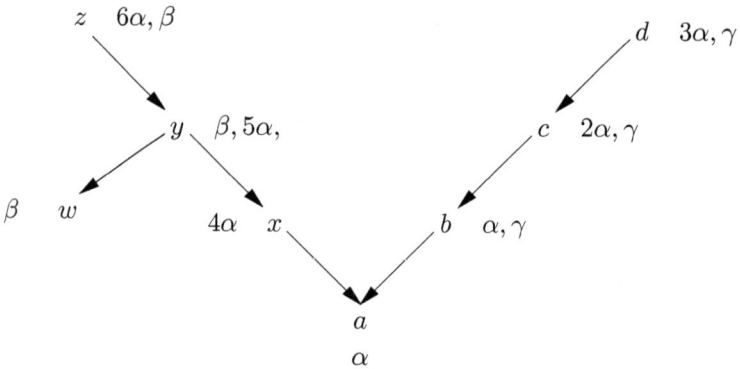

Figure 19

So the strategy is to choose a good maximal chain and increase α by at most by multiples of $k\alpha$ as necessary along the chain and increase α by 1 in all other directions.

The reason we advance possibly in multiples of $k\alpha$ along the main chain is because of the following possible situation in Figure 20

We would have had $e < x$ if we had not advanced in more than just one α along the main chain $a < c < e < y < z$.

Note that we don't really need to increase the numbers of α by a jump of up to $k\alpha$ at every point of the main chain. We need to do that only after split points such as c in Figure 20. Since at e there is no split y can get 10α and similarly z can get 11α.

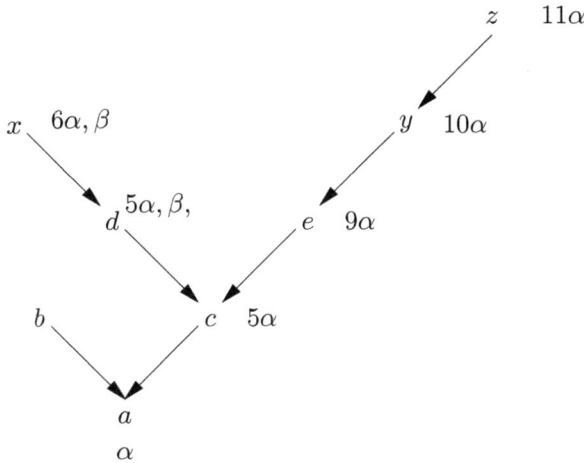

Figure 20

In fact, we need to increase after a split at point s by at most the number $d(s) + 1$, where $d(s)$ is equal to the remaining points in the chain. In the case of the point c, there were 3 points remaining in the chain so we jumped by 4α.

The reason this is OK is that we are on a maximal chain and so other points in other directions, e.g. x cannot accumulate more αs than the jump.

In fact in many cases we need less than $d(s) + 1$. One strategy is to jump in each case by some variable letter $\mathbf{k}(s)$ and adjust it at the end so that all is OK.

Example 3.14 (Critical nodes) *This example explains another problem we have to watch for. Consider the situation in Figure 21.*

The longest chain in this figure is

$$w < z < y.$$

So we allocate

$$w : \alpha < z : 2\alpha.$$

We allocate $a : \beta$, and $b : \gamma$ and now since x comes immediately above a and b it gets $x : \alpha, \beta$ and similarly y gets $\gamma, \beta, 2\alpha$. This algorithm however makes $x < y$.

We need to recognise the critical points x such that there is a y such that $\sim (x < y)$ and y is such that it is above all the immediate predecessors of x. In such a case to avoid the result $x < y$, we add a label to x. We do not need to worry if x has only one predecessor. In such a case we add additional label to x anyway. It is only when x has more than one predecessor that we need to worry. Hence the definition of critical points in Definition 3.1.

So the labelling becomes as in Figure 22, where we added an additional label to the critical node x.

Critical points can be identified from the ordering.

In Figure 23, both x and y are critical, and so is z.

21

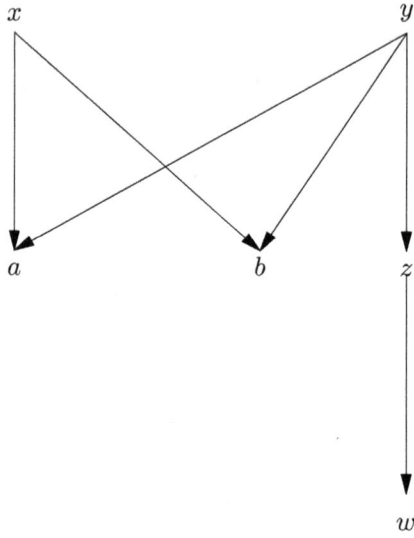

Figure 21

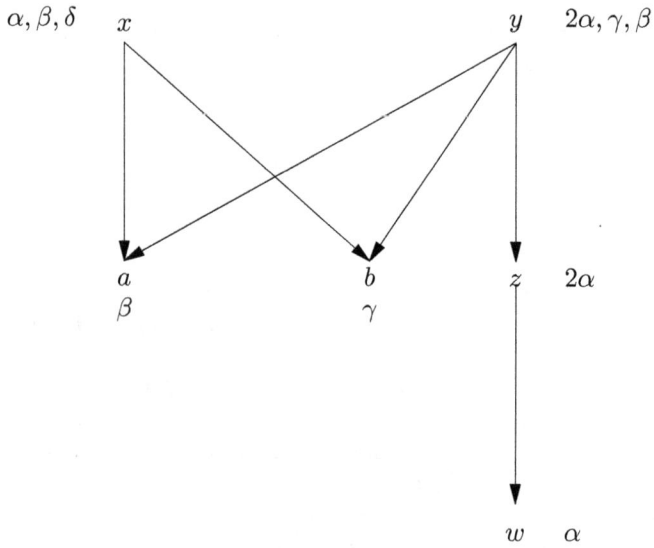

Figure 22

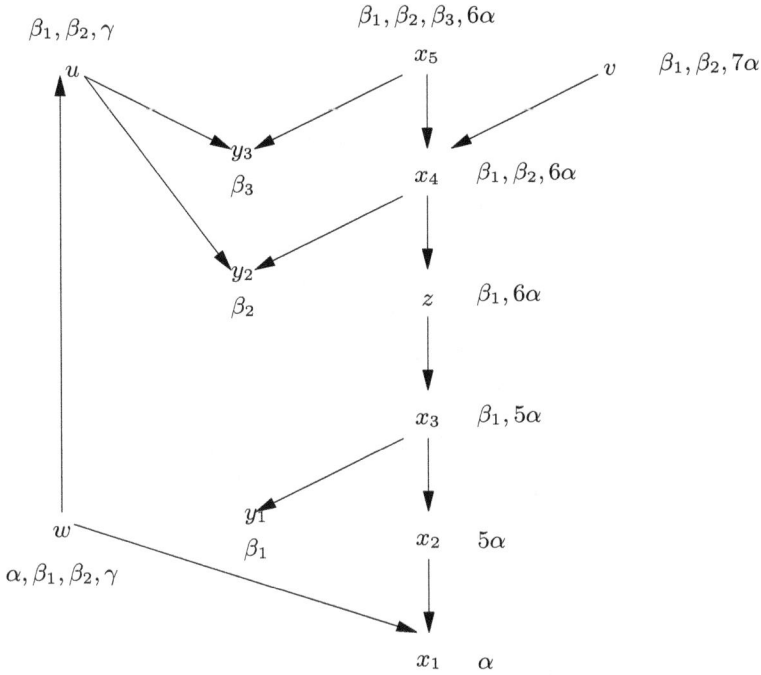

β_1, β_2, γ

$\beta_1, \beta_2, \beta_3, 6\alpha$

x_5

u

v $\quad \beta_1, \beta_2, 7\alpha$

y_3

β_3

x_4 $\quad \beta_1, \beta_2, 6\alpha$

y_2

β_2

z $\quad \beta_1, 6\alpha$

x_3 $\quad \beta_1, 5\alpha$

y_1

w

β_1

x_2 $\quad 5\alpha$

$\alpha, \beta_1, \beta_2, \gamma$

x_1 $\quad \alpha$

Figure 24

Step $n+1$

Consider all level $n+1$ points. One of them, say w is in T. Let the others be $a_1, \ldots, a_k$. In Figure 13, for $n = 2$, we have $w = x_2$ is in T_1 and $a_1 = u$.

There are the following possibilities for a level $n+1$ point e.

a. e has only one predecessor and e is in T.

b. e has only one predecessor and e is not in T

c. e has several predecessors and e is the only one with these predecessors. We have two subcases:

c1. e is a critical point

c2. e is not critical

d. e and $e_1, \ldots, e_k$ have the same set of predecessors and $e \notin T$

e. e and $e_1, \ldots, e_k$ have the same set of predecessors and $e \in T$.

In Figure 13 for level 2, point u is of Case (c1) and point x_2 is of case (a).

We now extend λ to the new level $n+1$ points of the graph. Let e be of level $n+1$. We use case analysis and define $\lambda(e)$ as follows:

Case (a)

Let y be the single predecessor of e. Then since $e \in T$, we also have $y \in T$.

25

We distinguish two subcases:

(a1) e is the only immediate successor of y.

Let $\lambda(e) = \lambda(y) \cup \{\alpha\}$.

(a2) y has other immediate successors besides e. Let $m(y)$ be the remaining number of nodes above y in the chain T. Then let $\lambda(e) = \lambda(y) \cup \{(m + 1)\alpha\}$.

Note that the choice to advance by $(m + 1)\alpha$ is safe but in many cases not minimal. Let $\mathbf{k}(y)$ be a variable letter which can take values $1 \leq \mathbf{k}(y) \leq m + 1$. We can advance α by $\mathbf{k}(y)$, i.e. $\lambda(e) = \lambda(y) \cup \{\mathbf{k}(y)\alpha\}$. We can carry on the construction until we finish. We get allocations of multisets with some numerically bound variables $\mathbf{k}(y), y \in T$ in it. We can now check by a computer program what values of $\mathbf{k}(y)$ will maintain the graph ordering. These are the values we take. The program terminates because $\mathbf{k}(y) \leq m(y) + 1$. See Remark 3.17.

Case (b)
Here $y \notin T$. We distinguish two subcases:

(b1) $\alpha \in \lambda(y)$. Let $\lambda(e) = \lambda(y) \cup \{\alpha\}$.

(b2) $\alpha \notin \lambda(y)$. Let δ be a new atomic label and let $\lambda(e) = \lambda(y) \cup \{\delta\}$,

(b3) $\alpha \in \lambda(y)$ and there exists a point z is above y and also above some point in T. In this case let δ be new label and let $\lambda(e) = \lambda(y) \cup \{\delta\}$. See for example Figure 63, node G. Here $T = A < H < G, e = G, y = K$. Point Y is above K and if we advance α and let G have $2\alpha, \beta$ it will become below Y. The reason is that Y is above $H \in T$ and so gets more α from H.

Case (c)
Let the predecessors of e be $y_1, \ldots, y_k$.

(c1) e is not critical. Let D be the smallest multiset containing $\lambda(y_i)$ for all $i = 1, \ldots, k$. Let $\lambda(e) = D$.

(c2) e is critical. In this case let δ be a new atomic label. Let $\lambda(e) = D \cup \{\delta\}$.

Case (d)
Let $y_1, \ldots, y_k$ be the predecessors. Let $\delta, \delta_1, \ldots, \delta_k$ be completely new set of labels.

Let $\lambda(e_i) = E \cup \{\delta_i\}$ *where E is the smallest multiset containing all of* $\lambda(y_i)$. *Similarly* $\lambda(e) = E \cup \{\delta\}$.

Case (e)
This case is like Case (d) except that $e \in T$. In this case we proceed just like Case (d), we take $\delta_i, i = 1, \ldots, k$ new atoms, let $\lambda(e_i) = E \cup \{\delta_i\}$. However, for e we take $\lambda(e) = E \cup \{(m + 1)\alpha\}$.

Remark 3.17 *We are pretty sure that the previous construction gives a minimal realisation as far as the number of different letters is concerned. It does not minimise the number of copies of α. For a practical strategy, we find the number of letters and copies of α we need using the algorithm possibly with some variables $\mathbf{k}(y)$ and then use another complete adjustment program to optimise the allocations and assign values to the variables $\mathbf{k}(y)$.*

It is like the Newton method for finding roots of a polynomial. We get an approximate root first and then use a computer to get a better solution. In our cse, get a realisation from the algoirthm possibly with some variables and then simplify and optimise it.

Construction 3.18 (Multiset realisation for matrices) *Let $\mathbb{A}$ be a matrix with $0, 1$ values construct the graph of the columns of $\mathbb{A}$. If V_1 and V_2 are two columns, define $V_1 \leq V_2$ iff for every row in the matrix, the value of V_1 is bigger than that of V_2 (thus larger values are lower in the order. Remember the more 0 in the column, the harder it is to achieve whatever that column represents, hence the column is higher in the ordering).*

We also write graphcially

$$V_1 \leftarrow V_2$$

So we get a graph $(S, \prec)$. Now apply the construction to get a realisation $\mathbf{f}$ for the graph. Since the elements of the graph are all the columns of the matrix, we get a multiset value assigned for each column. Suppose $\mathbb{A} = [a_{i,j}], i = 1, \ldots, m, j = 1, \ldots, n$. Then $V_j = (a_{1,j}, \ldots, a_{m,j})$. $\mathbf{f}(V_j), j = 1, \ldots, n$ is now available.

We can now compute a multiset value for each row. Let $U_i = (a_{i,1}, \ldots, a_{i,n})$ be the ith row. We define $\mathbf{f}(U_i)$ to be the smallest multiset containing all the column multisets $\mathbf{f}(V_j)$ for which $a_{i,j} = 1$. With this definition we get a multiset representation for the matrix $\mathbb{A} = [a_{i,j}]$. We have

$$a_{i,j} = 1 \text{ iff } \mathbf{f}(U_i) \supseteq \mathbf{f}(V_j).$$

This is a more minimal realisation than the one proposed in Lemma 3.11.

Definition 3.19 *Let $(S, <)$ be given. Define xRy as $x < y \vee y < x$. Let R^* be the transitive closure of R.*

1. *For $s \in S$, let $[s]$ be the set of all elements such that sR^*y. We get $S = S_1 \cup \ldots \cup S_k$ where each S_i is R^* connected, and for $i \neq j, S_i \cap S_j = \emptyset$*

   Let ξ be the number k of connected components.

2. *Take two points x and y such that xR^*y. Then there exist $z_1, \ldots, z_k$ such that*

   $$xR_1 z_1 R_0 z_2 R_1 z_3, \ldots, R_i z_k R_{1-i} y$$

   where

   $$R_1, R_0 \text{ are in } \{<, >\} \text{ and } R_1 \neq R_0$$

   Let $\rho(x, y)$ be the minimal number k such that a sequence $z_1, \ldots, z_k$ exists.

Let $\rho = \max_{x,y}\rho(x,y)$.

ρ measures the maximal number of changes in direction required to move from one point to another. This is a measure of the complexity of the ordering.

We call ρ the index of directional change is $(S,<,>)$ and ξ the index of connectivity.

Example 3.20 *Consider Figure 25*

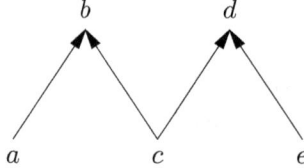

Figure 25

To get from a to e we change direction three times. From c we can get to any point by changing direction once only. Here $\rho = 3$.

To get a better feel for this example, consider this ordering as a temporal ordering of temporal points. $a < b$ means b is in the future of a and a is in the past of b.

The temporal logic K_t has two temporal connectives FA and PA. We have

- $X \vDash FA$ iff $\exists x (x < y \wedge y \vDash A)$

- $X \vDash PA$ iff $\exists y (y < x \wedge y \vDash A)$

If A were true at point c, then we have

$$a \vDash FPFPA$$

We see that we require three changes of connectives.

$FPFP$ is known as a "modality", and in modal logic there are many theorems for many logics about how their modalities relate to one another.

Remark 3.21 (Summary of topological indices and their meanings)

1. **Number of points**
   This parameter is obvious. We have that less number of points makes a simpler ordering.

2. **Connectivity**
   This is a known topological notion. More connectivity make a simpler graph.

3. **Changes of direction**
   Less changes makes a better graph. As we have seen in Example 3.20, it makes for a simpler logic.

28

4. **Dimension**

   A realisation with lower dimension and lower index is better. I shows more connections in the graphs.

5. **Other indices**

   Note that the indices we use must have a direction. So if a small number of points is a good index, then the smaller the better. Consider for example, the graph theory criterion of how many arrows go into a point. In Figure 29 for example, node A has index 2 while node N has index 1.

   We now argue that this topological feature is not a good index.

   Consider Figure 14, the graphs of items 4, 5, and 7. In order of simplicity, 4 is best, 5 is middle and 7 is worst. The proposed graph index is one for 4, two for 5 and 0 for 7. So it has no direction, it just goes up and down.

We now discuss the meaning of a realisation and the meaning of dimension. First observe that giving realisations (or representations) is common in mathematics.

Representing algebraic structures by matrices is very common and also representing orderings by set inclusion. So the idea of representing a partial order by inclusion of multisets is a move every mathematicians will understand. The question is what more does it give us? We mentioned in Section 1.1 that the matrices should have the meaning that the rows are actions and the columns are features generated by the actions. We also argued that all features should be pulling in the same direction. We gave some examples. We give one more which will help us with our notation. Consider a matrix where the rows are types of foods and the columns are health features. Here is a partial matrix (Figure 26):

	heart	blood flow	eyes	bones
carrots			1	
eggs		0		
coffee	0	1		
milk				1

Figure 26

Eggs are bad for the veins, caffeine for the heart, carrots good for the eyes, etc.

The reason behind this table are the specific ingredients the foods contain. It is the ingredients that do the job. If the columns are represented correctly, i.e. all pulling in the same general direction of better health, then 1 in the caffeine or egg column means quantity while 1 in the carrot column means larger quantity. So in this case, if the egg heart slot gets represented by say $\{3\alpha, \beta, \gamma\}$ this means there are some ingredients in eggs (say β, γ) that give

29

the effects on the heart. α is the only label that can have a strength index, so here 3α means average strength in the direction of health.

Mathematically it is sufficient to allow for only one parameter to indicate strength.

Consider Figure 27

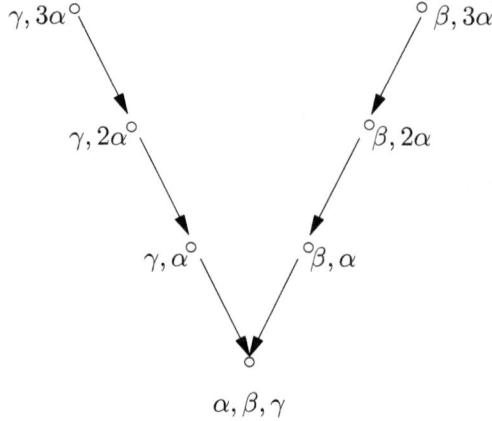

Figure 27

β, γ give the qualitative directions and α gives the strength. This representation has dimension 3 (3 ingredients) and index 3 (strength of α).[7] So if we have an ordering which can be realised with less ingredients (dimension) and lower index, then it is a better ordering, giving a more detailed picture of what is going on.

Example 3.22 (Restriction on the representation) *We saw that a lower dimension on the representation is an indication of a superior ordering. Therefore any restriction imposed on the representation might increase the dimension for the same ordering and we expect it must make sense. We best explain through an example. Consider the matrix of Figure 28*

	N	A	P	Y
m	0	1	1	0
h	1	$x = ?$	0	0
b	1	1	0	1

Figure 28

---

[7]Technically in the finite case we can manage with just α, β. So in our graph of Figure 27, let $\gamma = 3\alpha$ and the left branch becomes $4\alpha, 5\alpha, 6\alpha$. This representation is only technical. We want γ to indicate quality not quantity.

We use the notation of capital letters for columns and small bold letters for rows.

To decide whether we should recommend $x = 0$ or $x = 1$, let us do the graphs for each case, and calculate the realisation using our algorithm

For the choice $x = 1$, we get Figure 29

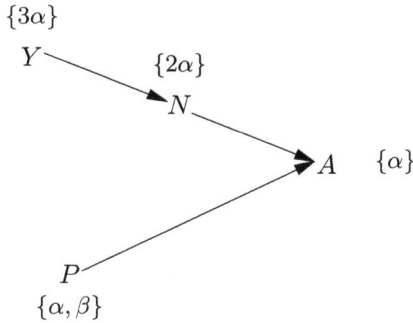

Figure 29

For the choice $x = 0$ we get Figure 30

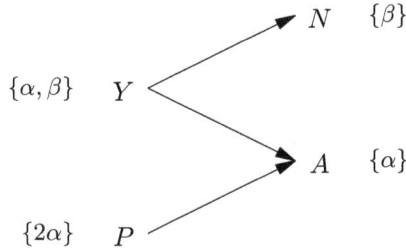

Figure 30

We now have to check the various criteria for the two orderings. The table in Figure 31 gives the answers:

	Dimension	connectivity	change direction	number points
Case $x = 1$	2	1	1	4
Case $x = 0$	2	1	2	4

Figure 31

The dimension and index needs to be checked against all possible realisations of the graphs. The following Figure 32 is a table of realisations with dimension 2 (labels $\{\alpha, \beta\}$). We need to prove that neither graph can manage to have a realisation with only one label $\{\alpha\}$. This is easy to see.

31

	N	A	P	Y
Case $x = 1$	2α	α	α, β	3α
Case $x = 0$	β	α	2α	α, β

Figure 32

According to this $x = 1$ has a better ordering because it has less change of direction. So the answer to the abduction problem of Figure 28 is to take $x = 1$.

We can now compute the realisation $\mathbf{g}$ for the rows matrix of Figure 28, using the algorithm of Construction 3.18. We get two fuctions, $\mathbf{g}_1$ for the case $x = 1$ and $\mathbf{g}_0$ for the cae $x = 0$. The values of $\mathbf{g}_1$ and $\mathbf{g}_0$ for the columns can be read from Figures 29 and 30 respectively.

To find what ingredient row i has in a representation, we must find a minimal multiset $\mathbf{g}(U_i)$ such that

$$\mathbf{g}(U_i) \supseteq \mathbf{f}(V_j), j = 1, \ldots, n, \quad a_{i,j} = 1.$$

So in the matrix for $x = 1$ we get

$$\begin{aligned} \mathbf{g}_1(\mathbf{m}) &= \{2\alpha, \beta\} \\ \mathbf{g}_1(\mathbf{h}) &= \{2\alpha\} \\ \mathbf{g}_1(\mathbf{b}) &= \{3\alpha\} \end{aligned}$$

For the matrix $x = 0$ we get

$$\begin{aligned} \mathbf{g}_0(\mathbf{m}) &= \{2\alpha\} \\ \mathbf{g}_0(\mathbf{h}) &= \{\beta\} \\ \mathbf{g}_0(\mathbf{b}) &= \{\alpha, \beta\} \end{aligned}$$

Let us now add the restriction that rows **m** and **b** (i.e. the actions **m** and **b**) must contain an ingredient which is not in **h**. For example, if the rows are foods or medicines, we may know that there is something (e.g. vitamin present in **m** and **b** and not in **h**).

Both realisations $\mathbf{g}_0$ and $\mathbf{g}_1$ fail to satisfy the restriction.

The following Figures 33 for the case $x = 1$ and 34 for the case $x = 0$ give realisations which do satisfy the condition. However, the dimension goes up. We need to prove mathematically that it is not possible to give any realisation of dimension 2 which satisfies the restriction.

Again the case $x = 1$ wins because of changes of direction. We get in this case, Figure 35

Clearly γ is an ingredient in **m** and **b** but not in **h**.

Definition 3.23 (Superiority) *Given two graphs τ_1 and τ_2 we calculate the value of the parameters for each graph.*

1. *If graphs τ_1 (resp. τ_2) has better or equal values to all parameters than τ_2, (resp. τ_1), with one parameter strictly better, then τ_1 is superior.*

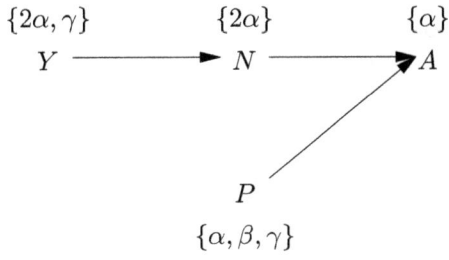

$\{2\alpha, \gamma\}$ $\qquad$ $\{2\alpha\}$ $\qquad$ $\{\alpha\}$

$Y \longrightarrow N \longrightarrow A$

P

$\{\alpha, \beta, \gamma\}$

Figure 33

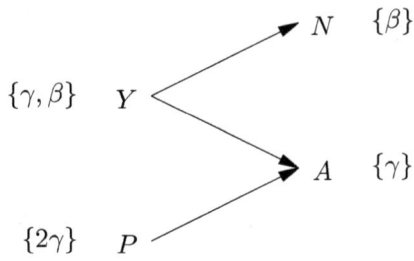

N $\{\beta\}$

$\{\gamma, \beta\}$ $\quad Y$

A $\{\gamma\}$

$\{2\gamma\}$ $\quad P$

Figure 34

	$x = 1$	$x = 0$
g(m)	$\{\alpha, \beta, \gamma\}$	$\{2\gamma\}$
g(h)	$\{2\alpha\}$	$\{\beta\}$
g(b)	$\{2\alpha, \gamma\}$	$\{\gamma, \beta\}$

Figure 35

2. *If all parameters are equal or if one graph is better in one parameter and the other graph is better in another then the answer is undecided.*

We now describe how we reason and argue with these matrices. We imagine a proponent and an opponent.

The proponent puts forward a matrix $\mathbb{A}$ with $a_{i,j} =?$. All the entries except $a_{i,j}$ are considered known and agreed values. He applies the matrix abduction rule to $\mathbb{A}$ and proves (i.e. the algorithm of Section 3 shows) that $x = 1$ is a winning value. Thus the proponent showed non-monotonically using the matrix $\mathbb{A}$ and our rule that $x = 1$.

Remember that these entries have meaning: so for example if the entries are from monadic predicate logic with predicates $A_i(x), i = 1, \ldots, m$ and the elements of the domain are $d_1, \ldots, d_n$ then the proponent proved that $A_i(d_j) = 1$.

How can the opponent attack? He adds more facts to the argument by adding more columns and rows to the matrix. So assume $\mathbb{A} = [a_{i,j}], 1 \leq i \leq m, 1 \leq j \leq n$. The opponent expands the matrix to $\mathbb{A}^* = [a_{i,j}] 1 \leq i \leq m^*, 1 \leq j \leq n^*$, where $m \leq n^*$ and $n \leq n^*$ and at least one of $m \lneq m^*$ and $n \lneq n^*$ holds.

All the new entries in $\mathbb{A}^*$ are in $\{0, 1\}$ (i.e. $a_{i,j} =?$ is still the only unknown, ? entry). Furthermore, when we apply our matrix abduction algorithm to $\mathbb{A}^*$ we get 'undecided' as values.

The proponent can defend by expanding $\mathbb{A}^*$ to $\mathbb{A}^{**}$ where in $\mathbb{A}^{**}$ we do get that $a_{i,j} = 1$ is a winning value. This attack and defence can go on and on until it stops. The last value is the conclusion value.

Example 3.24 *Here is a sequence of attacks and counterattacks*

	N	A	Y
h	1	$x =?$	0
b	1	1	1

Figure 36

In the matrix $\mathbb{A}$ of Figure 36 without column $Y, x = 1$ wins. When we add Y to it to get $\mathbb{A}^*$ we get 'undecided'.

Let us check this, see Figures 37 and 38.

Example 3.25 (Screens and cameras) *We can now settle the question of whethr the NEC2470/WVX LCD screen has stereophonic spakers.*[8]
Let us do the graph for the columns of the matrix of Figure 1. This is displayed at Figure 39.
Clearly the case $x = 1$ is superior because it is connected.
We now consider the camera example of Figure 2.
The two graphs for case $x = 1$ and case $x = 0$ are displayed in Figure 40
Again the case $x = 1$ wins, because for $x = 0$ we get a disconnected graph.

---

[8]Searched the web again today, 1 March 2009. Could not find a definite answer.

34

Graph of $\mathbb{A}$ for $x = 1$

$$\bullet$$
$$N \;\; = \;\; A$$

Graph of $\mathbb{A}$ for $x = 0$

$$A \longrightarrow N$$

Here $x = 1$ wins because it has less points $(N = A)$

Figure 37

Graph of $\mathbb{A}^*$ for $x = 1$

$$Y \longrightarrow N, A$$

Graph of $\mathbb{A}^*$ for $x = 0$

$$A, Y \longrightarrow N$$

Neither graph wins.

Figure 38

Case $x = 1$

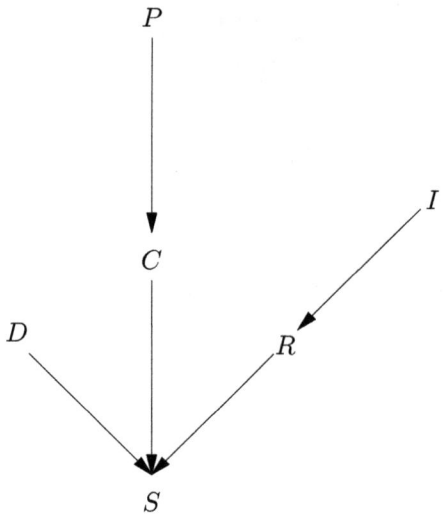

Case $x = 0$

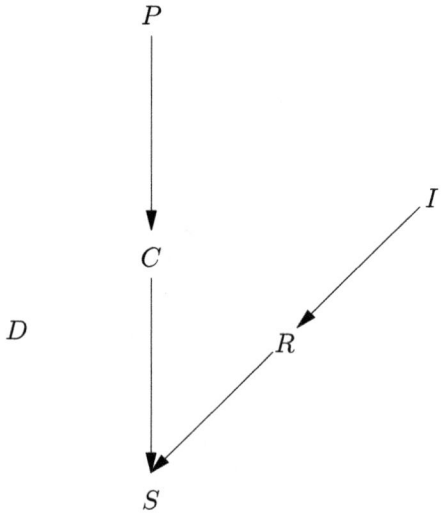

Figure 39

Case $x = 1$

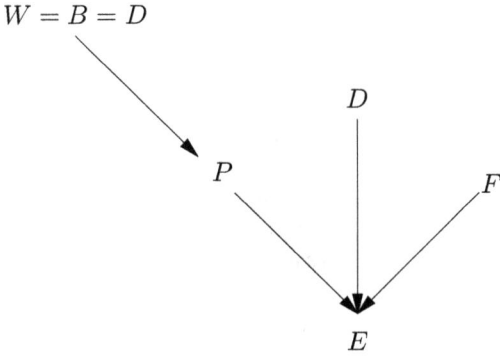

Case $x = 0$

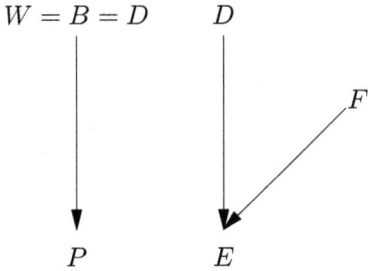

Figure 40

Remark 3.26 (Two question marks) *How do we deal with abduction matrices which have more than one slot with a question mark? Say, for example* $a_{i_0,j_0} =?$ *and* $a_{i_1,j_1} =?$. *The simplest course of action is to substitute all possible* 0, 1 *values and see which combination wins.*

In our Hebrew paper [13] there are examples of this sort. It is possible to find, for example, that no matter what the value of a_{i_0,j_0} *is we have that* $a_{i_1,j_1} = 1$ *is a winning substitution (over the option* $a_{i_1,j_1} = 0$*) while when we substitute* $a_{i_1,j_1} = 1$ *in the matrix, we find no winning value for* $a_{i_0,j_0} =?$.

Example 3.27 (Dependency of columns) *Assume we are given a definite* $\{0,1\}$ *matrix* $\mathbb{A}$. *Our procedures so far for handling it run through the following steps:*

1. *Describe the column graph of the matrix*

2. *Apply an algorithm to find a minimal multiset realisation of the graph*

3. *Use the above to find a minimal multiset realisation* $\mathbf{f}$ *of the matrix.*

Let us concentate our attention on (3) above.

First note that if we have a multiset realisation of the matrix we can get (1) and (2) anyway. Namely, we have

(*) $a_{i,j} = 1$ *iff* $\mathbf{f}(U_i) \supseteq \mathbf{f}(C_j)$ *where* U_i *is row* i *and* C_j *is column* j *of the matrix.*

(**) *We have* $C_j \leq C_k$ *iff* $\mathbf{f}(C_j) \subseteq \mathbf{f}(C_k)$

Thus $\mathbf{f}$ *actually determines everything using (*) and (**).*

We now consider a new type of restriction on the realisation $\mathbf{f}$. *We call it column dependencies. It arises from applications and it is a new interpretation of the matrix entries.*

Consider the matrix of Figure 1. Consier the two columns R-reaction time and D-dot size. We can easily imagine that for technical reasons, the reaction time of Screen 3 is enhanced because Screen 3 has also small dot size. In other words the technical modifications required to make small dot size also help with reaction time. The entry therefore for Screen 3 column R depends (or is helped by) the entry for Screen 3 Column D. How do we express this formally? The answer is that it manifests itself in the restrictions on the realisation $\mathbf{f}$ *of the matrix of Figure 1.*

Instead of the equation(*)

- $a_{3,R} = 1$ *iff* $\mathbf{f}$*(Screen 3)* $\supseteq \mathbf{f}(R)$

we have

- $a_{3,R} = 1$ *iff* $\mathbf{f}$*(Screen 3)* $\cup\, \mathbf{f}(D) \supseteq \mathbf{f}(R)$.

It is clear that $\mathbf{f}$*(Screen 3) is helped by the multiset* $\mathbf{f}(D)$.

*This example prompts us to change (*) to (*1) as follows: Given a definite matrix* $\mathbb{A}$ *with dependencies* $\mathbb{D}$ *of the form*

- $a_{i,j} = 1$ provided column j depends on columns $k_1^{i,j}, \ldots, k_r^{i,j}$.

Then a function $\mathbf{f}$ assigning multisets to rows and columns is a realisation of $(\mathbb{A}, \mathbb{D})$ provided (*1) holds

(*1) $a_{i,j} = 1$ iff $\mathbf{f}(U_i) \cup \bigcup_{m=1}^{r_{i,j}} \mathbf{f}(C_{k_m^{i,j}}) \supseteq \mathbf{f}(C_j)$.

To see the difference in a real Talmudic example, consider the argument of Figure 46 below for the cases $x = 1$ and $x = 0$.

The graphs for it are in Figure 47. The realisation we get from the graphs are $\mathbf{f}_1$ and $\mathbf{f}_0$ as follows. See Figure 41 below.

Case $x = 1$		Case $x = 0$	
$\mathbf{f}_1(A)$	α	$\mathbf{f}_0(A)$	α
$\mathbf{f}_1(N)$	2α	$\mathbf{f}_0(N)$	β
$\mathbf{f}_1(\mathbf{m})$	α	$\mathbf{f}_0(\mathbf{m})$	α
$\mathbf{f}_1(\mathbf{h})$	2α	$\mathbf{f}_0(\mathbf{h})$	β

Figure 41

The Talmudic argument is for $x = 1$ to win, as indeed it does.

This argument is attacked by claiming that there is a dependency, and that actually the value $a_{\mathbf{h},N}$ at the square $(\mathbf{h}, N)$ depends on the column A. Thus we need a new matrix realisation $\mathbf{f}^*$ which satisfies

$$a_{\mathbf{h},N} = 1 \text{ iff } \mathbf{f}^*(\mathbf{h}) \cup \mathbf{f}^*(A) \supseteq \mathbf{f}^*(N).$$

If this is the case we get the following realisations $\mathbf{f}^*$ for the matrices, for cases $x = 0$ and $x = 1$. See Figure 42

Case $x = 1$		Case $x = 0$	
$\mathbf{f}_1^*(A)$	α	$\mathbf{f}_0^*(A)$	α
$\mathbf{f}_1^*(N)$	2α	$\mathbf{f}_0^*(N)$	1.5α
$\mathbf{f}_1^*(\mathbf{m})$	α	$\mathbf{f}_0^*(\mathbf{m})$	α
$\mathbf{f}_1^*(\mathbf{h})$	α	$\mathbf{f}_0^*(\mathbf{h})$	0.5α

Figure 42

We need to formulate algorithms to find minimal realisations for matrices $(\mathbb{A}, \mathbb{D})$ with dependencies as well as criteria to compare realisations, but clearly the attack succeeds as Case $x = 1$ of Figure 42 is not superior to Case $x = 0$.

4   Case study: Sentences for traffic offences

As an additional example of our general method we shall consider an application in the domain of Traffic Offences. We stress that it is not our intention to suggest that traffic judges should actually use a computer system implementing this approach. It is though conceivable that some day in the future decision support systems for judges could incorporate this method.

Let us first briefly survey the area of sentencing within the framework of law and order in society. This is usually the point of view taken by judges about to pass sentence on an offender. One distinguishes four classical approaches to punishment: Retribution, Deterrence, Prevention and Rehabilitation [Lawton L.J., in: Sargeant (1974) 60 Cr. App. Rep. 74 C.A. at pp.77-84].

This classification does not mean that a judge about to pass sentence on an offender asks himself an explicit question: "Which approach shall I use here?" It is generally assumed that he forms an opinion about which approach (or approaches) to apply in an intuitive manner. The next step is then to decide on a sentence appropriate for the specific offender and offence within the sentencing approach (or approaches). This is also an intuitive process: "It comes from within", as several judges have expressed it. Our formulation would be that the sentence chosen by the judge is the one that he intuitively believes includes the appropriate mixture of 'microscopic elements', thus leading to one or more of the four sentencing aims.

The possible punishments for traffic offences are (in Israel): Imprisonment, driving disqualification, fine, community service. These punishments may also be suspended, i.e. applied only if the offender commits a new offence. Sentences are often a combination of the above, e.g., suspended driving disqualification plus fine. In the following we shall not consider community service.

Consider now the following example. A judge has passed sentence on six traffic offenders. He has already decided on part of a sentence for a seventh offender, but has not made up his mind whether to sentence him to imprisonment or not. Our algorithm will indicate what would be a logical decision, based on the previous six sentences.

Offender 1: Killed a pedestrian. The sentence: Suspended imprisonment and actual disqualification.
Offender 2: Killed pedestrian while driving under licence disqualification. The sentence: Imprisonment, disqualification, and also suspended imprisonment and suspended disqualification.
Offender 3: Drunk driving. The sentence: Disqualification, fine, and also suspended disqualification and suspended fine.
Offender 4: Driving through a red light. The sentence: Fine and suspended disqualification.
Offender 5: Driving while under disqualification. The sentence: Disqualification, fine and suspended fine.
Offender 6: Driving without valid driver's licence. The sentence: Fine and suspended fine.
Offender 7: Driving while under the influence of drugs. The sentence: Disqualification, fine and suspended disqualification and suspended fine. In addition the judge has decided on suspended imprisonment and is thinking about an actual prison sentence.

What advice should we give him, in order to preserve a logical uniformity of sentencing?

It is important to assume that the above sentences were passed by the same judge. Only by this assumption can we be sure that the "microscopic ingredients' are the same. For different judges may use different ingredients in different amounts.

This of course is strongly related to the problem of uniformity of punishment, or rather the lack of uniformity. Were different judges to use the same ingredients in the same amounts the problem of sentencing disparity would diminish. It is interesting to speculate that iterative use of our approach on sentences by different judges could lead to some kind of convergence bringing increased uniformity.

The following table 43 represents the cases described above. The undecided sentence for offender 7 is indicated by a ? sign.

	O1	O2	O3	O4	O5	O6	O7
imprisonment	0	1	0	0	0	0	?
suspended imprisonment	1	1	0	0	0	0	1
disqualification	1	1	1	0	0	0	1
suspended disqualification	0	1	1	1	1	0	1
fine	0	0	1	1	1	1	1
suspended fine	0	0	1	0	1	1	1

Figure 43

The following diagram 44 represents the choice: actual imprisonment, i.e. the value 1 is substituted for the question mark.

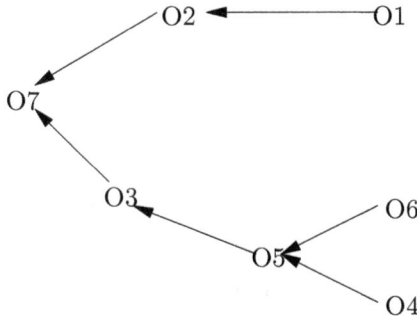

Figure 44

The following diagram 45 represents the choice: No actual imprisonment, i.e., the value 0 is substituted for the question mark.

We immediately realize that the first diagram is superior to the second one. This means that our approach will recommend that the judge imposes an actual prison sentence on offender seven.

41

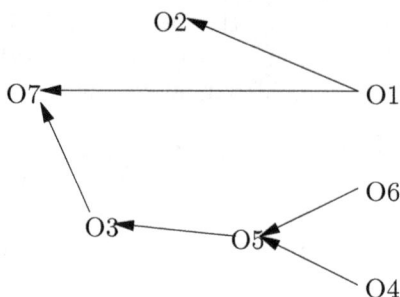

Figure 45

5 Analysis of the Talmudic Kal-Vachomer from Kidushin 5a–5b

The Talmud was finalised in the fifth century AC. It contains many legal arguments about a variety of issues and one of the rules used was the Kal-Vachomer. The following text is one of the most complicated uses of this rule. The rule has never been properly formulated, though there have been many attempts.

Louis Jacobs [1], distinguishes two types of Kal-Vachomer. The simple one and the more complex one. The simple one has the structure:

- If A has x then B certainly has x.

The complex one has the structure

- If A, which lacks y, has x, then B which has y certainly has x.

The following are examples of the simple case from the Old and New Testaments. We already saw examples of the complex case in Sections 1.2 and 1.3.

The Bible does not contain instances of the complex case. This has emerged later, after the Bible.

Example 5.1 (Kal Vachomer in the Old and New Testaments)
Exodus 6
10 And Jehovah spake unto Moses, saying,
11 Go in, speak unto Pharaoh king of Egypt, that he let the children of Israel go out of his land.
12 And Moses spake before Jehovah, saying, Behold, the children of Israel have not hearkened unto me; how then shall Pharaoh hear me, who am of uncircumcised lips?

Deuteronomy 31
27 For I know thy rebellion, and thy stiff neck: behold, while I am yet alive with you this day, ye have been rebellious against Jehovah; and how much more after my death?

Matthew 12

9 And he departed thence, and went into their synagogue:

10 and behold, a man having a withered hand. And they asked him, saying, Is it lawful to heal on the sabbath day? that they might accuse him.

11 And he said unto them, What man shall there be of you, that shall have one sheep, and if this fall into a pit on the sabbath day, will he not lay hold on it, and lift it out?

12 How much then is a man of more value than a sheep! Wherefore it is lawful to do good on the sabbath day.

Luke 13

14 And the ruler of the synagogue, being moved with indignation because Jesus had healed on the sabbath, answered and said to the multitude, There are six days in which men ought to work: in them therefore come and be healed, and not on the day of the sabbath.

15 But the Lord answered him, and said, Ye hypocrites, doth not each one of you on the sabbath loose his ox or his ass from the stall, and lead him away to watering?

16 And ought not this woman, being a daughter of Abraham, whom Satan had bound, lo, /these/ eighteen years, to have been loosed from this bond on the day of the sabbath?

17 And as he said these things, all his adversaries were put to shame: and all the multitude rejoiced for all the glorious things that were done by him.

Romans 5

8 But God commendeth his own love toward us, in that, while we were yet sinners, Christ died for us.

9 Much more then, being now justified by his blood, shall we be saved from the wrath /of God/ through him.

10 For if, while we were enemies, we were reconciled to God through the death of his Son, much more, being reconciled, shall we be saved by his life;

11 and not only so, but we also rejoice in God through our Lord Jesus Christ, through whom we have now received the reconciliation.

The simple Kal-Vachomer was analysed as an Aristotelian syllogism by A. Schwarz [2]. Compare Barbara with what moses says:

Barbara:

1. All men are mortal.

2. Socrates is a man,
   therefore

3. Socrates is mortal

1. $\forall x(\text{Men}(x) \rightarrow \text{Mortal}(x))$

2. Men(Socrates)
   therefore

3. Mortal(Socrates)

43

Deuteronomy 31:

Let s be something Moses says or demands. We have

1. $\forall x \neg \text{ListenIsrael}(x) \rightarrow \neg \text{ListenPharaoh}(x)$

2. $\neg \text{ListenIsrael}(s)$
   therefore

3. $\neg \text{ListenPharaoh}(x)$.

Louis Jacobs refutes the similarity, see [1, chapter 1], see also [4].

Certainly the more complex cases of Kal-Vachomer are not syllogisms at all.

We now analyse one of the most involved arguments in the Talmud. We first quote the text. A detailed analysis of the Kal-Vachomer in general and of this text in particular can be found in our companion paper in Hebrew [13].

Consider the following text from the Talmud, Kidushin 5a–5b.[9]

> (1a) Rav Huna said: *Huppa* acquires a fortiori, since money, which does not allow one to eat *teruma* does acquire, *Huppa* which allows one to eat *teruma*, how much more should it acquire.
>
> (1b) And does money not allow one to eat. But 'Ulla said: According to the Torah, a betrothed Israelite daughter eats of *teruma*, for it is said *"But if a priest acquire any soul, the acquisition of his money"*, and this is the acquisition of his money. For what reason did they say that she does not eat? It was feared that a cup may be poured for her in her father's house, and she will let her brothers and sisters drink it.
>
> (2) Rather argue thus: If money, which does not finalise, does acquire *Huppa*, which does finalise how much more should it acquire.
>
> (3) As to money, it is because one can redeem it with *heqdeshoth* and the Second Tithe.
>
> (4) Intercourse shall prove it.
>
> (5) As to intercourse, it is because it acquires in the case of a *Yevama*.
>
> (6) Money shall prove it.
>
> (7) And the inference revolves; the character of this is not like the character of that is not like the character of this:
>
> (8) the feature common to them is that they acquire elsewhere and they acquire here. I can also bring *Huppa*, which acquires elsewhere and acquires here.
>
> (9) As to the feature common to them, that is that their enjoyment is great!
>
> (10) 'Writ' shall prove.

---

[9]The insert numbers refer to the steps in arguments. The translation is from the El-Am edition.

(11) As to writ, that it sets free an Israelite daughter,

(12) money and intercourse shall prove.

(13) Again the inference revolves. The character of this is not like the character of that and the character of that is not like the character of this.

(14) The feature common to them is that they acquire elsewhere and they acquire here. I can also bring *Huppa* which acquires elsewhere and acquires here.

(15) As to the feature common to them, it is that they are possible by compulsion.

(16) And Rav Huna? Money, however, we do not find in matrimony by compulsion.[10]

We now give the argument sequence of the text above. First, some background material. When a boy wants to wed a girl as his wife, he can do it in stages. First he can give her a ring and if she accepts they are engaged. The text refers to this state as *Kidushin*. It has to be done by giving the girl a ring or something of value. The important point is the value. So the text refers to the act as "money" (i.e. something of value). The next step is the marriage ceremony which the text calls '*Huppa*'. It is known that the ceremony is essential for marriage and cannot be replaced by another ring. So if the boy gives the girl another ring this does not make her his wife. She just gets a second ring for noting. He has to go through the ceremony. There are other options for marriage. For example they can be together in a 'familiar way', which can be anything you are not supposed to do otherwise, e.g. a kiss or a short period alone in a room (long enough to be naughty), etc. This is why for example, in a marriage ceremony the boy is allowed to kiss the bride. The text calls this 'intercourse'. The question we ask here is whether the marriage ceremony can do the job of the ring. So imagine that you are ready to get married and your silly best man forgot the ring. Can we go on or do we actually have to wait for the ring? The first argument by the proponent named Rav Huna is to prove that the ceremony itself can do the job of the ring, i.e. it can do the engagement as well as the marriage itself. Figure 46 is this argument (item 2 in the text).

	N = married	A = engaged
m (ring)	0	1
h (*Huppa*)	1	x =?

Figure 46

We do the graphs for $x = 1$ and $x = 0$, and get Figure 47

---

[10]Glossary
Money = ring
Kidushin = engaged
Huppa = religious marriage ceremony
Writ = official document/contract.

45

1. Graphs for $x = 1$

$$N \longrightarrow A$$
$$2\alpha \qquad \alpha$$

2. Graph for $x = 0$

$$\bullet \qquad \bullet$$
$$N \qquad A$$
$$\beta \qquad \alpha$$

Figure 47

Clearly the case $x = 1$ is a better graph. It is more connected. We also wrote the multiset assignment in the figure.

The opponent (the audience to Rav Huna) attacks this in item 3 in the text and adds column 3 to the matrix. See Figure 48.

	N	A	P
m	0	1	1
h	1	$x =?$	0

Figure 48

The two graphs are now in Figure 49

In Figure 49 the result is undecided. The graph of $x = 1$ is better in the aspect of being connected, and the graph for $x = 0$ is better in the aspect of having less points. So it is a draw and the verdict is 'undecided'.

This means the proof of the proponent fails to be conclusive.

Now the proponent tries again (item 4 in the text) and presents a different table, using **b**= Intercourse, see Figure 50

The two graphs are in Figure 51, and clearly $x = 1$ wins.

The opponent now attacks by adding column Y for the case of yevama (item 5 of the text). We explain this case: an unmarried man must marry the widow of his brother if she is without children by biblical law. This cannot be done by ceremony (*Huppa*) but must be done by familiarity, **b**. In practice of course, if they don't want to marry then a 'divorce'-like procedure must be done.

We get Figure 52

The graphs we get are in Figure 53

Clearly they are of equal strength and the answer is undecided.

The proponent now combines both tables to get $x = 1$ to win(items 6–8 of the text). We get Figure 54

The two graphs are in Figure 55

1. Graph for $x = 1$

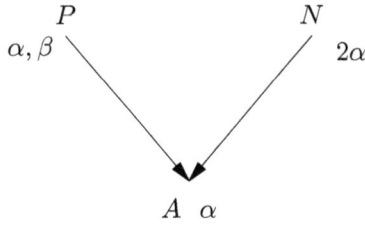

2. Graph for $x = 0$

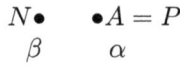

$$\underset{\beta}{N\bullet} \qquad \underset{\alpha}{\bullet A} = P$$

Figure 49

	N	A
b	1	1
h	1	$x = ?$

Figure 50

1. Graph for $x = 1$

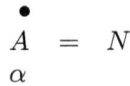

$$\overset{\bullet}{\underset{\alpha}{A}} \quad = \quad N$$

2. Graph for $x = 0$

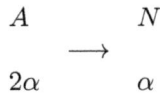

$$\underset{2\alpha}{A} \quad \longrightarrow \quad \underset{\alpha}{N}$$

Figure 51

	N	A	Y
b	1	1	1
h	1	$x =?$	0

Figure 52

1. Graph for $x = 1$

$$Y \quad \longrightarrow \quad N = A$$
$$2\alpha \qquad\qquad \alpha$$

2. Graph for $x = 0$

$$A = Y \quad \longrightarrow \quad N$$
$$2\alpha \qquad\qquad \alpha$$

Figure 53

	N	A	P	Y
m	0	1	1	0
h	1	$x =?$	0	0
b	1	1	0	1

Figure 54

1. Graph for $x = 1$

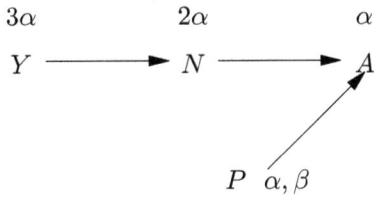

2. Graph for $x = 0$

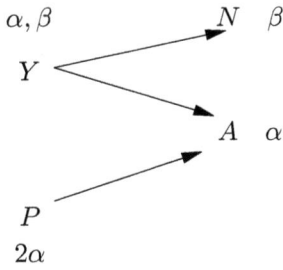

Figure 55

The case $x = 1$ wins because it has only value 1 for change of direction. In the graph for $x = 0$, to get from N to P we have to change direction twice.

The opponent now attacks by adding a column of H (pleasurable activity, item 9 in the text). He argues that money (**m**) and intercourse (**b**) give pleasure, while the marriage ceremony **h** does not.

We get Figure 56

	N	A	P	Y	H
m	0	1	1	0	1
h	1	$x = 1$	0	0	0
b	1	1	0	1	1

Figure 56

The graphs are in Figure 57 and the result is undecided

1. Graph for $x = 1$

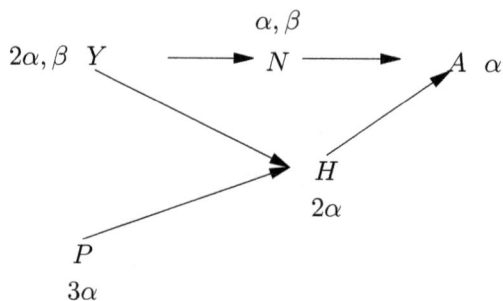

2. Graph for $x = 0$

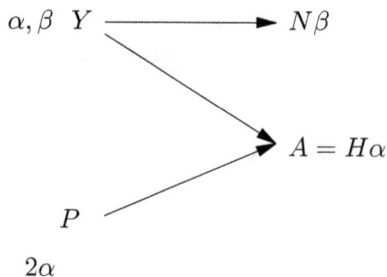

Figure 57

Clearly case $x = 1$ has the advantage in change of direction index (1 change of direction while the graph for $x = 0$ has 2 changes), but the case

$x = 0$ identifies $A = H$ and this gives it advantage over the case $x = 1$. The result is a draw.

The proponent tries again by adding a column G for divorce which can be done by a writ, **w**. This discussion is in items 9–14 of the text. Figure 58 gives the table.

	N	A	P	Y	H	G
m	0	1	1	0	1	0
h	1	$x =?$	0	0	0	0
b	1	1	0	1	1	0
w	0	1	0	0	0	1

Figure 58

The graphs for this are given in Figure 59

The case $x = 1$ wins because its graph has only one change of direction and the graph of $x = 0$ has two changes.

The opponent now attacks by adding a column with K — meaning without consent, like a girl being married by her parents without her consent. A practice still followed by some parts of the world. This is item 15 of the text.

We get the following matrix of Figure 60

The two graphs are given in Figure 61

The comparison of the two graphs is undecided. The graph for $x = 1$ has the advantage of one change of direction, as compared with that of $x = 0$ which has 2. On the other hand, the graph for $x = 0$ has the advantage of making $A = K$ i.e. has less points.

So it is an undecided draw and so the proponent has not successfully proved that $x = 1$ wins.

The proponent counters that he disagrees with the matrix of Figure 60, in which the opponent put value 1 in the slot $(\mathbf{m}, K)$. The proponent's opinion is that a value 0 should be there. This gives us the matrix of Figure 62. This corresponds to item 16 in the text.

The two graphs are in Figure 63

Clearly Case $x = 0$ is inferior because it has 2 changes in direction to get from G to N.

This completes the analysis of the text.

Remark: Achievement

Let us discuss what we have done here. We built a matrix abduction model whose components and concepts use only topologically meaningful notions (and hence the model is culturally independent) and we used it to analyse an involved Talmudic argument and we got a perfect and meaningful fit.

1. Graph $x = 1$

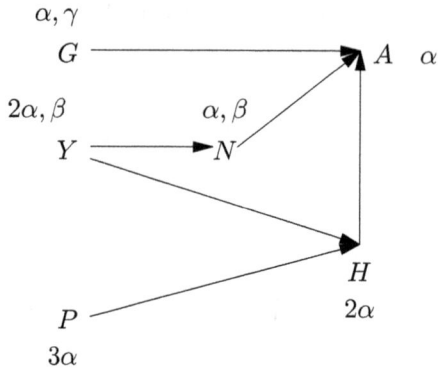

2. Graph $x = 0$

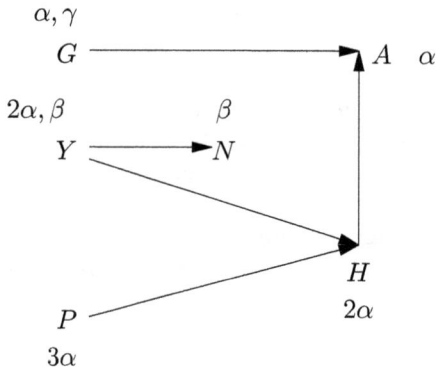

Figure 59

	N	A	P	Y	H	G	K
m	0	1	1	0	1	0	1
h	1	$x = ?$	0	0	0	0	0
b	1	1	0	1	1	0	1
w	0	1	0	0	0	1	1

Figure 60

52

1. Graph for $x = 1$

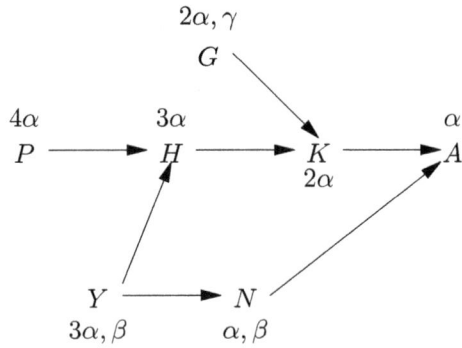

2. Graph for $x = 0$

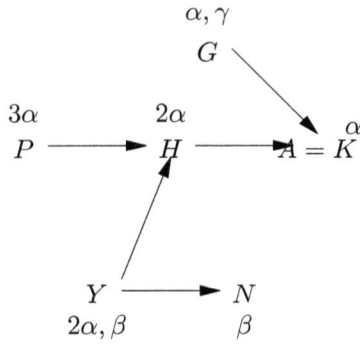

Figure 61

	N	A	P	Y	H	G	K
m	0	1	1	0	1	0	0
h	1	?	0	0	0	0	0
b	1	1	0	1	1	0	1
w	0	1	0	0	0	1	1

Figure 62

53

1. Graph for $x = 1$

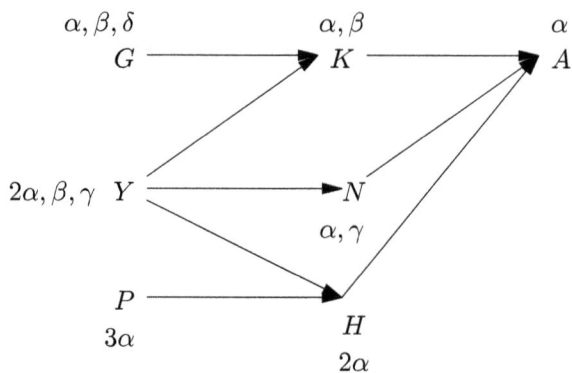

2. Graph for $x = 0$

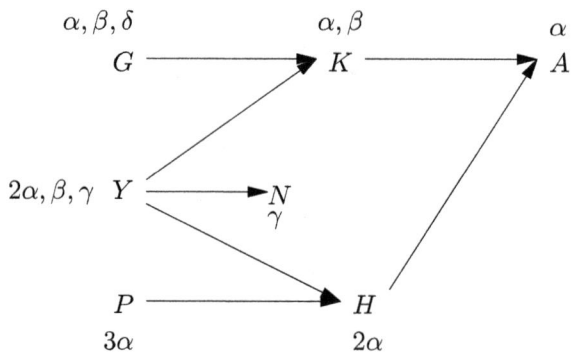

Figure 63

6 Conclusion and discussion

This paper introduced a new method of abduction, which we called matrix abduction and showed that it can be applied in a variety of areas. The method arose directly from the study of the Talmudic non-deductive inference rules of Kal-Vachomer, the Argumentum A Fortiori. See our Hebrew paper [13] for a very detailed analysis.

We would like in this concluding section to make some epistemolgoical comments.

Jacob Neusner [19] has argued (1987) that Talmudic thinking is very differnet from western thinking that produced science. This explains why the Jewish people through the ages did not make scientific achievements to the level of other nations. This view has been strongly criticised by other writers such as M. Fisch [20], who argues to the contrary, that rabbinic thinking is very similar to that of western science.[11]

We put forward to the reader that our paper exemplifies and supports the claim by M. Fisch. Matrix abduction is a new form of induction, arising from the Talmud, which can solve problems currently in the scientific community. (See [21] for a comprehensive treatise on abduction.)

We will venture to say that the logic of the Talmud is far richer and complex than currently available western logic. We hope to systematically investigate the logic in the Talmud in a series of papers and monographs.

Appendix

General applications of matrix abduction

A Application to argumentation networks

Argumentation networks were introduced by P. M. Dung in a seminal paper in 1995. Since then a strong community arose working in the area. Our matrix abduction ideas can make a contribution to this area, as we shall now discuss.

An abstract argumentation network has the form (S, R), where S is a nonempty set of arguments and $R \subseteq S \times S$ is an attack relation. When $(x, y) \in R$, we say x attacks y.

The elements of S are atomic arguments and the model does not give any information on what structure they have and how they manage to attack each other.

The abstract theory is concerned with extracting information from the network in the form of a set of arguments which are winning (or 'in'), a set of arguments which are defeated (or are 'out') and the rest are undecided. There are several possibilities for such sets and they are systematically studied and classified. See Figure 64 for a typical situation. $x \to y$ in the figure represents $(x, y) \in R$.

---

[11] Jews have had hard life throughout history. We don't think they had the same opportunities as western scientists.

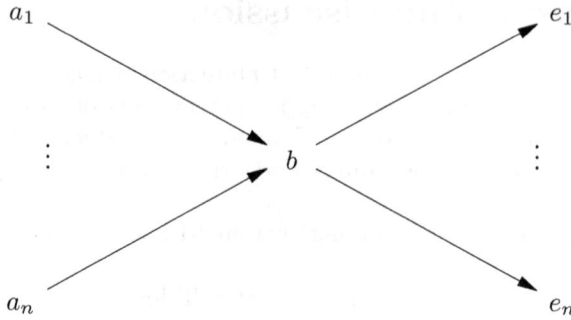

Figure 64

A good way to see what is going on is to consider a Caminada labelling. This is a function λ on S distributing values $\lambda(x), x \in S$ in the set $\{$in, out, ?$\}$ satisfying the following conditions.

1. If x is not attacked by any y then $\lambda(x) = 1$

2. If $(y, x) \in R$ and $\lambda(y) = 1$ then $\lambda(x) = 0$

3. If all y which attack x have $\lambda(y) = 0$ then $\lambda(x) = 1$.

4. If one y which attack x has $\lambda(y) =$? and all other y have $\lambda(y) \in \{0, ?\}$ then $\lambda(x) =$?.

Such λ exist whenever S is finite and for any such λ, the set $S_\lambda^+ = \{x \mid \lambda(x) = 1\}$ is the set of winning arguments, $S_\lambda^- = \{x \mid \lambda(x) = 0\}$ is the set of defeated arguments and $S_\lambda^? = \{x \mid \lambda(x) =$?$\}$ is the set of undecided arguments.

The features of this abstract model are as follows:

1. Arguments are atomic, have no structure.

2. Attacks are stipulated by the relation R; we have no information on how and why they occur.

3. Arguments are either 'in' in which case all their attacks are active or are 'out' in which case all their attacks are inactive. There is no in between state (partially active, can do some attacks, etc.). Arguments can be undecided.

4. Attacks have a single strength, no degrees of strength or degree of transmission of attack along the arrow, etc.

5. There are no counter attacks, no defensive actions allowed or any other responses or counter measures.

6. The attacks from x are uniform on all y such that $(x, y) \in R$. There are no directional attacks or coordinated attacks. In Figure 64, $a_1, \ldots, a_n$ attack b individually and not in coordination. For example, a_1 does not

56

attack b with a view of stopping b from attaching e_1 but without regard to $e_2, \ldots, e_n$.

7. The view of the network is static. We have a graph here and a relation R on it. So Figure 64 is static. We seek a λ labelling on it and we may find several. In the case of Figure 64 there is only one such λ. $\lambda(a_i) = 1, \lambda(b) = 0, \lambda(e_j) = 1, i = 1, \ldots,, j = 1, \ldots, n$.

   We do not have a dynamic view, like first a_i attack b and b then (if it is not out dead) tries to attack e_i. Or better still, at the same time each node launches an attack on whoever it can. So a_i attack b and b attacks e_i and the result is that a_i are alive (not being attacked) while b and e_j are all dead.

   We use the words 'there is no progression in the network' to indicate this. The network is static.

We have addressed point 4 above in our paper [7], but points 1–3, 5–7 were addressed in [6].

There are several authors who have already addressed some of these questions. See [8, 9].

Obviously, to answer the above questions we must give contents to the nodes. We can do this in two ways. We can do this in the metalevel, by putting predicates and labels on the nodes and by writing axioms about them or we can do it in the object level, giving internal structure to the atomic arguments and/or saying what they are and defining the other concepts, e.g. the notion of attack in terms of the contents.

Example A.1 (Metalevel connects to nodes) *Figure 65 is an example of a metalevel extension.*

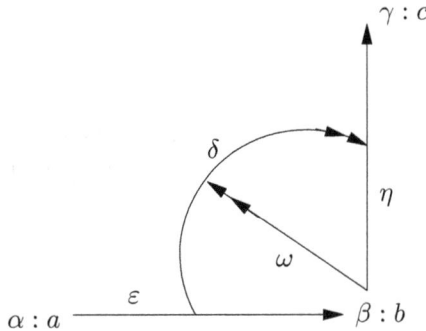

Figure 65

The node a is labelled by α. It attacks the node b with transmission factor ε. Node b is labelled by β. The attack arrow itself constitutes an attack on the attack arrow from b to c. This attack is itself attacked by node b. Each attack has its own transmission factor. We denoted attacks on arrows by double arrows.

Formally we have a set S of nodes, here

$$S = \{a, b, c\}.$$

the relation R is more complex. It has the usual arrows $\{(a,b),(b,c)\} \subseteq R$ and also the double arrows, namely, $\{((a,b),(b,c)),(b,((a,b),(b,c)))\} \subseteq R$. We have a labelling function $\mathbf{l}$, giving values

$$\mathbf{l}(a) = \alpha, \mathbf{l}(b) = \beta, \mathbf{l}(c) = \gamma,$$
$$\mathbf{l}((a,b)) = \varepsilon, \mathbf{l}((b,c)) = \eta,$$
$$\mathbf{l}(((a,b),(b,c))) = \delta$$
$$\mathbf{l}((a,((a,b),(b,c)))) = \omega.$$

We can generalise the Caminada labelling as a function from $S \cup R$ to some values which satisfy some conditions involving the labels. We can write axioms about the labels in some logical language and these axioms will give more meaning to the argumentation network. See [7] for some details along these lines. The appropriate language and logic to do this is Labelled Deductive Systems (LDS) [10].

We shall not pursue the metalevel extensions approach in this paper except for one well known construction which will prove useful to us later.

Our matrix methods allow us to give new kind of content to the nodes and define a new mode of attack. This we now discuss.

Consider Figure 66

$$a \longrightarrow b \longrightarrow c \longrightarrow d$$

Figure 66

As an argumentation network, any finite acyclic graph is very simple. We start with the nodes x that are not attacked, they get $\lambda(x) = 1$ and then we propagate λ along the arrow.s In Figure 66 we get

$$\lambda(a) = 1, \lambda(b) = 0, \lambda(c) = 1, \lambda(d) = 0.$$

The story becomes more interesting when we try and give contents to the nodes. The main way of doing this in the literature is proof theoretical. The nodes are theories or proofs and one node x attacks another node y if it obstructs its proof by proving the opposite.

Figure 67 is such an example

x attacks y because x proves B but y proves $\sim B$.

Besnard and Hunter in [8] take the classical logic approach. The paper of Amgoud and Caminada [9] surveys other approaches where the logic may be nonmonotonic, i.e. we may have several defeasible arrows.

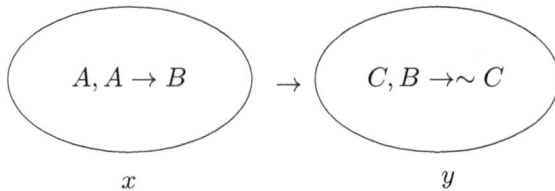

Figure 67

Anyway, all existing approaches are proof theoretical or classical semantical involving consistency.

Our matrix system can give a completely different content to an abstract argumentation network. Section 5 is an example of a series of attacks. Figure 68 is an example.

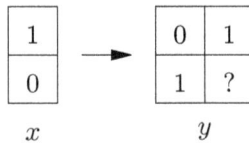

Figure 68

x attacks y by joining it from the right to form Figure 69

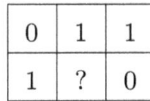

0	1	1
1	?	0

Figure 69

Our matrix abduction will tell y it must put 1 in the blank "?" place. In Figure 69, the result of the attack by x, we get that "?" remains undecided.

We can have new kind of attacks, as in Figure 70. z attacks y by wrapping around it.

The result is Figure 71

Figure 72 is a schematic joint attack.

We get Figure 73

Our matrix abduction can deal only with rectangular matrices. So we need to be careful with joint attacks, unless we extend our algorithms to deal with general shapes, as for example in Figure 74.

We shall stop here. The full machinery can be developed in another paper.[12]

[12]One way to deal with general shapes is to expand the shape into a rectangle and regard all missing squares as having N/A (not applicable) value. This turns the matrix $\mathbb{A} = [a_{i,j}]$ into a partial function on the index (i,j). It can give $a_{i,j} = 0$ or $a_{i,j} = 1$ or $a_{i,j}$ = N/A = undefined, and exactly once it can give $a_{i,j} =?$. The columns become

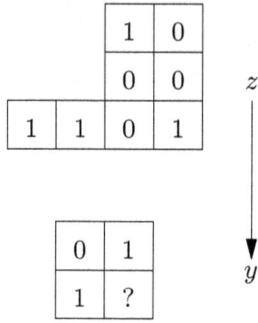

Figure 70: z wraps around y

0	1	1	0
1	?	0	0
1	1	0	1

Figure 71

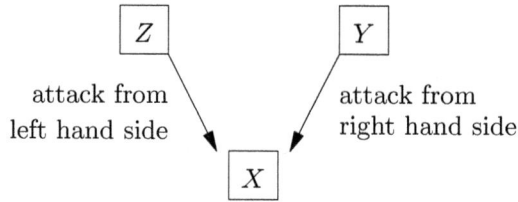

Figure 72

Z	X	Y

Figure 73

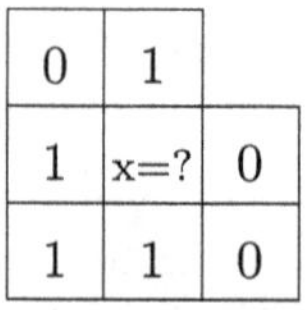

0	1	
1	x=?	0
1	1	0

Figure 74

60

Remark A.2 (Summary) *Let us summarise what our matrix example does for argumentation theory.*

Consider again the chain in Figure 66. a attacks b by joining it and forming a new matrix ab, which joins c to form (ab)c and then we get ((ab)c)d. The new matrix may still have 1 as a solution in which case the attack did not kill d. It may have undecided or 0 as a solution in which case the attack succeeded. In any case, we present a new form of attack in argumentation networks.

B Application to Voting paradoxes

We now give a voting case study, (see [14]).

A group of 13 farmers from southern Germany rent a bus and go to London for a week's holiday. They are offered 3 extra events in London, for which they have to pay individually, in addition tot he agreed holiday package cost. These are:

T Evening at the theatre (the Globe)

D Fancy dinner at a posh London restaurant

B A tour in a boat along the Thames.

The farmers are asked to vote. We get the following result, where 1 means 'I want it', see Figure 75

	A	B	C	D	E	F	G
T	0	1	1	0	1	1	0
D	1	1	0	0	0	1	1
B	1	1	0	1	1	0	0
No. of farmers voting for this column	1	1	3	3	1	1	3

Figure 75

The question is what to do? Where to go?

If we consider the options as packages, then packages

$$
\begin{aligned}
C &= \mathbf{T} \wedge \sim \mathbf{D} \wedge \sim \mathbf{B} \\
D &= \sim \mathbf{T} \wedge \sim \mathbf{D} \wedge \mathbf{B} \\
G &= \sim \mathbf{T} \wedge \mathbf{D} \wedge \sim \mathbf{B}
\end{aligned}
$$

each received three votes and so they draw the winning package. We cannot, however, decide between them.

	No. of farmers voting yes	No. of farmers voting no
T	6	7
D	6	7
B	6	7

Figure 76

If we regard the voting procedure as collecting individual votes for each of the options $\{\mathbf{T}, \mathbf{D}, \mathbf{B}\}$, then we get Figure 76

The winning combination is $\sim \mathbf{T} \wedge \sim \mathbf{D} \wedge \sim \mathbf{B}$, namely, go to no event.

This is known as the multiple voting paradox, for three issues ($\mathbf{T}, \mathbf{D}$ and $\mathbf{B}$) and 13 voters. We can generate a paradox for four issues for example, in this case we need 31 voters, see [14].

The paradox is that by majority vote we get a result that nobody wants, in our case this result is not to go anywhere! Nobody voted for $(0, 0, 0)$ as a column.

Let us see whether our matrix abduction point of view can help. Our first question is whether the method of matrix abduction is applicable to the voting problem. Do the criteria discussed in Section 1.1 apply here? The answer is yes. Each farmer wants something. Each option has ingredients to offer. If the option can satisfy what the farmer wants he will vote for it. This example is also slightly different. There are connections between the rows, maybe giving rise to constraints (see Example 3.20. There is also the question of cost, some farmers must have chosen 2 out of the three options simply because they didn't have enough money.

Let us construct the graph for this matrix. We get Figure 77.[13] The table in Figure 78 tells us what are the ingredients of the options. The way we get the ingredients, is to look at Figure 75. $\mathbf{T}$ has 1 for columns B, C, E, F. So $\mathbf{T}$ must have enough ingredients to satisfy the needs of each of B, C, E, F. These needs we get from the allocation of Figure 77. So $\mathbf{T}$ needs $\{2\alpha, \beta\}$. If we take into account how many voters voted for each column, then $\mathbf{T}$ needs $\{6\alpha, 3\beta\}$, since 3 voters voted for C. Thus we put in Figure 78 $\{6\alpha, 3\beta\}$ for $\mathbf{T}$.

---

partial functions into $\{0, 1\}$ and the ordering graph can be defined between columns as $\leq$ on all coordinates in which they are both defined. See our paper in Hebrew [13] for examples of such matrices arising from Talmudic reasoning.

[13] Note that the voting matrix has columns corresponding to all Boolean combinations of $\{\mathbf{T}, \mathbf{D}, \mathbf{B}\}$.

Thus in Figure 77 if we were to annoate with sets (not multisets) and annotated B with $\varnothing$, we would have annotated as follows:

$$A : \{\alpha\}, E : \{\beta\}, F : \{\gamma\}$$
$$D : \{\alpha, \beta\}, G : \{\alpha, \gamma\}, C : \{\beta, \gamma\}.$$

These are Boolean allocations representing the Boolean algebra with $\mathbf{T}, \mathbf{D}, \mathbf{B}$ as a Boolean algebra of subsets of $\{\alpha, \beta, \gamma\}$ with Truth $= \varnothing$, Falsity $= \{\alpha, \beta, \gamma\}$ and $\wedge$ becomes $\vee$ and $\vee$ becomes $\wedge$.

We get nothing new. So the two new mathematical steps we are making are assigning α to B and using multiples of α.

Similarly we calculate $\{6\alpha, 3\gamma\}$ for **D** and $\{3\alpha, 3\beta, 3\gamma\}$ for **B**. Remember, we give **T** not the union of allocations of the relevant columns, but the minimum that we need!

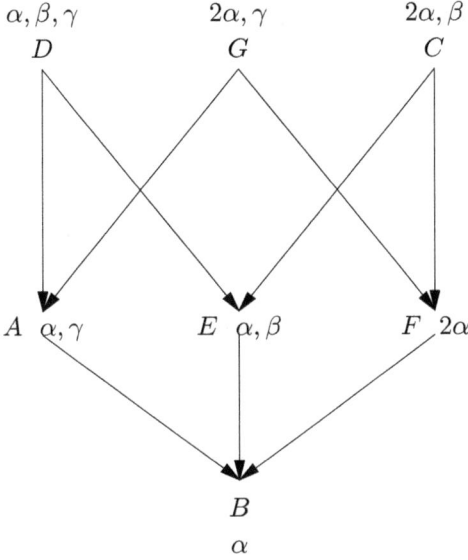

Figure 77

	Ingredients
T	$6\alpha, 3\beta$
D	$6\alpha, 3\gamma$
B	$3\alpha, 3\beta, 3\gamma$

Figure 78

Let us now try and guess what α, β, γ can be. **D** and **B** have γ in common. Our guess is that we can take γ to be 'non-intellectual activity'.

B and **T** have β in common. Our guess would be that β is a sightseeing factor. Food you get in Germany. Theatre and the Thames are characteristic of London.

α is common to all. Our guess is that it can be cost. A boat ticket costs less (per person) than a theatre ticket or a dinner check.

So how can this help our decision about what to do?

We would go for **B** and only one of **T** and **D**. Let us check the vote for the $(\mathbf{T}, \mathbf{D})$ component only. We have four possibilities. See Figure 79

We get a tie between $\mathbf{T} \wedge \sim \mathbf{D}$ and $\sim \mathbf{T} \wedge \mathbf{D}$. Which one to choose? Looking at the ingredients, they are symmetrical, $\{6\alpha, 3\beta\}$ compared to $\{6\alpha, 3\gamma\}$. It is really a vote between β and γ. We must ask the farmers.

63

	No of votes
T $\wedge$ **D**	2
T $\wedge \sim$ **D**	4
$\sim$ **T** $\wedge$ **D**	4
$\sim$ **T** $\wedge \sim$ **D**	3

Figure 79

Note that the graph is symmetrical. So we could have assigned the α, β, γ differently.

There are two more possibilities, assign in Figure 77 the value 2α to E or assign the value 2α to A.

We get Figures 80 and 81 respectively.

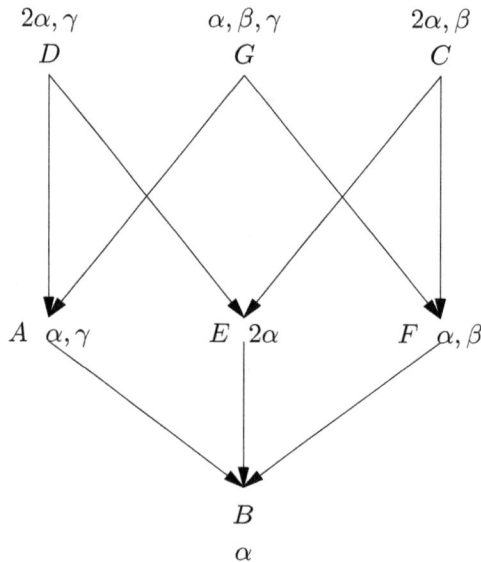

Figure 80

The following table, Figure 82, summarises the possible ingredients for **T**, **D**, **B** according to which figure we use. It extends Figure 78.

We see that the graphs and the tables, including Figure 75 are completely symmetrical. So the conclusion is that the farmers should do any two events. Only a combination of two events can have enough ingredients for all columns. Namley the vote concludes with

$$\mathbf{V} = (\mathbf{T} \wedge \mathbf{D} \wedge \sim \mathbf{B} \bigvee \mathbf{T} \wedge \sim \mathbf{D} \wedge \mathbf{B} \bigvee \sim \mathbf{T} \wedge \mathbf{D} \wedge \mathbf{B}).$$

Note that this matrix abduction approach is pretty revolutionary. We follow neither the drawing contenders for the maximal vote (of 3, namely, C, D and

64

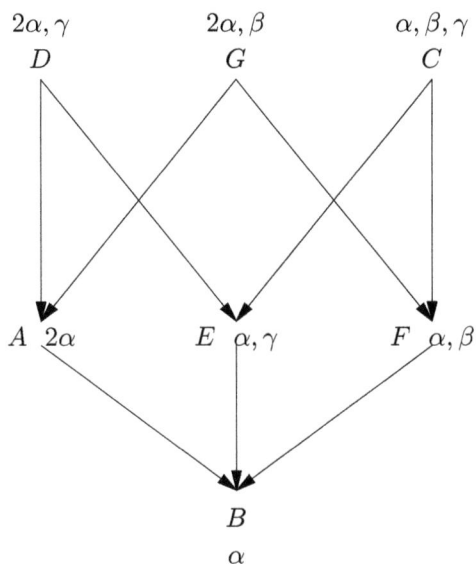

Figure 81

	Ingredients Figure 78	Ingredients Figure 80	Ingredients Figure 81
T	$6\alpha, 3\beta$	$6\alpha, 3\beta$	$3\alpha, 3\beta, 3\gamma$
D	$6\alpha, 3\gamma$	$3\alpha, 3\beta, 3\gamma$	$6\alpha, 3\beta$
B	$3\alpha, 3\beta, 3\gamma$	$6\alpha, 3\gamma$	$6\alpha, 3\gamma$

Figure 82

G), i.e. we do not take exactly one of $\{\mathbf{T}, \mathbf{D}, \mathbf{G}\}$, i.e. $\mathbf{T} \wedge \sim \mathbf{D} \wedge \sim \mathbf{B}$ or $\sim \mathbf{T} \wedge \mathbf{D} \wedge \sim \mathbf{B}$ or $\sim \mathbf{T} \wedge \sim \mathbf{D} \wedge \mathbf{G}$, nor do we follow the result of the component vote of Figure 76, namely $\sim \mathbf{T} \wedge \sim \mathbf{D} \wedge \sim \mathbf{B}$.

We follow a compromise, as suggested by the matrix abduction.

This is already more than the voting procedures can give us. Also we know what to ask the farmers in order to decide the matter!

Let us now check what happens in the case of the four issues, 31 voters paradox, see [14]. This paradox has issues $\mathbf{a}, \mathbf{b}, \mathbf{c}, \mathbf{d}$. $\mathbf{a} \wedge \mathbf{b} \wedge \mathbf{c} \wedge \mathbf{d}$ is a winning combination, and yet, calculated coordinatewise we get complete reversal, $\sim \mathbf{a} \wedge \sim \mathbf{b} \wedge \sim \mathbf{c} \wedge \sim \mathbf{d}$, which is an option for which nobody voted!

Figure 83 gives the voting table.

	X_1	X_2	X_3	X_4	X_5	X_6	X_7	X_8	X_9	X_{10}	X_{11}	X_{10}	X_{13}	X_{14}	X_{15}
a	1	1	1	1	1	1	1	1	0	0	0	0	0	0	0
b	1	1	1	1	0	0	0	0	1	1	1	1	0	0	0
c	1	1	0	0	1	1	0	0	1	1	0	0	1	1	0
d	1	0	1	0	1	0	1	0	1	0	1	0	1	0	1
No of Voters for this column	5	1	1	1	1	1	1	4	1	1	1	4	1	4	4

Figure 83:

If we count the numbers of voters who voted for a column containing 1 for $\mathbf{a}$ (i.e. who wanted $\mathbf{a}$) we get 15, as opposed to 16 voters who wanted $\sim \mathbf{a}$. Similarly we have for $\mathbf{b}, \mathbf{c}$ and $\mathbf{d}$. This is why we have a paradox.

If we follow the majority package vote we have to go for $\mathbf{a} \wedge \mathbf{b} \wedge \mathbf{c} \wedge \mathbf{d}$ because 5 voters went for it, the biggest number of voters. This makes 26 other voters unhappy. If we go for the issue by issue result, then $\sim \mathbf{a} \wedge \sim \mathbf{b} \wedge \sim \mathbf{c} \wedge \sim \mathbf{d}$ wins, since each issue got voted 0 by 17 against 16 who voted 1. But then this is not good either since everyone voted for something. Nobody wanted the 'nothing' option.

So we propose the matrix method. Figure 84 draws the graph of the columns of Figure 83, with an indicated allocation of ingredients.

If we collect the ingredients from Figure 84 using the table of Figure 83 we get Figure 85. Note that we make allowance for the number of voters.

To satisfy the needs of all voters we need at least two of $\{\mathbf{a}, \mathbf{b}, \mathbf{c}, \mathbf{d}\}$. We do not take more because each individual $\mathbf{a}, \mathbf{b}, \mathbf{c}$, or $\mathbf{d}$ was voted 0 by the majority. The winning single package $\mathbf{a}$ does not have enough α to satisfy the X_8, X_{10}, X_{14} and X_{15} voters.

Thus we need two from $\{\mathbf{a}, \mathbf{b}, \mathbf{c}, \mathbf{d}\}$. Note that we relied here on the allocation of $\alpha, \beta, \gamma, \delta$ on the graph. There are three other ways of doing this allocation, giving α to X_1 but 2α either to X_2, X_3 or X_5.

Since both the graph of Figure 84 and the table of Figure 83 are completely symmetrical in the swapping of X_2, X_3, X_5 and X_9, our conclusion that we need two of $\{\mathbf{a}, \mathbf{b}, \mathbf{c}, \mathbf{d}\}$ to make everyone happy does stand!

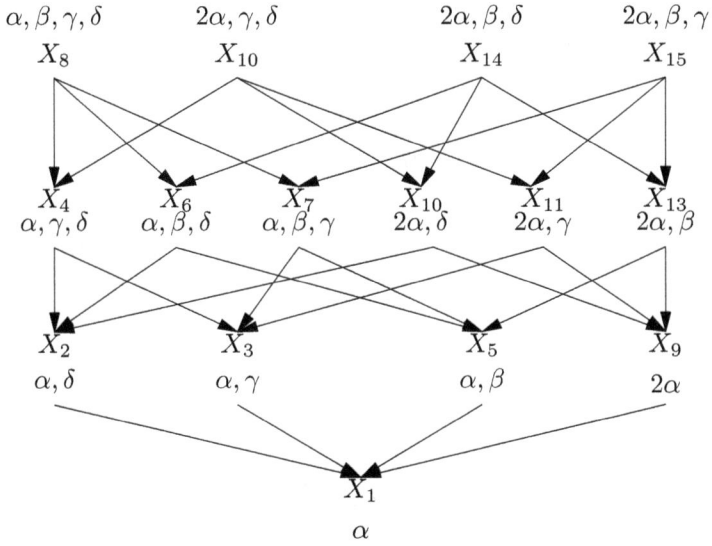

Figure 84:

	ingredients
a	$5\alpha, 4\beta, 4\gamma, 4\delta$
b	$8\alpha, 4\gamma, 4\delta$
c	$8\alpha, 4\beta, 4\delta$
d	$8\alpha, 4\beta, 4\gamma$

Figure 85:

Thus our recommendation for the vote of Figure 83 is

$$\begin{aligned}\mathbf{F} &= (\mathbf{a} \wedge \mathbf{b} \wedge \sim \mathbf{c} \wedge \sim \mathbf{d} \bigvee \mathbf{a} \wedge \sim \mathbf{b} \wedge \mathbf{c} \wedge \sim \mathbf{d} \\ &\bigvee \mathbf{a} \wedge \sim \mathbf{b} \wedge \sim \mathbf{c} \wedge \mathbf{d} \bigvee \sim \mathbf{a} \wedge \mathbf{b} \wedge \mathbf{c} \wedge \sim \mathbf{d} \\ &\bigvee \sim \mathbf{a} \wedge \mathbf{b} \wedge \sim \mathbf{c} \wedge \mathbf{d} \bigvee \sim \mathbf{a} \wedge \sim \mathbf{b} \wedge \mathbf{c} \wedge \mathbf{d})\end{aligned}$$

Again note that this is contrary to both the winning package vote ($\mathbf{a} \wedge \mathbf{b} \wedge \mathbf{c} \wedge \mathbf{d}$ which is winning by 5 voters) and the winning issue by issue vote ($\sim \mathbf{a} \wedge \sim \mathbf{b} \wedge \sim \mathbf{c} \wedge \sim \mathbf{d}$ where each $\sim \mathbf{a}, \sim \mathbf{b}, \sim \mathbf{c}, \sim \mathbf{d}$ wins by 17 against 16 votes).

Again a revolutionary compromise (suggseted by the matrix method) between the two extreme components of the paradox.

Remark B.1 *We stress that we are not necessarily offering here the matrix method as new voting procedure. The matrix method relies on ingredients, not on numerical aggregation of votes. It can help when the voting aggregation is parasdoxical.*

We shall examine the matrix method as a voting procedure in a future paper.

To show the coherence and solidity of our matrix approach, let us increase the number of voters by 2, from 31 to 33, and let them vote for X_1. Figure 83 will change in the bottom of column X_1 from 5 to 7.

X_1 will continue to be the winning package but now the paradox will disappear. Each of $\mathbf{a}, \mathbf{b}, \mathbf{c}$ and $\mathbf{d}$ will get coordinatewise 17 votes as opposed respectively 16 to $\sim \mathbf{a}, \sim \mathbf{b}, \sim \mathbf{c}$ and $\sim \mathbf{d}$.

The graph in Figure 84 remains the same, with its allocations of $\alpha, \beta, \gamma, \delta$. What will change is Table 85, which describes the amount of ingredients $\alpha, \beta, \gamma, \delta$ to each row. Each of $\mathbf{a}, \mathbf{b}, \mathbf{c}, \mathbf{d}$ will get 2 more α. So $\mathbf{a}$ now has 7α. Still not enough to satisfy the needs of the voters of X_{10}, X_{14} and X_{15} which require 8α.

So although there is no paradox, the majority of X_1 is still not strong enough to go alone. If we add one more voter who votes for X_1, (bringing the number of voters to 34) then $\mathbf{a}$ will get 8α, now enough to satisfy on its own all voters.

We see here that our method is different but still resonable and paradox free.

As we said, a detailed study of this approach will be pursued in another paper.

C Application to Paradoxes of judgement aggregation

We begin with the *doctrinal paradox*, indentified by Kornhauser and Sager [17, 18]. The paradox arises when majority voting can lead a group of rational agents to endorse an irrational collective judgement. Consider the question of liability following a breach of contract. Three judges have to decide whether

a= there was a binding contract

and

b= there was a breach of that contract.

We get liability only when both **a** and **b** are upheld.
The table in Figure 86 describes the situation.

	Judge A	Judge B	Judge C	majority vote
a	1	0	1	1
b	0	1	1	1
liability **a** $\wedge$ **b**	0	0	1	$x = 0$

Figure 86:

Judges A and C think the evidence for **a** is convincing but not so for **b**.
Judges B and C think the evidence for **b** is convincing but not so for **a**. Thus
each judge individually would express judgement as in row **a** $\wedge$ **b**. Therefore
two judges will give verdicts of no liability and only one, Judge C, will give a
verdict of liability. Going by majority of verdicts — the final verdict is $x = 0$.

On the other hand, if we were to take majoirty judgement first on **a** and
b individually, then we get that both **a** and **b** get 1 having a majority of two
judges,and so x must be 1 and not 0.

This is the paradox.

We see this paradox as a special matrix abduction problem.

We can now formulate the *general matrix aggregation problem*.

Definition C.1 (Matrix aggregation problem)

1. *Let $V = (x_1, \ldots, x_n)$ be a vector of numbers in $\{0,1\}$. An aggregation
function $\mathbf{g}$ is a function giving a value $\mathbf{g}(V) \in \{0,1\}$, for any such
vector.*

   For example
   $$\mathbf{g}_{\text{majority}}(V) = 1 \text{ iff } \sum_{i=1}^{n} x_i > \tfrac{1}{2}$$
   $$\mathbf{g}_{\wedge}(V) = 1 \text{ iff } x_i = 1 \text{ for all } i$$
   $$\mathbf{g}_{\vee}(V) = 1 \text{ iff } x_i = 1 \text{ for some } i$$

2. *Let $\mathbf{g}_{\text{row}}$ and $\mathbf{g}_{\text{column}}$ be two aggregation functions.*

*A matrix $\mathbb{A}$ with $m + 1$ rows and $n + 1$ columns is a matrix aggregation
problem if it has the form described in Figure 87.*

*The row aggregation column gives the aggregated value for each row. The
column aggregation row gives the aggregated value for each column. We get a
matrix abduction problem if we ask what should $x =$? be. Do we aggregate the
column above the $x =$? square, i.e. let $x = \mathbf{g}_{\text{column}}(\mathbf{g}_{\text{row}}(\mathbf{a}_1), \ldots, \mathbf{g}_{\text{row}}(\mathbf{a}_m))$*

69

	A_1	...	A_n	Row aggregation
$\mathbf{a}_1$				$\mathbf{g}_{\text{row}}(\mathbf{a}_1)$
$\vdots$				
$\mathbf{a}_m$				$\mathbf{g}_{\text{row}}(\mathbf{a}_m)$
Column aggregation	$\mathbf{g}_{\text{column}}(A_1)$		$\mathbf{g}_{\text{column}}(A_n)$	$x =?$

Figure 87:

or do we aggregate the row to the left of the $x =?$ square, i.e. let $x = \mathbf{g}_{\text{row}}(\mathbf{g}_{\text{column}}(A_1),$
..., $\mathbf{g}_{\text{column}}(A_n))$ or do we do some matrix abduction algorithm $\mathcal{A}$ on the matrix and get a value for x?

Figure 88 describes the situation of Figure 86 seen as a matrix aggregation problem.

	A	B	C	D=$\mathbf{g}_{\text{majority}}$
$\mathbf{a}$	1	0	1	1
$\mathbf{b}$	0	1	1	1
$\mathbf{c} = \mathbf{g}_\wedge$	0	0	1	$x =?$

Figure 88:

If we apply our graph technique to this figure, we get the graphs in Figure 89

Clearly by our criteria of Section 3, $x = 1$ wins. Of course we need to formulate new criteria suitable for the voting and the aggregation application area. We have here different kinds of matrices. So we need to look at some examples and match the intuitive ideas embedded in the examples with criteria on graphs.

There is also symmetry between rows and columns in this problem. In general we have two aggregation functions without any special conditions on them. So we must also consider the graphs arising from the rows. This we show in Figure 90 for our specific example.

Again, according to our criteria of Section 3, case $x = 1$ wins.

The interested reader can look up a recent penetrating analysis of the paradox in [23]. The paper uses probabilistic methods, looking at the reliability of the judges involved and aggregating accordingly. If we adopt the reliability idea into our matrix we get the matrix in Figure 91

The reliabilities $r(A, \mathbf{a}), r(A, \mathbf{b})$ are the numbers in $\{0, 1\}$ telling us whether Judge A is reliable on issues $\mathbf{a}$ and $\mathbf{b}$. Similarly, $r(B, \mathbf{a}), r(B, \mathbf{b}), r(C, \mathbf{a})$ and

70

Case $x = 1$

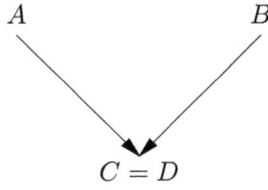

Case $x = 0$

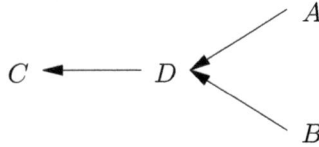

Figure 89:

Case $x = 1$

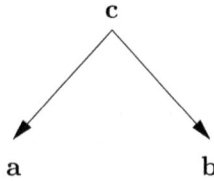

Case $x = 0$

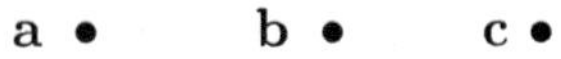

Figure 90

	Judge A	Reliability of A	Judge B	Reliability of B	Judge C	Reliability of C	Majority vote
a	1	$r(A, \mathbf{a})$	0	$r(B, \mathbf{a})$	1	$r(C, \mathbf{a})$	
b	0	$r(A, \mathbf{b})$	1	$r(B, \mathbf{b})$	1	$r(C, \mathbf{b})$	
a ∧ **b**	0		0		1		

Figure 91

71

$r(C, \mathbf{b})$.

It was suggested to us by S. Hartmann that we process the columns first in the matrix and then aggregate. We use the following processing formula.

- x with reliability 1 is processes as $x' = x$

- x with reliabiltiy 0 is processed as $x' = 1 - x$.

So the formula is

$$x' = x \cdot r(x) + (1 - x)(1(r(x)))$$

So in the matrix of Figure 91 we first process the pairs of columns and get the matrix of Figure 92.

	new Judge A	new Judge B	new Judge C	vote
a	$r(A, \mathbf{a})$	$1 - r(B, \mathbf{a})$	$r(C, \mathbf{a})$	
b	$1 - r(A, \mathbf{b})$	$r(B, \mathbf{a})$	$r(C, \mathbf{b})$	
a ∧ b				

Figure 92

Note that such preprocessing is done in the Talmud. We discuss this in our Hebrew paper [13, Part 2, Section A].

Summary

The general theory of the matrix aggregation problem needs to be developed. We see however already at this stage that we have a clear mathematical formulation of the problem and we have a machinery to offer a solution. This is good news for the judgment aggregation community.

We hope to address this problem in a subsequent paper.

We note that we have not explained away the aggregation paradox but offered a possible third computation to bail us out of the aggregation problem.

D   Learning, Labelling and Finite Models

We continue to examine the example of monadic predicate logic introduced in Figure 8. We have a finite model with predicates $A_1, \ldots, A_m$ and elements $d_1, \ldots, d_n$. Let us assume that the definite matrix $\mathbb{A} = [a_{i,j}], i = 1, \ldots, m$ and $j = 1, \ldots, n$ describes the model. That is we have for all i, j

$$a_{i,j} = 1 \text{ iff } A_i(d_j) \text{ is true.}$$

Our question is what can we learn from this data?

To explain how we can make use of our matrix realisation method, let us take an example we have already analysed. Consider the matrix of Figure 60 for the case $x = 1$.

72

We consider this matrix as a matrix of a model with elements

$$\begin{aligned} d_1 &= N \\ d_2 &= A \\ d_3 &= P \\ d_4 &= Y \\ d_5 &= H \\ d_6 &= G \\ d_7 &= K \end{aligned}$$

and predicates

$$\begin{aligned} A_1 &= \mathbf{m} \\ A_2 &= \mathbf{n} \\ A_3 &= \mathbf{b} \\ A_4 &= \mathbf{w} \end{aligned}$$

The graph for this matrix is in Figure 61.

Let us insist on a realisation for this graph using sets, not multisets. This means we do not allow multiples of α.

Therefore we would get the following realisation $\mathbf{f}$ in Figure 93.

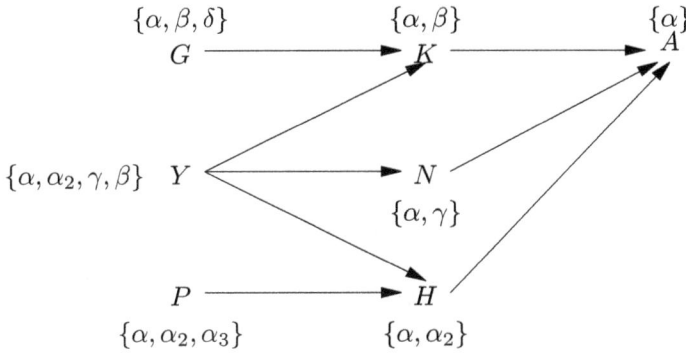

Figure 93

Figure 94 gives the coresponding matrix realisation.[14]

$$A_i(d_j) = \text{ True iff } \mathbf{f}(A_i) \supseteq \mathbf{f}(d_j).$$

Note that instead of a model with 7 elements, we found a model of 6 elements (a saving in the number of elements) which contains all the information. In this new smaller model we have that A_i, d_j are all predicates and the meaning of $A_i(d_j)$ is $\forall x(d_j(x) \rightarrow A_i(x))$.

---

[14]This is hardly surprising. Let $\mathbb{A} = [a_{i,j}]$ be a definite matrix with m rows and n columns, $m \leq n$. Let $\mathbf{a}_1, \ldots, \mathbf{a}_m$ be the rows and $C_1, \ldots, C_n$ be the columns. Then each column C is a subset $\mathbf{C}$ of the set $M = \{\mathbf{a}_1, \ldots, \mathbf{a}_m\}$ of all rows. We have $\mathbf{a}_i \in \mathbf{C}_j$ iff $a_{i,j} = 1$. Thus the columns are elements of the Boolean algebra of the powerset 2^M. The graph of the columns is a subgraph of the lattice of the algebra 2^M with M as the smallest element and $\varnothing$ as the top element. Since we give α to the bottom element of the graph, this observation implies that we can get a set realisation to the graph with $m+1$ elements. In practice many graphs can manage with less, but some might need more, since we need to realise the cancellation of edges and some possible restrictions as well.

$$\mathbf{m} : \{\alpha, \alpha_2, \alpha_3\}$$
$$\mathbf{h} : \{\alpha, \gamma\}$$
$$\mathbf{b} : \{\alpha, \alpha_2, \beta, \gamma\}$$
$$\mathbf{w} : \{\alpha, \beta, \gamma\}$$
$$N : \{\alpha, \gamma\}$$
$$A : \{\alpha\}$$
$$P : \{\alpha, \alpha_2, \alpha_3\}$$
$$Y : \{\alpha, \alpha_2, \beta, \gamma\}$$
$$H : \{\alpha, \alpha_2\}$$
$$G : \{\alpha, \beta, \delta\}$$
$$K : \{\alpha, \beta\}$$

Figure 94

Independently of whether we save on the number of points, this method suggests a translation of the monadic first order theory into itself.

We prepare the ground for the translation by observing that all monadic models for m monadic predicaes $\{A_1, \ldots, A_n\}$ can be reduced equivalently to models with at most 2^m elements. This holds since each element d in the domain has a type $\bigwedge_i \pm A_i(d)$, and there are at most 2^m such types. So any formula with quatifiers can be rewritten to a formula without quantifiers. If we have 2^m constants in the language $\mathbf{d}_1, \ldots, \mathbf{d}_{2^m}$. We write $\forall x \varphi(x) \equiv \bigwedge_{i=1}^{2^m} \varphi(\mathbf{d}_i)$ and $\exists x \varphi(x) \equiv \bigvee_{i=1}^{2^m} \varphi(\mathbf{d}_i)$.

So any ϕ becomes ϕ^* by eliminating the quantifiers in this manner. So, for example

$$\phi = \forall x \exists y (A(x) \rightarrow B(y))$$

becomes

$$\phi^* = \bigwedge_i \bigvee_j (A(\mathbf{d}_i) \rightarrow B(\mathbf{d}_j))$$

We can translate now any ϕ into ϕ^{**} as follows:

Let $D_1, \ldots, D_{2^m}$ be additional predicates. Translate any $A_i(\mathbf{d}_j)$ into $\forall x (D_j(x) \rightarrow A_i(x))$. Now given any closed formula ϕ translate first into ϕ^* by using $\mathbf{d}_j$. ϕ^* will have no quantifiers. Now replace in ϕ^* any $A_i(\mathbf{d}_j)$ as above and get ϕ^{**}.

We have

Lemma D.1 ϕ *has a monadic model iff* ϕ^{**} *has a monadic model.*

Proof. ϕ has a monadic model iff ϕ has a monadic model $\mathbf{M}$ with 2^m elements iff ϕ^* has this same monadic model. We now construct the matrix $\mathbb{A}$ for the model $\mathbf{M}$, and construct a set realisation of it using a set of labels $\mathbb{L}$. Then ϕ^* holds in $\mathbf{M}$ iff ϕ^{**} holds in $\mathbb{L}$. ∎

Remark D.2 *We are aware that we can have a similar translation by re-garding any element d_j of the doamin as a predicate D_j with an extension of exactly the element d_j. Thus $A_i(d_j)$ becomes*

$$\forall x(D_j(x) \to A_i(x)).$$

We need to add the axioms

1. $\exists x D_j(x), j = 1, \ldots, n$

2. $\sim \exists x[D_j(x) \wedge D_i(x)], i \neq j$

We hae ϕ has a model of n elements iff $(1) \wedge (2) \wedge \phi^{**}$ has (the same) model.
   This translation does not decrease the number of elements because (1) and (2) ensure the same number of elements is used.

   Furthermore, we can use the Lemma for the previous translation and a theorem Prover to find a minimal model for ϕ^{**}. This will give us the minimal number of labels for the columns withot using the graphs. We summarise

Lemma D.3 *Let $\mathbb{A}$ be a definite $m \times n$ matrix. Consider it as a model with rows as predicates and columns as elements as in Figure 8.*
   Let φ be the following formula

$$\varphi_{\mathbb{A}} = \bigwedge_{a_{i,j}=1} \forall x(D_j(x) \to A_i(x)).$$

Let a theorem prover find a minimal model $\mathbf{M}$ for $\varphi_{\mathbb{A}}$.
   Then the sets

$$D_j = \{a \in \mathbf{M} \mid D_j(a) \text{ is true}\}$$

form a set realisation for $\mathbb{A}$.

Proof. Follows from our previous constructions and lemmas. ∎

Remark D.4 *How do we use a theorem prover to find a multiset realisation?*
   Let $\mathbb{A}$ be given. Write $\varphi_{\mathbb{A}}$. Add constants to the language $\alpha_1, \alpha_2, \ldots, \alpha_n$. We do not need more than n since we know we can find a realisation with n elements. We think of α_k as $k\alpha$. This means that we add the axiom

$$\alpha = \bigwedge_{i=1}^{n} \bigwedge_{j=1}^{n-1} D_i(\alpha_{j+1}) \to D_i(\alpha_j))$$

This means that if $(j+1)\alpha$ labels a node then so does $j\alpha$.
   We use a theorem prover to find a model for $\alpha \wedge \varphi$ and minimise the number of elemnets in the model which are not α_j.

E Applications to Access Control Reasoning

Matrix abduction can be also employed in reasoning with incomplete information about access control policies.

Access control consist of determining whether a principal (machine, user, program ...) which issues a request to access a resource should be trusted on its request, i.e. if it is authorized.

A classical way of representing access control policies is the employment of an "Access Control Matrix" which characterizes the rights of each principal with respect to every object in the systems.

For instance, suppose we have an access control policy expressed in Figure 95, where in cell (i, j) we place 1 if principal i can read $file_j$. Where the

	$file_1$	$file_2$	$file_3$
A	1	1	1
B	0	1	0
C	1	?	0

Figure 95: Access Control Matrix

'?' means that the specification of the access control policy is unknown or incomplete. The question is: what to do? Should a reference monitor deny the access to read $file_2$ to C or not?

There are many ways to reply to the raised questions, here we report two simple examples

- The reference monitor can query his knowledge about the principals A, B and C. For instance, if C has more power than A (maybe C is *root* and A a *user*), the reference monitor can than derive that C has the right to read $file_2$.

- The reference monitor can rely on some knowledge about how the files are organized, so if $file_1$ has a higher protection level the reference monitor may assume that $file_2$ can be read by C.

Another possibility is to employ the methods of Matrix Abduction proposed in this article. We leave for future research the formalization of an ordering between components of access control matrices in order to be able to craft access control policies that can be employed in reasoning without complete knowledge of the domain. Recently, in [26] abduction in access control policies has been also applied to compute a specification of missing credentials in decentralized authorization languages. We believe that matrix abduction can provide a practical tool to craft new access control models, as future work we plan to extend the logical framework presented in [27, 28] with abductive reasoning methods.

76

Acknowledgements

We are grateful to S. Hartmann, D. Makinson and O. Rodrigues for helpful comments.

References

[1] Louis Jacobs. *Studies in Talmudic Logic and Methodology*. London, Vallentine-Mitchell, 1061. Republished paperback, 2006.

[2] Adolf Schwarz. *Der Hermeneutische Syllogismus in der Talmudischen*, Ltitteratur, Karlsruhe, 1901.

[3] V. L. S. Stebbing. *A Modern Introduction to Logic*, London, 1945.

[4] Arnold Kunst. An overlooked type of inference. *Bulletin of the School of Oriental and African Studies*, X, part 4, pp. 976–991, 1942.

[5] D. Gabbay and A. Garcez. Logical modes of attack in argumentation networks. To appear in *Studia Logica*.

[6] Phan Minh Dung. An argumentation theoretic foundation for logic programming. *Journal of Logic Programming*, 22(2), 151–171, 1995.

[7] H. Barringer, D. Gabbay and J. Woods. Temporal dynamics of argumentation networks. In D. Hutter and W. Stephan, eds., *Mechanising Mathematical Reasoning*, pp. 59–98, LNCS 2605, Springer, 2005.

[8] P. Besnard and A. B. Hunter. *Elements of Argumentation*, 300pp. MIT Press, 2008.

[9] M. W. A. Caminada and L. Amgoud. On the evaluation of argumentation formalisms, *Artificial Intelligence*, 171 (5–6), 286–310, 2007.

[10] D.M. Gabbay. *Labelled Deductive Systems*, OUP, 1996.

[11] D. Gabbay and J. Woods. Resource origins of non-monotonicity. *Studia Logica*, Vol. 88, 2008, pp. 85–112.

[12] H. Prakken and G. Sartor. Argument based extended logic programming with defeasible priorities. *Journal of Applied Non-classical Logics*, 7:25–75, 1997.

[13] M. Abraham, D. Gabbay and U. Schild. Paper 340 Kal-Vachomer in Hebrew, 112 pages. BDD Journal, Bar Ilan University.

[14] S. J. Brams, D. M. Kilgour, and W. S. Zwicker. The paradox of multiple elections. *Social Choice and Welfare*, 15:211–236, 1998.

[15] U. J. Schild. Criminal Sentencing and Intelligent Decision Support, *Artificial Intelligence and Law*, vol. 6, 2-4, 1998.

[16] G. Pigozzi and L. van der Torre. Premise independence in judgement aggregation. Dagstuhl Seminar 07531, 2007.

[17] L. Kornhauser and L. Sager. Unpacking the court. *Yale Law Journal*, 96: 82–117, 1986.

[18] L. Kornhauser and L. Sager. The one and the many: adjudication in collegial courts. *California Law Review*, 81: 1–51, 1993.

[19] Jacob Neusner. The making of the mind of Judaism;the formative age. *Brown Judaic Studies*, vol 133, Scholars press, Atlanta, 1987.

[20] Menachem Fisch. *Rational Rabbis: Science and Talmudic Culture*. Indiana University Press, Bloomignton, 1997.

[21] D. M. Gabbay and J. Woods. *The Reach of Abduction*, Elsevier, 2005.

[22] M. H. Kamali. *Principles of Islamic Jurisprudence*, Islamic Text Society, 3rd Revised Eition, 2002, 550 pp.

[23] S. Hartmann, G. Pigozzi and J. Sprenger. Reliable methods of judgement aggregation. Draft, 23 February 2009.

[24] T. K. Grabenhorst. *Das Argumentum A Fortiori*. Peter Lang, 1990.

[25] A. Hasan. Analogical reasoning in Islamic jurisprudence, 1986. Republished Adam Publishers, 2007, 486 pp.

[26] Moritz Y. Becker, Jason F. Mackay and Blair Dillaway. Abductive Authorization Credential Gathering, *Studia Logica*, this issue.

[27] Guido Boella, Dov M. Gabbay, Valerio Genovese and Leendert van der Torre. Fibred Security Language, this issue.

[28] Steve Barker, Guido Boella, Dov M. Gabbay and Valerio Genovese. A Meta-model of Access Control in a Fibred Security Language, *Studia Logica*, this issue.

כרך א
מידות הנדרש ההגיוניות: היסקים לא דדוקטיביים בתלמוד.
מיכאל אברהם, דב גבאי ואורי שילד

מחקרים בלוגיקה תלמודית
עורכי הסדרה:
מיכאל אברהם, דב גבאי ואורי שילד
dov.gabbay@kcl.ac.uk

מחקרים בלוגיקה תלמודית
כרך א

מידות הדרש ההגיוניות:
היסקים לא דדוקטיביים בתלמוד

בספר זה אנחנו מנתחים את שלוש מידות הדרש ההגיוניות: קל וחומר ושני
בנייני אב (אנלוגיה ואינדוקציה), ובונים מודל כולל עבור שלושתן, ועבור
הפירכות השונות עליהן. אנו עוברים על ההיבטים העיקריים של מידות הדרש
הללו בתלמוד, ומסבירים אותם באמצעות המודל שלנו. בנוסף, אנו דנים גם
במשמעות הלוגית הכללית יותר של ההיסקים הללו.

מידות הדרש ההגיוניות:
היסקים לא דדוקטיביים בתלמוד

מיכאל אברהם

דב גבאי

ואורי שילד*

אוניברסיטת בר אילן
*והמכללה האקדמית אשקלון

ISBN 978-1-84890-000-4

College Publications
Scientific Director: Dov Gabbay
Managing Director: Jane Spurr
Department of Computer Science
King's College London, Strand, London WC2R 2LS, UK

http://www.collegepublications.co.uk

Printed by Lightning Source, Milton Keynes, UK

תוכן העניינים

נספח ג: המאמר באנגלית

Matrix Abduction with applications to argumentation theory and the Argumentum A Fortiori inference rule (Kal-Vachomer)

מבוא כללי

הקדמה [1],[2]

ספר זה הוא הראשון שנכתב במסגרת הפרוייקט שלנו להבנה שיטתית של
הלוגיקה התלמודית. הפרוייקט משלב חוקרים מתחומי הלוגיקה המתמטית,
האינטליגנציה המלאכותית ואנשי תלמוד, ומנסה להביא לאינטגרציה של
הדיסציפלינות השונות הללו שתניב הבנה מעמיקה יותר של הלוגיקה של
התלמוד.

הקורא עשוי לשאול את עצמו מהי המטרה של מחקר כזה? האם ללא
הפורמליזציה הלוגית לא ניתן להבין את הלוגיקה של התלמוד? האם כל
מפרשי התלמוד ויוצריו לא הבינו את מה שהם עצמם יצרו ועשו? במה יכולה
הצגה לוגית להעמיק את ההבנה ולהועיל ללומד? [3]

הנחתנו היא שחכמי התלמוד ומפרשיו ניחנו באינטואיציות לוגיות עמוקות
ביותר, ולפעמים הלומדים המאוחרים עומדים בפני התופעות הללו ללא

---

[1] קורא המעוניין בהגדרות המתמטיות מדוייקות, בהצדקות לוגיות מפורטות יותר,
ובדוגמאות ליישומים של המתודה המוצעת כאן לתחומים נוספים, מופנה למאמרנו
באנגלית:
'Matrix Abduction with applications to argumentation theory and the
Argumentum A Fortiori inference rule (Kal-Vachomer)', M. Abraham, D.
Gabbay, U. Schild, Bar-Ilan University, Israel, and King's College London,
Studia Logica, 2009.
להלן: 'המאמר באנגלית'. לנוחיות הקוראים הוא מובא בסוף הספר כנספח ג.

[2] ברצוננו להודות לד"ר אבי ליפשיץ מאלון שבות, על עזרתו בתחילת הדרך (ניסוח
הסוגיא בטבלאות הוא הצעה שלו, ותמונה זו בסופו של דבר הוליכה אותנו למודל
שלנו).

[3] ואכן ישנה תופעה של פורמליזציות מודרניות שונות של סוגיות תלמודיות שלא
מוסיפות הרבה להבנה שלנו את התלמוד. הן אינן אלא תרגום של החשיבה בסוגיא
לכלים מתמטיים, אך ללא ערך מוסף. כפי שהקורא ייווכח על נקלה, במקרה שלנו
המצב הוא שונה לגמרי.

4

הבנה, וחושבים שמדובר בחשיבה לא מדוייקת ולא שיטתית. אך מניסיוננו, בדרך כלל לא זה המצב. בספרנו אנו נראה כמה דוגמאות שהמודל הלוגי שופך אור יקרות על תופעות כאלו, ומוציא לאור את האינטואיציות הלוגיות שעמדו בבסיס חשיבתם של חכמי התלמוד (גם אם לפעמים שלא במודע). הטענה הזו משולבת בפרדיגמה הכללית שעליה מתבסס הפרוייקט שלנו, והיא שהלוגיקה התלמודית מכילה חשיבה לוגית שיטתית, גם אם היא מוצגת בצורות אינטואיטיביות יותר. ניסוח הכללים שהולך ומתפתח לאורך הדורות של הלומדים והפרשנים אינו אלא תהליך של המשגה ופורמליזציה של מה שהיה מונח שם כבר מהתחלה. אין כאן המצאות ופיתוח יש מאין, אלא פירוט ושכלול של   הקיים וחשיפת מה שטמון בו, בהתאם לגישה המסורתית. האינטואיציות של חכמים קדמונים הופכות היסק שיטתי, בנוי ופורמלי, בשפה המודרנית יותר. השכלול והפורמליזציה נעשים בשפה של אלו שעושים זאת, וזו כמובן לא תמיד מודעת לחכמי התלמוד ופרשניו. הם השתמשו בה בלא מודע, או שהיא היתה מונחת בבסיס ההיסקים שלהם. לפעמים הקשר הוא חלש יותר, כלומר הדברים שאנו מציעים אינם אלא מודל שנותן פשר להיסקים שלהם, ללא התחייבות שזו אכן היתה צורת החשיבה שלהם בפועל. בחיבורנו הבא, עליו אנחנו עובדים כעת, שעוסק בדרשות 'כלל ופרט', אנו נראה דוגמא מובהקת ליתרונה של הפרדיגמה הזו, ולכשלים אליהם מובל מי שאינו מקבל אותה.[4]

מצאנו לנכון להבהיר בפתח דברינו את שלוש המטרות שלנו בפרוייקט כולו:

1. לעניין את החוקרים העכשוויים בתחומי הלוגיקה באוצרות שמצויים בתלמוד, בכדי שיוכלו לשאוב ממנו חומר שיועיל להבין את החשיבה האנושית והמדעית בכלל. למיטב הבנתנו (ויראה זאת הקורא בהמשך הספר) ישנן בתלמוד הטרמות חשובות מאד של תובנות שעלו לתודעה האנושית, אם בכלל, מאות ואלפי שנים מאוחר יותר.

---

[4] על שאלת ההתפתחות של הכללים והלוגיקה התלמודית, ועל הפרדיגמה הזו, ראו בספרו של מיכאל אברהם, **שתי עגלות וכדור פורח**, בשער השני. ראו עוד בשני כרכי **מידה טובה – תשס"ה**, הוצאת תם, כפר חסידים, כרך 1 ניסן תשסה, וכרך 2 כסלו תשסו, במאמרים לפרשיות נח, ויקרא, ניצבים והאזינו.

2. העבודה הזו היא בעלת ערך תרבותי עצמאי, גם בלי התרומה למחקר הלוגי האוניברסלי, שכן היא מפענחת תובנות ודרכי חשיבה קדומות של חכמי ההלכה, ושופכת אור על דרכי התפתחותה ועל העברת המסורת ההלכתית. דוגמא לדבר, ישנו ספר:

Aristotle's Syllogistic from the point of view of modern logic,

J. Lukasiewicz, Oxford University Press, second edition, 1957

הספר עורר עניין רב בקהילה הלוגית בת זמננו, שכן אריסטו נחשב כמייסד הלוגיקה המערבית הדדוקטיבית. לשפוך אור בשפה ומינוח מודרניים ולאור ידע מודרני על חשיבה עתיקה, זהו מחקר בעל ערך תרבותי, אך בהחלט יש בו גם תרומה להבנת הלוגיקה בה אנו עצמנו משתמשים.

ספרנו מנסה לעשות דבר דומה לחשיבה הלא-דדוקטיבית, (common sense) שגם בה כולנו משתמשים, אך חסרה מאד פורמליזציה שיטתית שלה. מתברר שהתלמוד הוא מצע רב ערך לעבודה כזו.

3. עבודה כזו עשויה לסייע לחוקרי תלמוד לפענח סוגיות עמומות, שנראות לוקות בכשלים מחשבתיים. זו דוגמא נוספת למחקר אינטרדיסציפלינרי, שיכול להעשיר כל אחת מהדיסציפלינות שמעורבות בו.

תרומה זו צפויה להופיע בשני מישורים: א. פענוח התובנות העמומות של סוגיות מסויימות. ב. פענוח של דרכי הפורמליזציה וההמשגה של התלמוד ומפרשיו. התהליכים של השכלול והפיתוח, פיזור סתירות לכאורה וכדו', שהם עצמם נשואי מחקר מרכזיים בחקר התלמוד והבנתו.

דוגמא טובה לכל זה, היא נושאי הדיון בספר הנוכחי. ההיסק של קל וחומר, כמו גם אנלוגיות והכללות (בנייני אב) הם דרכי חשיבה אוניברסליות מקובלות ורווחות מאד בכל תחומי החשיבה האנושית. ובכל זאת, מעט מאד נעשה כדי לפענח אותן ולהעמיד אותן על אדנים לוגיים שיטתיים. חכמי התלמוד המשיגו את הדרכים הללו מוקדם מאד בהיסטוריה האנושית (לפחות לפני אלפיים שנה), וניתן להשתמש במה שהם עשו כדי להמשיך את התהליך. גם בחקר התלמוד וגם בחקר הלוגי של דרכים אלו, ישנם כמה וכמה

6

מחקרים שמנסים לעשות זאת (אנחנו נזכיר את חלקם), ועדיין רובם ככולם לא יצאו מכלל כמה תובנות ראשוניות ושטחיות של הנעשה בתחום זה. על אף חשיבותו היסודית לחשיבה האנושית בכלל, הוא כמעט לא נחקר לעומק.

דדוקציה, אינדוקציה ואנלוגיה

תחומי החשיבה האנושיים משתמשים בצורות היסק שונות. נהוג לחלק את דרכי ההיסק לשלושה סוגים עיקריים: דדוקציה, אנלוגיה ואינדוקציה. הדדוקציה היא שזוכה למעמד הבכורה בניתוח הלוגי, שכן היא ניתנת לפורמליזציה וניתוח לוגי-מתמטי מדוייק. היסק דדוקטיבי הוא היסק מכני לגמרי, שכן אם מאמצים את ההנחות בהכרח עלינו לאמץ גם את המסקנות. לעומת זאת, האנלוגיה והאינדוקציה הן דרכי היסק לא הכרחיות, ולכן גם לא מכניות. זוהי הסיבה לכך שמעטים מאד הניסיונות לבצע ניתוח שיטתי ופורמלי של שתי דרכי ההיסק הללו.

מידות הדרש והחשיבה השמעית

הרב הנזיר, בספרו **קול הנבואה** (כמו גם בכתבים נוספים),[5] טוען כי מידות הדרש אותן מונה ר' ישמעאל בברייתת המידות שבתחילת ה**ספרא**, הן אבני היסוד לחשיבה התורנית, שהיא בעלת אופי לא דדוקטיבי (מבוססת בעיקר על אנלוגיה ואינדוקציה). הוא רואה בהן בסיס יסודי, כעין לוגיקה של צורת חשיבה שהוא מכנה אותה 'שמעית'. זוהי צורת חשיבה שמהווה אלטרנטיבה ללוגיקה היוונית (שמכונה אצלו 'חזותית'). אחד מאיתנו[6] כבר עמד על כך שללא ספק אין כוונתו לטעון שהחשיבה התורנית מוותרת על הדדוקציה, ומציבה במקומה צורת חשיבה שונה כאלטרנטיבה. כוונתו של הרב הנזיר היתה לומר שהחשיבה התורנית אינה מסתפקת בלוגיקה הדדוקטיבית, ואינה

---

[5] **קול הנבואה**, הרב דוד כהן, מוסד הרב קוק, ירושלים תש"ל.
[6] מ. אברהם, בספרו **שתי עגלות וכדור פורח** (להלן: **שתי עגלות**), בית-אל, מהדורה שנייה ומתוקנת, ירושלים תשס"ז, בעיקר בשער האחד-עשר, פרק ג. ראה גם בשני מאמריו של הנ"ל, 'מעמדן הלוגי של דרכי הדרש', **צהר** יב, תשרי תשס"ג (וראה גם במאמר ההמשך ב**צהר** טו).

רואה בה ייצוג מלא של החשיבה ההגיונית והתקפה. החשיבה התורנית רואה גם בחשיבה האינטואיטיבית (=׳השמעית׳, בלשונו) סוג של לוגיקה תקפה (ולא רק תובנות סובייקטיביות, כפי שיש הנוטים לראות זאת). כאמור, לשיטתו אבני הבניין של אותה צורת חשיבה מצויות במידות הדרש.

משמעות אוניברסלית: חשיבה אנליטית וסינתטית

מ. אברהם, **בשתי עגלות**, מרחיב את ההבחנה הקאנטיאנית בין משפטים אנליטיים וסינתטיים ומגדיר שתי צורות חשיבה: חשיבה אנליטית - שמתייחסת רק לדדוקציה כצורת היסק קבילה ותקפה, וחשיבה סינתטית - שרואה גם באינדוקציה ובאנלוגיה דרכי היסק קבילות (גם אם לא תקפות במובן הלוגי החמור). שם מתוארות גם ההשלכות של ההבחנה הזו, והמחלוקות לגביה, וכאן לא נאריך בזה.

הזיהוי של החשיבה השמעית מבית מדרשו של הרב הנזיר עם חשיבה סינתטית בכלל, מרחיב את היריעה ונותן משנה חשיבות לטענתו הבסיסית של הרב הנזיר. כל תחומי החשיבה האנושיים (למעט מתמטיקה, ברובד הפורמלי שלה) נזקקים להיסקים לא דדוקטיביים, ולכן כולם כוללים אנלוגיות ואינדוקציות. יתר על כן, כל הצעדים המשמעותיים בתחומים אלו נעשים באמצעות הכלים הסינתטיים, שהרי כלים לוגיים-אנליטיים אינם יכולים להוסיף מידע חדש מעבר למה שטמון בהנחותיהם של ההיסקים הללו (זה מה שמכונה בפילוסופיה ׳ריקנות האנליטי׳). מידע חדש, כמו חוקי טבע, הכללות מדעיות ואחרות, מסקנות פרשניות וביקורתיות ועוד, לעולם הוא תוצאה של הכללה ו/או של היסקי אנלוגיה (למשפטים כאלו קאנט מתייחס כ׳משפטים סינתטיים׳).

אם כן, צורת החשיבה השמעית (סינתטית) עומדת בבסיס רוב ככל תחומי העיון והחשיבה האנושיים, וההצעה שמידות הדרש יכולות לתת בסיס לוגי עבורה מהווה מוטיבציה חזקה לבחון את הדברים ביתר שאת. אם אכן ניתן למצוא כאן לוגיקה שיטתית שנותנת מסגרת לחשיבה לא דדוקטיבית בכלל,

הדבר הוא בעל משמעויות מרחיקות לכת לגבי כל תחומי החשיבה שלנו, ולא רק בהיבטים תורניים.

מטרתנו בספר זה

בספר זה ברצוננו להציע מודל לוגי-מתמטי פורמלי להיסקים אינדוקטיביים ואנלוגיים, בתחומי המדע וההלכה, כמו גם החשיבה האנושית בכלל. טענתנו היא שביסוד ההכללות וההשוואות עומדים פרמטרים מיקרוסקופיים, שבמונחיהם גם היסקים סינתטיים ניתנים לפורמליזציה קשיחה. המודל שנציע כאן מכניס את דרכי ההיסק הסינתטיות למסגרת מושגית משותפת, ובכך הוא מאפשר להציג מבנים שמשלבים כמה היסקים סינתטיים למבנה מורכב יותר. המודל מציע ניתוח מתודי ושיטתי של ההיסקים הללו, וחושף את הפרמטרים המיקרוסקופיים שעומדים בבסיס ההכללות וההשוואות שאנחנו עושים בהם שימוש מבלי משים. לאור האמור לעיל, ברור מדוע אנו עושים שימוש במידות הדרש כאבני היסוד לניתוח שלנו. אלו הם ההיסקים היסודיים של החשיבה הסינתטית, והרכבות שונות שלהם (שגם הן יידונו כאן) למעשה פורסות חלק ניכר ממרחב החשיבה הסינתטי כולו.

הבסיס בו אנו משתמשים כדי לפתח את המודל הוא שלוש המידות ההגיוניות מתוך הדרש ההלכתי, והפירכות השונות עליהן. אולם המודל ישים גם להיסקים שנעשים בתחום המדע, כמו הכללות והשוואות. הסיבה לכך שבחרנו לפתח את המודל על המצע ההלכתי היא שבהלכה ישנה התייחסות רפלכסיבית, שמוליכה להמשגה ופורמליזציה של דרכי ההיסק הלא-דדוקטיביות. ההלכה אף מציעה מפה מפורטת של הדרכים הללו.

אנו נדגים את הצלחת המודל, על ידי העמדתו במבחן אמפירי, כלומר בחינה של התאמתו לנתונים ממקורות תלמודיים, ומפרשני ההלכה השונים. אנו נראה שמתקבלת התאמה מפתיעה, וכמה וכמה תמיהות שעולות מהבנה אינטואיטיבית של ההיסקים המדרשיים נעלמות כאשר משתמשים בכלים שיפותחו כאן.

על אף שבסיס הדיון הוא היסקי הדרש ההלכתי, חשוב לציין כי אין במודל שנציג הנחות מיוחדות דווקא לחשיבה התלמודית-מדרשית, ולכן תוצאות הניתוח, ועוד יותר מכך הכלים שיפותחו כאן, ישימים לתחומי דעת רבים אחרים (למעשה לכל תחום בו אנחנו עושים שימוש באנלוגיה ואינדוקציה). מעט מזה נדגים כאן, והמעוניין ביתר פירוט מופנה למאמר באנגלית.

נציין כי ספר זה הוא חלק ראשון מתוך עבודה מקיפה יותר, שהולכת ונעשית. בסוף הדברים נציג כמה כיווני פיתוח שמתוכננים כהמשך לעבודה זו.

הערה לגבי המתודה והצגת הדברים

בחרנו להציג כאן את המודל שלנו באופן שאינו אפריורי, כלומר לא לצאת מאוסף הגדרות וטענות ולנתח את ההיסקים לאורן (כך הדבר נעשה במאמר באנגלית). המתודה כאן היא שימוש באבני הבניין של עולם הדרש וההיסק של מדרש ההלכה, ומתוכן להסיק ולצבור באופן שוטף מסקנות שישמשו אותנו בהמשך הניתוח ובבניית המודל הכללי.

החלטה זו מקרינה גם על סדר הצגת הדברים. לאורך הספר יצטברו ארבעה סוגי משפטים, שכל אחד מהם ממוספר בסדר רץ משלו, וכולם מופיעים בפונט מודגש ובפסקאות נפרדות:

הגדרות: הגדרות של מושגים שישמשו אותנו בהמשך.

עקרונות: עקרונות שקובעים עדיפות של מודלים זה מול זה.

כללים: כללי בנייה של דיאגרמה ומודל עבור טבלא נתונה.

תוצאות: התאמות (חלקן מפתיעות) של העולה מהמודל שלנו למה שמצוי בתלמוד. התאמות אלו מאששות אמפירית את תקפותו של המודל, ולכן מצאנו לנכון למספר ולהדגיש אותן.[7]

---

[7] לא הכנסנו בחשבון את ההתאמות של כל ההיסקים והפירכות היסודיים והמורכבים שמובאים בספרות חז"ל, שכן זה נושא הספר עצמו. התוצאות הן רק ההתאמות הנוספות, מעבר להיסקים ולפירכות עצמם.

הספר מחולק לשלושה חלקים. החלק הראשון עוסק בארגומנטציה לוגית
באופן כללי. כמו כן, אנו נציג שם את דרכי ההיסק והחשיבה במדע ובהלכה,
ונראה את המצע הלוגי והפילוסופי הכללי לפיתוחו של המודל שלנו. החלק
השני עוסק בפיתוח המודל עצמו, כאשר אנחנו יוצאים מאבני הבניין
המדרשיות, ומתוכן אנו בונים אריח על גבי לבנה את המודל הכללי. המודל
הכללי יכול לטפל בכל אחת מאבני הבניין הללו, כמו גם בכל הרכבה שלהן.
החלק השלישי יציע כמה השלכות של המודל העקרוני, אשר מצביעות על
משמעותו ומאששות את תוקפו.

חלק ראשון: עקרונות הארגומנטציה הלוגית

ויכוח מתנהל בין עמדות שמתנצחות ביניהן. כל אחד מהצדדים מביא ראיות לעמדתו, ומנסה להתמודד עם הראיות שמביא עמיתו. כיצד ניתן לתאר ולנתח מבחינה לוגית ויכוח כזה?

הלוגיקה הקלאסית, הדדוקטיבית, עוסקת בניתוח ותיאור טיעונים שונים. עוסקים שם בטיעונים שמבוססים על הנחות יסוד, כללי גזירה ומסקנות. אולם בלוגיקה דדוקטיבית כל טיעון הוא הכרחי. בהינתן הנחות היסוד וכללי הגזירה, המסקנה מוכתבת מראש, ואין מקום לויכוח.[8] בהקשר הלוגי הקלאסי, הדדוקטיבי, אם ישנו ויכוח, אזי בהכרח אחד מהצדדים טועה. על כן, לא פלא שלא נמצא במסגרת הלוגיקה הקלאסית תיאור של ויכוח בין שתי עמדות. ויכוח כזה הוא עניינה של הרטוריקה, או העימות (debate), אך לא של הלוגיקה.

אמנם בשנים האחרונות התפתח תחום לוגי שעוסק בתיאור וניתוח ויכוחים, דרך תורת ארגומנטציה. כפי שנראה, התיאוריה הקיימת מבוססת על מכניזם של מתקפות הדדיות. בתחילת דברינו נתאר בקצרה את המינוח והכלים שפותחו בתחום זה, כרקע למודל אותו נציג בהמשך הדברים. אנו נעמוד כאן על היעדר כלים פורמליים לטפל בויכוחים במובן רחב יותר, כמו המדעי או ההלכתי-תלמודי. בשני החלקים הבאים של הספר, תוצע תיאוריה פורמלית שמתארת ויכוחים, הכוללים ראיות ופירכות, שמתנהלים בתחומים לא-דדוקטיביים, כמו המדעים השונים, הדרש ההלכתי, וכן תחומי חשיבה אחרים (למעט המתמטיקה והלוגיקה הדדוקטיבית).

---

[8] למעט מקרים פתולוגיים, שבהם עוסק משפט גדל.

פרק ראשון: הלוגיקה ההתקפית[9]

בפרק זה נתאר בקצרה את התיאוריות הקיימות כיום בלוגיקה לתיאור ויכוחים, מתקפות, והבאת ראיות של שני צדדים שמתעמתים זה כנגד זה.

מערך התקפי מופשט

כדי להציג את הלוגיקה ההתקפית נתחיל ממצב התקפי מופשט טיפוסי, המוצג בדיאגרמה 1.1:

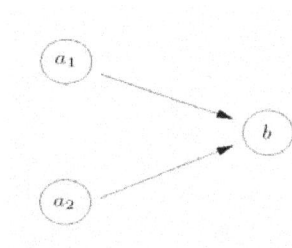

דיאגרמה 1.1

הדיאגרמה מורכבת מנקודות מופשטות $\{b, a_1, a_2\}$, וביניהן חיצים. הנקודות המופשטות מייצגות טענות שונות, והחיצים מסמנים יחס של מתקפה

---

[9] לעניין זה, ראה:

P. M. Dung. 'On the acceptability of arguments and its fundamental role in non-monotonic reasoning, logic programming and n-person games'. *Artificial Intelligence*, 77:321–357, 1995.

ביניהם. כאשר הטענות הן עובדות, המתקפות מבוססות על כללי גזירה שונים שקושרים בין העובדות וקובעים התאמה או סתירה ביניהן.

לדוגמא:

a_1 : הייתי בבית החולים ולא יכולתי לגשת לבחינה בקורס בלוגיקה.

a_2 : הממוצע שלי הוא די טוב, ואפילו אם הייתי מקבלת בבחינה זו ציון 0, עדיין הייתי זכאית לתואר ראשון.

b : אי אפשר לתת תואר ראשון לתלמידה זו כי חסר לה ציון בלוגיקה.

הטענות a_1 ו-a_2 מתקיפות את הטענה b. משמעות הדבר היא שאם מקבלים את הטענה a_1 או a_2 אזי טענה b נכשלת. אנו מבטאים זאת באמצעות החיצים בדיאגרמה 1.1.

חשוב להבין שאם הטענות הללו הן עובדות, אזי בהכרח יש גם לחיצים עצמם תוכן כלשהו. ׳הכשל הנטורליסטי׳ (ההגדרה היא של מור, בעקבות דייויד יום) קובע כי אין להסיק מסקנות ערכיות/שיפוטיות/נורמטיביות מנתונים עובדתיים. לדוגמא, מן הנתון שהשמים הם כחולים לא ניתן להסיק שהשמים הם יפים. עלינו להוסיף הנחה כלשהי, שתקשור את המישור העובדתי עם המישור השיפוטי. לדוגמא, את ההנחה שכל מה שכחול הוא יפה. רק בתוספת ההנחה הסמויה הזו, הטענות הללו מצטרפות לכלל טיעון: השמים הם כחולים (הנחה א - עובדה), וכל מה שכחול הוא יפה (הנחה ב – הנחת קשר), לכן השמים הם יפים (מסקנה – שיפוט).

אם נשוב לדיאגרמה שלמעלה, נוכל להבין כעת כי כל חץ בדיאגרמה הזו מבטא טיעון. לדוגמא, הטענה a_1, שהסטודנטית היתה בבית חולים, היא עובדה. מדוע עובדה כזו תוקפת את הטענה b (שאי אפשר לתת לתלמידה זו תואר בגלל היעדר ציון בלוגיקה)? ישנה כאן הנחה סמויה, לפיה אם היעדר הציון בלוגיקה נובע ממצב שאינו תלוי בסטודנטית (כמו אשפוז מוצדק בבית חולים), אזי הוא אינו מונע את קבלת התואר. הטיעון הזה מסומן בדיאגרמה על ידי החץ העליון.

14

הטענה a2, לפיה הממוצע לא יושפע באופן דרמטי על ידי כישלון בלוגיקה, גם היא עובדה. מדוע היא תוקפת את הטענה b? שוב ישנה כאן הנחה סמויה, לפיה להיעדר הציון אין כל משמעות מצד עצמו, אלא במידה שהציון עלול להוליך את הממוצע הכללי לקו שהוא נמוך מהדרוש לקבלת התואר. הטיעון שמשתמש בהנחה זו, מסומן בדיאגרמה על ידי החץ התחתון.

דיאגרמה 1.1 מראה לנו שכל אחת משתי הטענות התוקפות לבדה יכולה להכשיל את הטענה b, ושתיהן טענות בלתי תלויות זו בזו.

הדיאגרמה כשלעצמה היא מופשטת, שכן היא אינה אומרת מאומה על תוכן הטיעונים המעורבים בה, אלא אך ורק על היחסים ביניהם. אולם ביסודה מונחות כמה וכמה הנחות, כפי שראינו עד כאן.

נמשיך כעת בתיאור המודל המופשט. כל טענה יכולה לקבל אחת משלוש תוויות:

X=1 (או +X) פירושו: הטענה X היא תקפה (או קבילה).

X=0 (או -X) פירושו: הטענה X נכשלת, או בטלה.

X=? פירושו: מעמדה הלוגי של הטענה X אינו ידוע.

אם טענה כלשהי אינה מותקפת כלל, כלומר אין אף חץ שנכנס אליה, אזי היא נחשבת תקפה, ללא שום קשר לתוכנה. בדוגמא שמתוארת בדיאגרמה לעיל, הטענות a1 ו- a2 הן תקפות, שכן אין עליהן שום מתקפה.

אם טענה כלשהי כן מותקפת, אזי מעמדה הלוגי תלוי בשאלה מה מעמדן של הטענות התוקפות אותה. אם ישנה טענה תקפה אחת לפחות שתוקפת אותה, אזי היא נכשלת, או בטילה. לכן בדיאגרמה 1.1, הטענה b היא בטלה, שכן נכנסים אליה שני חיצים שמסמנים מתקפה מטענות תקפות.

אם כן, מתוך הציור המופשט אנחנו יכולים להסיק על מעמדן הלוגי של הטענות המעורבות בו. לדוגמא, בדיאגרמה שלמעלה, אנו מסמנים את המצב הלוגי של הטענות כך:

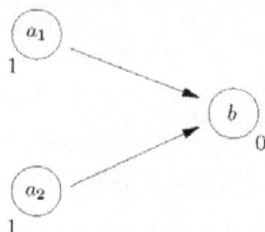

דיאגרמה 1.2

המעמד הלוגי של הטענות נקבע אך ורק על פי הגיאומטריה של הדיאגרמה, וללא קשר לתכני הטענות שהם מבטאים. גם אם טענה כלשהי ידועה לנו כטענה בטילה, הדבר לא ישנה מאומה בטיפול המופשט. אם ילד בגן יטען שהוא הכי חזק בעולם, ואף ילד אחר לא יכחיש זאת (ויאמר משהו כמו : "לא נכון, אבא שלי יותר חזק"), מבחינת תורת הארגומנטציה המופשטת המוצגת כאן זוהי טענה תקפה.

נשוב כעת אל הסטודנטית שלנו. אם מצב העניינים הוא כפי שתואר למעלה (בדיאגרמה 1.2), אזי הסטודנטית תקבל את התואר שלה, שכן הטענה b היא בטילה. כמובן, שלטונות האוניברסיטה יכולים להעלות טיעונים נוספים בכדי שטענה b לא תיכשל.

קיימות שתי אפשרויות להמשיך את סדרת הטיעונים של דיאגרמה 1.1 :

א.   אפשר להביא טענות שיתקפו את הטענות a_1, a_2 .

ב.   אפשר להתקיף את החיצים שמוליכים מהטענות התוקפות אל הטענה b.

מן ההגדרות שלמעלה עולה שכדי לאשש מחדש את הטענה b עלינו לבטל את שתי המתקפות גם יחד. הבה ננסה זאת :

16

c : הסטודנטית לא היתה כלל בבית החולים. בדיקה העלתה כי אין רישום לגביה בשום מקום. מכאן עולה כי a_1 היא טענה כוזבת (=בטלה).

d : לפי התקנון חייב כל תלמיד לגשת לבחינה בלוגיקה. אמנם נכון כי לו היתה ניגשת ונכשלת עדיין היא היתה זכאית לתואר, אך חלה עליה חובה לגשת לבחינה.

יש לשים לב כי הטענה c תוקפת ישירות את הטענה a_1, אולם הטענה d אינה תוקפת את a_2, אלא את הרלוונטיות שלה. משמעותו של טיעון היוצא מטענה d היא שגם אם a_2 הוא נכון הוא אינו תוקף את b. לאור ההסבר שהצענו למעלה, ישנה כאן מתקפה על החץ שמוליך מ-a_2 ל-b.[10]

דיאגרמה 1.3 מראה את המצב ההתקפי כעת (ראה בעמוד הבא). כאמור, מוצגים כאן שני סוגים של מתקפות : מתקפה על טענה ומתקפה על חץ. כעת עלינו לנתח את מעמדן הלוגי העכשווי של הטענות השונות (=מצב הויכוח), לאור הדיאגרמה החדשה. מתחילים את הניתוח מהטענות שמעמדן הלוגי הוא ברור, כלומר אלו שאינן מותקפות. הטענות c ו-d הן תקפות. מכאן יוצא שהטענה a_1 אינה תקפה, וגם חץ הקשר בין a_2 לבין b אינו תקף. ומכאן עולה ש-b נותרת בתוקפה.

[10] לעניין מתקפות על חיצים, ראה:

Temporal Dynamics of Argumentation Networks, Dov Gabbay with J. Woods and H. Barringer, in volume dedicated to Joerg Siekmann: D. Hutter and W. Stephan, (editors), *Mechanising Mathematical Reasoning,* Springer Lecture Notes in Computer Science, pp. 59-98, 2005.

לגירסה מורחבת, ראה:

Temporal Dynamics of Support and Attack Networks: From Argumentation to Zoology (H. Barringer, Dov Gabbay and J. Woods), to appear in *Studia Logica.*

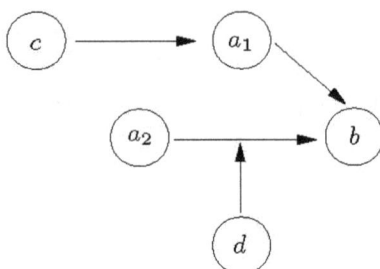

דיאגרמה 1.3

נציג את המצב בדיאגרמה 1.4, ולצורך הבהירות נציין גם את מעמדם של החיצים:

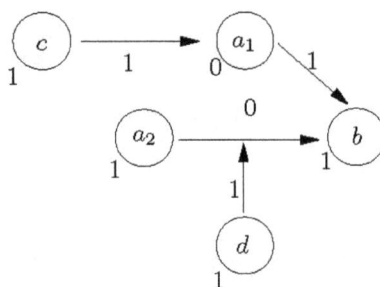

דיאגרמה 1.4

כדי שטענה תהיה בטלה הוא צריך להיות מותקף על ידי חץ תקף שבא מכוח טענה תקפה. טענה בטלה עם חץ תקף או טענה תקפה עם חץ בטל אינם מהווים מתקפה שמבטלת טענה כלשהי.

נמשיך כעת את שרשרת הטיעון:

e: הבדיקה שערכו שלטונות האוניברסיטה בבית החולים היתה מוטעית. התלמידה רשומה באוניברסיטה לפי שם הנעורים שלה, אך בבית החולים

18

היא נרשמה לפי השם שקיבלה לאחר נישואיה. מכאן עולה שהיא כן היתה מאושפזת.

f: אין להשתמש בתקנון היבש למקרים של סטודנטים שכל עתידם תלוי בבחינה אחת. הביורוקרטיה במקרה זה אינה הגונה, ולכן גם אינה מחייבת. הדיאגרמה המתקבלת כעת היא הבאה:

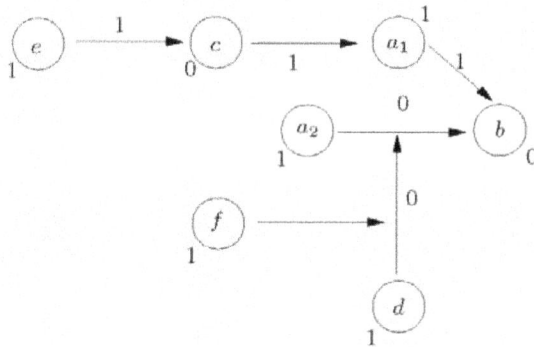

דיאגרמה 1.5

סיכום ביניים ודיון קצר

הצגנו מבנים של דיאגרמות סכמטיות שמבטאות יחסים מופשטים בין טענות מופשטות. בתורת הארגומנטציה המוצגת כאן, מעמדן הלוגי של הטענות הוא אך ורק תוצאה של היחסים ביניהן, ואינו תלוי בתכנים הספציפיים שלהן. היחסים מבוטאים באמצעות חיצים, כאשר חץ בין שני טיעונים מייצג מתקפה של אחד מהם (זה שהחץ יוצא ממנו) על השני (זה שהחץ פונה אליו). כפי שראינו, המודל מאפשר גם מתקפות על חיצים ולא רק על טענות. מתקפות אלו מבטאות אירלוונטיות של הטענה התוקפת, ומבטלות את המתקפה דרך ביטול החץ, גם אם הטענה התוקפת היא תקפה. המסקנה היא שכדי שמתקפה תהיה מוצלחת, כלומר תצליח לבטל את הטענה שהיא פונה

נגדה, עליה לצאת מטענה תקפה ולהשתמש בחץ תקף. אם הטענה או החץ שיוצא ממנה אינם תקפים, המתקפה נכשלת.

העקרונות שקובעים את המעמד הלוגי של הטענות השונות הם הבאים:

1. טענה שאינה מותקפת היא טענה תקפה.
2. טענה שמותקפת (=כלומר מאויימת על ידי חץ תקף) מכוח טענה תקפה, היא בטילה.
3. טענה שכל תוקפיה נכשלים היא תקפה.

יש לשים לב שבמודל ההתקפי אפשר להגן על טענה אך ורק על ידי התקפה של כל הטענות שתוקפות אותה. כפי שנראה בהמשך, קיימים גם מודלים אחרים, שמאפשרים הגנות מגוונות יותר.

עד כאן לא פגשנו עדיין טענות שמעמדן הלוגי אינו ידוע. בדיאגרמות הפשוטות אותן הצגנו עד כה לא קיים מצב כזה. הסיבה לכך היא שמעמד לוגי מסופק יכול להופיע אך ורק במצב שהדיאגרמות כוללות לולאות, וזה לא קרה בדיאגרמות שהצגנו עד עתה. דיאגרמות עם לולאות יידונו בסעיף הבא.

מעגלי התקפה

נציג כעת שתי דיאגרמות עם לולאות. הראשונה, מציגה טענה שתוקפת את עצמה:

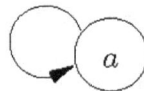

דיאגרמה 1.6

דוגמא לטענה כזו היא פרדוכס השקרן:

(א): משפט (א) הוא שקרי.

זהו פרדוכס מפני שלא ניתן לייחס שום ערך תקפות לטענה הזו באופן עקבי.

לעומת זאת, אם ניטול כעת את הטענה הבאה:

(א): משפט (א) הוא אמיתי.

נראה שיש כאן שני פתרונות עם ערכי תקפות עקביים: המשפט הזה יכול להיות אמיתי ויכול להיות שקרי, וכל אחד משני אלו הוא פתרון עקבי. לכן מבנה כזה אינו פרדוכס אלא מבנה מסופק.

מכיון שאין אפשרות במודל שלנו להציג תמיכה בטענות, אלא רק מתקפה עליהן, נראה שלא ניתן להציג דיאגרמה עבור הטענה האחרונה. אמנם ניתן לתרגם אותה דרך ההנחה שמתקפה על המתקפה היא הגנה. אם כן, משפט שמגן על עצמו הוא משפט שתוקף את המשפט שתוקף אותו. המבנה המצוייר בדיאגרמה 1.7 מייצג בעצם מבנה כזה:

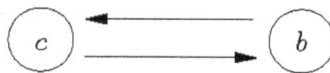

דיאגרמה 1.7

זה מבנה שבו יש שני טיעונים שתוקפים אחד את השני. דוגמא למבנה כזה היא גרסה מסורבלת יותר של פרדוכס השקרן:

(א): משפט (ב) הוא שקרי.

(ב): משפט (א) הוא שקרי.

כאמור, גרסה זו כלל אינה פרדוכסלית, שכן לטענות במבנה הזה יש שני פתרונות תקפות שונים ועקביים: (א) אמיתי ו-(ב) שקרי, או להיפך, ושניהם עקביים. לכן זהו מבנה מסופק.

דוגמא מעט פחות פורמלית למבנה כזה היא הבאה:

b: הרב עובדיה יוסף פוסק שפיאה נכרית אינה כיסוי ראש הולם לאישה נשואה.

c: הרב פיינשטיין פוסק שפיאה נכרית נחשבת ככיסוי ראש הולם עבור אישה כזו.

יהודי אשכנזי הנוהג לפי פסקי הרב פיינשטיין, יאמץ את סט ערכי התקפות הראשון, כלומר מבחינתו ערכי התקפות יהיו :

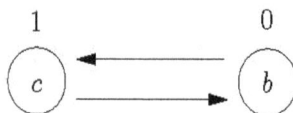

דיאגרמה 1.7.1

ואילו יהודי בן עדות המזרח, הנוהג כפסקי הרב עובדיה יוסף, יאמץ את ערכי התקפות ההפוכים :

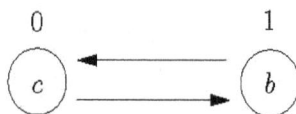

דיאגרמה 1.7.2

נעיר כי לגבי החיצים, כל אחד מהאנשים חייב להצמיד ערך 1 לחץ שיוצא מהעמדה שהוא תומך בה, ולכאורה אינו חייב להצמיד ערך 0 לחץ השני (מפני שכפי שראינו למעלה מתקפה תקפה מכוח טענה בטלה אינה תקפה. מתקפה יכולה לבטל טענה רק אם גם הטענה התוקפת וגם החץ שיוצא ממנה הם תקפים). אבל זה לא נכון, שכן ההנחה במודל הזה היא שחץ שאינו מותקף הוא תקף אוטומטית. משמעות הדברים היא שהסתירה בין העמדות היא אכן נכונה : אחת מבטלת את השנייה, ולזה שניהם מסכימים. אולם מכיון שהעמדה עצמה לא מקובלת עליי, אזי הסתירה לא תשנה מבחינתי מאומה. אמנם זה מעורר את השאלה האם תמיד החיצים אמורים להופיע בצמדים, שהרי אם טענה א מבטלת את טענה ב, אזי גם טענה ב מבטלת את א. העובדה שישנה סתירה בין שתי הטענות היא מוסכמת, והויכוח הוא רק בשאלה את איזו משתיהן אנחנו מקבלים כתקפה ואיזו לא. למעלה הנחנו סדר סיבתי בין הטענות. לדוגמא, בדיקת הרישום בבית החולים הפריכה את טענת

הסטודנטית שהיא היתה מאושפזת. ולכאורה טענתה שהיא מאושפזת מפריכה בחזרה את הטענה שהבדיקה בביה"ח העלתה תוצאות כאילו היא לא אושפזה שם. ההנחה שלנו היא שהטיעון שמבוסס על הבדיקה מגיע אחרי הטענה שהיא היתה מאושפזת, ולכן יש סדר סיבתי ביניהם, והמתקפה אינה הדדית.

כעת נבחן וריאציה מעט שונה של המבנה האחרון:

(א): משפט (ב) הוא שקרי.

(ב): משפט (א) הוא אמיתי.

קל מאד לראות שלא ניתן למצוא ערכי אמת עבור הטיעונים הללו באופן עקבי. זהו פרדוכס, שהוא בעצם גרסה מורכבת יותר של פרדוכס השקרן.

גם את המבנה הזה אין אפשרות להציג במודל שלנו, מפני שאין לנו כלי שמבטא תמיכה בטענות. אמנם גם כאן ניתן לתרגם את המבנה הזה לדיאגרמה שכן ניתנת להצגה במודל שלנו, אם נשתמש שוב באותה מתודה, ונתייחס להגנה כמתקפה על התוקף. כלומר משפט (ב), במקום להגן על משפט (א), יתקוף את משפט (ב) שתוקף את (א). כך אנו יוצרים את המבנה המשולש הבא:[11]

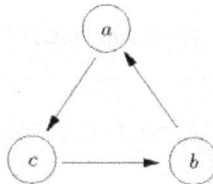

דיאגרמה 1.8

[11] להרחבה, ראה:

Logical Modes of Attack in Argumentation Networks,

Dov Gabbay and A Garcez, to appear in *Studia Logica*.

כאמור זהו מבנה פרדוכסלי, כמו פרדוכס השקרן הפשוט. ניתן לראות זאת מתוך ניסיון להצמיד ערכי תקפות (או אמת, בהקשר הלוגי המקובל) לטיעונים השונים. אין כל דרך עקבית לעשות זאת. מבנה כזה מקביל למשחק הילדים הידוע 'אבן, נייר ומספריים', שבו האבן גוברת על המספריים, שגוברים על הנייר, שגובר על האבן. אין כאן טרנזיטיביות, ולכן נוצר פרדוכס. המסקנה היא שלמבנים פרדוכסליים אין ערך תקפות כלל. אבל למבנים מסופקים יש יותר מסט ערכי תקפות יחיד, ולכן אלו מבנים מסופקים.

מכאן אנחנו מגיעים למסקנה שהמודל שלנו יהיה שלם יותר אם נוסיף עוד ערך אחד לערכים 'בטל' ו'תקף', והוא: 'מסופק'. כאשר אין לנו דרך להכריע בין כמה סטים של ערכי תקפות לגבי טענה כלשהי, אנחנו מסמנים את ערכה בסימן '?'.

ניתן כעת לחשוב על אופן נוסף להציל טענה שהותקפה. לדוגמא, בדיאגרמה 1.8, הטענה c תוקפת את הטענה b. כעת נרצה להציל את b מהמתקפה. ניתן לתקוף את c על ידי a, כפי שעשינו עד כה. אולם מה יקרה אם ישנו יחס של מתקפה גם בין a לבין b (כמו בדיאגרמה שלמעלה)? במצב כזה, הטענה b הופכת מטענה מותקפת (=בטלה) לטענה שמעמדה אינו מוגדר.

בהלכה נדרשת תורת ארגומנטציה שבה אנחנו עוסקים בהוכחות והפרכתן, ולא במתקפות ומתקפות נגדיות. לדוגמא, אנחנו מביאים הוכחה שניתן לקדש אישה באמצעות חופה, ומוכיחים זאת בטיעון של קו"ח מכסף (ראה בסוגיית הבבלי, קידושין ה ע"א, שתידון בפירוט להלן). כאשר נציג פירכא על ההוכחה הזו (ראה בסוגיא שם ולהלן), המסקנה אינה שחופה לא יכולה להחיל קידושין, אלא שלא ידוע האם חופה מצליחה להחיל קידושין או לא. בשפה ההלכתית אותה נציג בהמשך, מצב כזה נקרא פירכא. כאשר הוכחנו טענה הלכתית בצורה כלשהי, ותקפנו את ההוכחה, אין זה אומר שהטענה הזו בטלה, אלא שההוכחה עבורה אינה תקפה, כלומר ההוכחה הופרכה. כעת מעמדה של הטענה ההלכתית הזו אינו ידוע. בתורת הארגומנטציה אותה אנחנו מציגים כאן, מתקפה מן הסוג הלולאתי, דומה לפירכא.

כאשר יש לנו מבנה מסופק, כמו בדיאגרמה 1.7, ניתן להכריע לגבי ערכי התקפות של הטיעונים השונים באמצעות מתקפות נוספות, כמו בדיאגרמה הבאה:

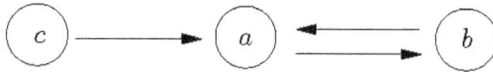

דיאגרמה 1.9

בדיאגרמה הזו ברור שיש רק סט יחיד של ערכי תקפות:

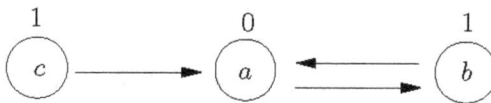

דיאגרמה 1.9.1

מה יקרה אם נוסיף מתקפה נוספת על c מכוח טענה d? לכאורה הצלנו בכך את a מהמתקפה הקודמת, אך זה לא נכון. המבנה המתקבל הוא הבא:

דיאגרמה 1.10

כמו בדיאגרמה 1.7 כך גם כאן, הטענות a ו-b לא ניתנות להכרעה, ולכן אנחנו מסמנים אותן בסימון מסופק. אם כן, מתקפה יכולה להציל את הטענה או להשאיר אותה במצב של תיקו, כלומר מצב מסופק.

מה עושים עם פרדוכסים?[12]

ראינו למעלה שמבנים פרדוכסליים אינם ניתנים לפתרון במסגרת המודל המופשט, כלומר במישור הסינטקטי. ראינו שבמבנה פרדוכסלי אין סט עקבי של ערכי תקפות שניתן להצמיד לכל הטיעונים בדיאגרמה. זוהי בעייה שנובעת מעצם המבנה של הדיאגרמה, כלומר מהלוגיקה של הבעייה, בלי קשר לתכנים המעורבים בה. מכאן נובע כי הבעייה מצויה בסינטקס (במבנה) ולא בסמנטיקה (בפשר, או במשמעות). אולם האם באמת זוהי בהכרח בעייה ללא פתרון?

אל לנו לשכוח שמערכות ארגומנטציה מבטאות טיעונים והיסקים בתחומים אנושיים שונים, ולא רק מבנים לוגיים מופשטים. במקרים בהם המבנים הלוגיים 'נתקעים', עלינו לצאת 'אל מחוץ לקופסא', כלומר לצאת מהמודל בחזרה לעולם האמיתי. אם במישור הסינטקטי אין פתרון לבעייה, עלינו לחפש פתרון במישור הסמנטי.

ניתן להסתכל על הבעייה שלנו כסוג של 'בעיית עצירה', כמו במכונות טיורינג. שם ישנה הוכחה שבעיית העצירה שקולה מתמטית לקיומו של משפט מטיפוס 'גדלי' במערכת, כלומר משפט שלא ניתן להכרעה במסגרתה. לכן עלינו לצאת אל מחוץ למערכת הלוגית-סינטקטית, ולקבל הכרעה בחוץ.

כיצד עושים זאת? לשם כך עלינו להיכנס למשמעויות של החיצים שמבטאים את הסתירות בין הטיעונים, ולשאול את עצמנו האם יש דרך להכריע את הסתירות במישור הסמנטי. נדגים זאת באמצעות מצב של סתירה לוגית בעולם ההלכה.

בהלכה ישנן התנגשויות רבות בין ערכים. ידועה הקביעה ההלכתית לפיה פיקוח נפש דוחה שבת. ברקעה של קביעה זו מצויה הנחה שישנם שני ערכים, שניהם חיוביים וחשובים: פיקוח נפש (הצלת נפשות, ערך החיים), ושמירת שבת. אך על אף ההנחה הזו, מתברר כי ישנם מצבים בהם שני הערכים הללו מתנגשים זה בזה. במצבים אלו עלינו לקבל הכרעה את מי מהם להעדיף.

---

[12] נושא זה נדון בספרו של מ. אברהם, **שתי עגלות וכדור פורח**, בשער התשיעי.

כאשר חולה מסוכן צריך לנסוע בשבת לבית החולים על מנת להציל את חייו, הנסיעה היא אמנם בגדר חילול שבת, אך אם הוא לא יעשה זאת הוא מכניס את עצמו לסכנת נפשות. כאן באה ההלכה וקובעת שפיקוח נפש דוחה שבת, כלומר: ערך החיים קודם. דוגמא נוספת לסולם הערכים ההלכתי היא הכלל הקובע שבהתנגשות של מצוות עשה מול מצוות לא תעשה (איסור), העשה גובר, ובמינוח הלכתי: 'עשה דוחה לא תעשה'. ישנם כמובן עוד כהנה וכהנה כללי התנהגות במצבי התנגשות שונים בין ערכים הלכתיים.

גם במצבים בהם אין קביעה ברורה בדבר ההיררכיה בין שני הערכים המתנגשים, ההלכה עדיין מותירה בידינו מוצא אשר מאפשר לנו להכריע כיצד לנהוג. ישנם במקרה כזה כללי הכרעה שונים עבור מצבי ספק.

הבעייה מתחילה להתעורר כאשר יש התנגשות משולשת, בדיוק כמו בדיאגרמה 1.8 למעלה. במקרים אלו נראה שלא ניתן להכריע את הבעייה. ניטול כדוגמא סיטואציה בה אדם רואה את אבידתו ואת אבידת רבו (או חבירו) טובעות בנהר, ובו בזמן ישנו חיוב לטפל בכבוד אביו (כגון להאכילו או להשקותו). אותו אדם אינו יכול לעשות את כל הפעולות המתחייבות במצב כזה. הוא אינו יכול להציל את שתי האבידות וגם לטפל באביו, אלא רק לעשות את אחת מהפעולות הללו. כאן מתעוררת השאלה מה לעשות קודם? הכללים ההלכתיים השולטים על מצב כזה הם הבאים:

כלל א: אבדתו קודמת לאבדת רבו (כלומר זכותו לטפל באבדתו ולהזניח את אבדת רבו).

כלל ב: כבוד אביו קודם לאבידתו (לפי ר' יהודה).

כלל ג: אבדת רבו קודמת לכבוד אביו.

כל סיטואציה בה נפגשות שתים מן הפעולות הללו היא כריעה (=ניתנת להכרעה הלכתית). אך הבעיה של שלוש הפעולות הללו ביחד יוצרת סיטואציה שהיא לכאורה ללא מוצא, שכן שלושת הערכים המעורבים בה הם לא טרנזיטיביים: אם ירצה להעדיף להציל את אבידתו, לא יוכל לעשות כן, שכן כבוד אביו קודם. אם ירצה להציל את אבידת רבו, שוב אינו חייב לעשות

כן,[13] שהרי אבידתו שלו קודמת. ואם ירצה לעסוק בכבוד אביו, שוב תיווצר בעיה, שהרי אבידת רבו קודמת לעיסוק בכבוד אביו.[14]

דוגמא נוספת שהעלו האחרונים היא כאשר אדם צריך לקנות מצה בכדי לקיים מצוות עשה של אכילת מצה בליל חג הפסח. בתאריך זה אסור לו עדיין לאכול מצה מן התבואה החדשה (של השנה הנוכחית), שכן מדובר לפני יום הנפת העומר (טז בניסן), שהוא אשר מתיר לאכול מן התבואה החדשה. מאידך, המצות מתבואה ישנה הן יקרות מאד, ועולות במחיר ששווה למחצית רכושו, ומצוות עשה מחייבת את האדם להוציא עד חמישית מממונו. המצות מהתבואה החדשה הן זולות יותר, אך כרוך באכילתן איסור.

זהו מצב לולאתי, שכן אכילת מצה מן החדש אינה אפשרית, שכן יש כאן איסור לאו, וכדי להינצל מעבירת לאו על האדם להוציא את כל ממונו. אז עדיף לקנות מצה מן התבואה הישנה. מאידך, אכילת מצה מן הישן אינה אפשרית (או לפחות לא ניתן להכריח אותו לעשות זאת), מפני שאדם מחויב להוציא על מצוות עשה עד חומש מממונו, ומצה כזו עולה מחצית מממונו. אך גם לא לאכול מצה כלל אינו פתרון אפשרי, שהרי יש לו אפשרות לאכול מצה מן החדש במחיר סביר, שהרי מצוות אכילת מצה היא מצוות עשה, וככזו היא דוחה את האיסור לאו שיש באכילת מצה מן החדש (עשה דוחה לא תעשה). מאידך, אכילת חדש היא לאו וכדי לא לעבור עליו יש להוציא את כל ממונו, וחוזר חלילה.

אם ננסח את שתי הבעיות הללו בצורה פורמלית וכללית יותר, נאמר כך: נתונה מערכת בת שלושה צעדי התנהגות אפשריים בסיטואציה: אכילת מצה ישנה, אכילת מצה חדשה, אי אכילת מצה, שנסמן אותם באותיות: a, b ו-c, בהתאמה.

---

[13] כאן ישנה נקודה עדינה, שכן הוא אינו חייב להציל את אבידתו שלו, יש לו רק זכות לעשות זאת. לא נפרט כאן, שכן עניננו הוא רק בהדגמה.

[14] מבחינה הלכתית, למסקנה זוהי סיטואציה פתירה (כמו שמציינים התוספות בבא מציעא שצוטטו בהערה שלפני הקודמת). הדוגמא מוצגת כאן רק כאילוסטרציה נוחה לדיון התיאורטי.

ישנם שלושה עקרונות מנחים למקרה של התנגשות (כללי דחייה שמייצגים את החיצים בדיאגרמות שלנו למעלה):

1. a עדיף על b. העיקרון A: על לאו יש להוציא את כל ממונו.

2. b עדיף על c. העיקרון B: עשה דוחה לא תעשה.

3. c עדיף על a. העיקרון C: אין להוציא יותר מחומש מממונו על מצוות עשה.

בהסתכלות הסינטקטית המצב דומה מאד למה שראינו בדיאגרמה 7. נראה כי אין שום דרך להכריע את הבעייה, ולבחור בצעד הראוי. אולם בהסתכלות הסמנטית ייתכן שניתן לפתור את הבעייה. מה שעלינו לעשות הוא לנסות ולמשקל את העקרונות המעורבים בפרדוכס במערכת יחידות אחידה לכולם, ומתוך כך למצוא היררכיה ביניהם. במילים אחרות, עלינו לשאול את עצמנו מהו המחיר (הרוחני, במקרה זה) אותו משלם מי שמפר כל אחד מהעקרונות הללו, והרווח אותו מרוויח מי שמקיים אותם.

לצורך הדיון נבחר מחיר אותו משלם מי שמפר את (או פועל בניגוד ל) העיקרון A, ונגדיר אותו כ-X_0. העיקרון B מחירו הוא Y_0, ומחירו של C הוא Z_0. הרווח של פעולה על פי העיקרון A הוא X_1, וכך Y_1 ו-Z_1.

אם בחרתי בצעד a - קיימתי את כלל A והפרתי את C. הרווח של בחירה זו הוא: X_1-Z_0.

אם בחרתי בצעד b – קיימתי את כלל B אך הפרתי את כלל A. הרווח של בחירה זו הוא: Y_1-X_0.

אם בחרתי בצעד c – קיימתי את C והפרתי את B. הרווח של בחירה זו הוא: Z_1-Y_0.

כעת עלינו להשוות את הרווחים של כל אחד מהצעדים הללו, ולראות לאיזה צעד יש רווח מכסימלי. זהו הצעד הנכון.

כיצד אנחנו ממשקלים את העקרונות הללו? דרך ניסיון להבין את מעמדם ההלכתי, ואת עוצמתם היחסית. זוהי היציאה 'אל מחוץ לקופסא' שנדרשת כדי לפתור את הפרדוכס. עלינו להיכנס למשמעותם של העקרונות הללו, ולא

להתייחס אליהם כנתון לוגי מופשט, ואז נוכל אולי לכמת את המחירים והרווחים של כל צעד כזה.

אם כל המחירים זהים, הבעייה כמובן נותרת ללא הכרעה. מהו היחס הסביר בין המחיר והרווח של עיקרון נתון? מסתבר שיש יחס הפוך, כלומר ככל שהרווח לקיום העיקרון הוא גבוה יותר כך המחיר של אי קיומו הוא נמוך יותר. לדוגמא, קיומה של מצוות עשה הוא ערך חשוב יותר מאשר הימנעות מלאו, אבל מעבר על לאו הוא חמור יותר מאשר ביטול עשה.[15] ברוב המקרים תתקבל הכרעה לדילמה, ונוכל להחליט איזה צעד הוא הנכון ביותר.

ניתן להתייחס למה שעשינו כאן בשתי צורות. ניתן לראות בזה כלל הכרעה תלת-ראשי, כלומר כלל שיעזור לנו להכריע ישירות בדילמה המשולשת, לא דרך ההכרעות הדו-ראשיות שהכניסו אותנו לסבך. הבעיה ביצירת כלל כזה היא שלא ניתן לגזור אותו באופן ישיר מתוך כללי ההכרעה הדו-ראשיים, שכן אלו מובילים אותנו לסתירה. כבר ראינו שכדי למצוא את כלל ההכרעה הזה עלינו לצאת אל מחוץ לסינטקס, ולעבור לסמנטיקה.

צורה אחרת לראות זאת היא להתייחס לחיצים בדיאגרמה 1.8, במערכת ערכים שאינה בינארית. כלומר עלינו למשקל את ההתנגשויות (או הסתירות) בין הצעדים, או בין הטיעונים, ולנסות ליצור היררכיה ביניהם. היתרון של צורת הסתכלות זו הוא שהיא מאפשרת לנו לחזור ולהציג את המצב בדיאגרמה סינטקטית.

זה מוליך אותנו לתורה של ארגומנטציות לא בינאריות. כלומר ארגומנטים שהעוצמה שלהם ניתנת לכימות לא טריביאלי (לא רק 1 או 0). עד עתה המתקפות שלנו היו בעוצמה מלאה (=תקפות) או חסרות תוקף (=בטלות). אולם ישנם מודלים שמאפשרים להציג התקפות בעוצמות שונות.

---

[15] כך העיר הרמב"ן, בפירושו לשמות כ, ז. ראה הסבר מפורט של דבריו, בשדי חמד, מערכת עי"ן סי' מא.

30

כדי להבהיר זאת, נדון בקצרה בדוגמא אחת, והפעם מתחום האקולוגיה. המתמטיקאי האיטלקי וולטרה חקר מצב אקולוגי, שבו ישנן בים שתי אוכלוסיות דגים. אוכלוסיה a ניזונה מאוכלוסיה b. ככל ש-a אוכלים יותר הם מתרבים, אך בו בזמן b מידלדלים. כאשר יש פחות דגים מאוכלוסיה b מספר הדגים מסוג a מתמעט גם הוא, וחוזר חלילה. זהו מצב של מתקפה הדדית, כמו שראינו בדיאגרמה 1.7.

בהקשר של חיידקים (פרזיטים) שתוקפים בעלי חיים כלשהם, המצב הוא לכאורה דומה, אולם כאן הסיכוי של המותקפים לשרוד במתקפה הוא מספר כלשהו בין 0 ל-1. אין תוצאה דטרמיניסטית למפגש בין שתי האוכלוסיות, ולכן הסתירה יכולה להופיע ברמות שונות. גם התמעטות המותקפים אינה משפיעה באופן דטרמיניסטי על החיידקים, ולכן גם לכיוון השני יש התנגשות בעוצמה שאינה בהכרח 0 או 1.

גם מספרי האוכלוסיות חשובים כדי להבין את עוצמת המתקפה, שכן זו תלויה במכפלה של כמות הפרטים מכל סוג בסיכוי להצלחת המתקפה. לכן במקרה זה אנו נצמיד שבר כלשהו לכל אחד משני החיצים בדיאגרמה A7, וכן שני שברים לשתי הנקודות (שמייצגים את כמות האוכלוסיה בזמן הנתון). אנו נקבל את הדיאגרמה הבאה:

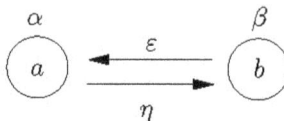

דיאגרמה 1.11

ובאותה צורה, בדוגמא ההלכתית שהבאנו למעלה, שנוגעת לדיאגרמה 1.8, החיצים (אך לא הצעדים האפשריים, שמיוצגים בעיגולים) יקבלו ערכים שאינם בינאריים:

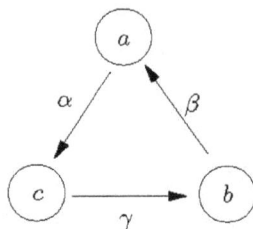

דיאגרמה 1.12

הפרמטרים שצמודים לחיצים הם תוצאה של ההפרשים שתוארו למעלה
(נציין כי גם בדברינו בפרקים הבאים נראה תופעות של קיזוז בין חומרות
(=עוצמות) של הלכות, והגדרת חומרה הפרשית). כפי שראינו, מערכת כזו
אינה בהכרח פרדוכסלית, ובדרך כלל היא בהחלט ניתנת להכרעה

מחלוקת בין שתי דעות

המודל המופשט מאפשר לנו להראות כיצד נוצרת מחלוקת בין שתי דעות, גם
אם ישנה הסכמה מלאה על כל העובדות. ראינו זאת בדוגמא לגבי פאה נכרית
לנשים נשואות, וכאן נראה זאת באופן כללי ופורמלי יותר. מחלוקת היא מצב
בו ישנו יותר מסט ערכים אחד עבור הטענות שבדיאגרמה. כל צד במחלוקת
בוחר בסט אחר של ערכים.

כפי שראינו שם, כאשר הדיאגרמה היא ללא מעגלים אין מחלוקות.
המחלוקות יכולות להיווצר כאשר ישנם מעגלים בדיאגרמה, וגם אז רק
כאשר ישנם כמה פתרונות (ולא במעגלים פרדוכסליים, שאין עבורם אף
פתרון עקבי).

ניטול כדוגמא את הדיאגרמה הבאה:

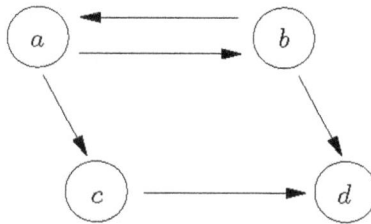

a
b
c

דיאגרמה 1.13

נניח שראובן עומד על כך שטענה a חייבת להיות תקפה. אם a תקף אז b בטל, כי הוא מותקף על ידי a. גם c אינו תקף מאותה סיבה. ומכאן ש-d גם הוא תקף. לפי ראובן, הפתרון הוא: (+a, -b, -c, +d)

לעומת זאת, שמעון סבור ש-b תקף. מכאן יוצא ש-a ו-d אינם תקפים, ו-c כן. לשיטתו, הפתרון הוא: (-a, +b, +c, -d).

ישנה כאן מחלוקת בין שתי העמדות הללו, על אף שאף אחד אינו מתווכח על העובדות (וגם לא על הקשרים הלוגיים שמתוארים בדיאגרמה).

אפשרות שלישית היא ששניהם יסכימו שהמעמד הלוגי של a ו-b אינו ידוע, ומכאן שגם לגבי c ו-d המצב לא חד ערכי. הפתרון במצב כזה הוא: (?a, ?b, ?c, ?d).

אמנם חשוב להבין שישנו כאן קשר בין הטענות השונות, כמתואר בדיאגרמה. לא ניתן לקבוע ערכי תקפות לכל אחת מהן לחוד, אלא רק לבחור אחד משני הפתרונות דלעיל. לדוגמא, הפתרון (+a, -b, +c, -d) אינו עקבי.

בצורה מתמטית מופשטת נאמר כי מערכת הטיעונים שמתוארת בדיאגרמה 1.13 מאפשרת שלוש גישות שונות. גישה היא אימוץ של סט פתרונות עקבי לכל הטיעונים, מתוך {?,+,-} או {0,1,?}.

נגדיר כעת את הדברים באופן פורמלי, כאשר לצורך הפשטות אנחנו מרשים התקפות רק כלפי טיעונים ולא כלפי חיצים:

1. מערכת ארגומנטציה פשוטה היא קבוצת טיעונים עם חיצים ביניהם (ללא חיצים כלפי חיצים אחרים).

2. גישה למערכת נתונה, היא חלוקת תוויות {?,+,-} לטיעוני המערכת, כלומר פונקציה שמצמידה ערך לכל טענה במערכת.

3. גישה היא עקבית אם מתקיימים התנאים הבאים:

א. אם a לא מותקף על ידי חיצים, אזי הוא מקבל ערך של + (=תקף).

ב. אם a מותקף על ידי חץ מ-b שערכו הוא +, אזי a מקבל ערך -.

ג. אם כל התוקפים של a מקבלים -, אזי a מקבל +.

ד. אם a מקבל ערך ?, אזי יש לו תוקף אחד לפחות שערכו הוא ?, וכל השאר הם – או ?.

נעבור כעת לנתח את מהות חץ התקיפה.

מהות התקיפה – דיון מופשט

עד עתה עסקנו בהתקפות בדידות, כאשר כל טענה תוקפת טענה אחרת לבדה. האם תיתכן מתקפה מצטברת של כמה טיעונים ביחד? נתבונן בדיאגרמה הבאה:

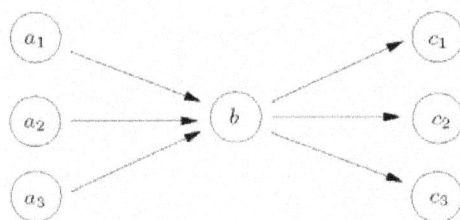

דיאגרמה 1.14

בדיאגרמה זו יש שלושה טיעונים שתוקפים את b, והוא תוקף שלושה אחרים. לסיום הפרק, נסקור בקצרה כמה היבטים שעולים לגביה:

א. השאלה הראשונה היא האם להניח ש-a_i תוקפים באופן בדיד ובלתי תלוי (כלומר שאם אחד מהם הוא 1 אז b מיידית מקבל ערך 0), או שהם מצטרפים אחד לשני להתקפה קיבוצית (כלומר רק אם כולם תקפים b מופרך)? בסעיפים הקודמים עסקנו רק במתקפות בדידות, כאשר כל טענה עומדת לעצמה. כעת אנחנו מעלים אפשרות למתקפה של קואליציית טיעונים. במקרה כזה הקואליציה התוקפת תסומן: $(a_1 + a_2 + a_3)$.

ב. בדיאגרמה שלמעלה, b גם הוא תוקף שלוש טענות. האם הוא יכול להפריך כל אחת מהן לחוד, או שזו עסקת חבילה? בתמונה שראינו עד כה, אם b היתה תקפה, אזי שלושתן מופרכות, ואם היא בטלה אז שלושתן תקפות. אבל ייתכנו מצבים ש-b מקבלת ערך חלקי כלשהו, ואז היא מפריכה רק חלק מהטענות שאותן היא תוקפת.

אם נשלב את שני הצדדים של הדיאגרמה, ניתן לחשוב על מצב שבו a_1 תוקפת את b, וגורעת ממנה משהו. וכך b לא מצליחה להפריך את כל הטענות c, אלא רק אחת מהן.

ג. כל חץ תוקף הוגדר להיות בינארי, 0 או 1. אולם כפי שראינו בדוגמאות האקולוגיות למעלה, ניתן לחשוב על מתקפות שמקבלות ערכים מרובים. במצב כזה ניתן להתייחס לעוצמת המתקפה של קואליציה כמתקפה שעוצמתה היא סכום העוצמות של מרכיבי הקואליציה. לפעמים הצירוף הוא מורכב יותר (לא סתם סכום אלגברי פשוט), והספרות הלוגית עוסקת בכמה וכמה מקרים כאלו.

ד. נתבונן בדיאגרמה הבאה:

35

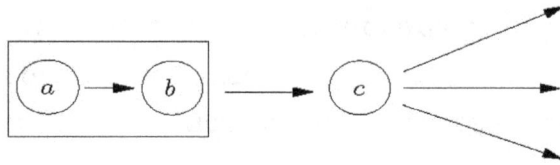

דיאגרמה 1.15

אנו יכולים לקזז את a ו-b, ולהמשיך עם הדיאגרמה הבאה:

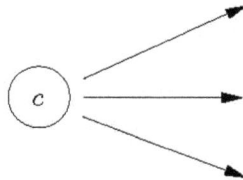

דיאגרמה 1.16

קיזוז מוציא לגמרי את הטענות המקוזזות מן התמונה.
יכולה להיות גם פשרת ביניים, שהקיזוז יוצר טענה מוחלשת שתוקפת את c,
כך:

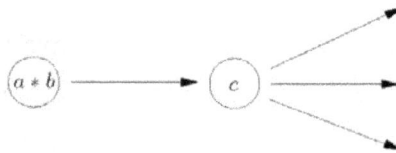

דיאגרמה 1.17

לדוגמא, בדיאגרמה 1.5 שלטונות האוניברסיטה והסטודנטית יכולים להגיע
להסכם על קיזוז טענות d ו-f כדי לא להיכנס לשאלות של אכיפת התקנון,
ואז הם ימשיכו את הדיון בשאלת המחלה של התלמידה.

לחילופין, האוניברסיטה יכולה לטעון כי אמנם התלמידה היתה בבית החולים, אך זה היה לאחר נהיגה בשכרות שגרמה לתאונה, ולכן האוניברסיטה אינה מוכנה להתחשב בכך.

ה. ניתן לשאול האם עלינו לדרוש מכל טענה תקנית שכחלק מהגדרתה עליה להסביר כיצד ניתן לתקוף אותה. לדוגמא, על פי פילוסוף המדע קארל פופר, תיאוריה מדעית אמורה לכלול כחלק אינהרנטי ממנה את האופן בו ניתן יהיה להפריך אותה.

מבחינה מופשטת, פירוש הדבר הוא שלטענה יש יכולת לדחות התקפה או לרכך אותה. זהו סוג של מיסוך בפני התקפות, ואז אנחנו מקבלים מצב כמו בדיאגרמה הבאה:

דיאגרמה 1.18

ו. ראינו שההגנה נעשית על ידי תקיפת כל התוקפים. אנו יכולים להכניס חיצי הגנה למערכת (ראה בפרק הקודם, שם דיברנו על טענות תומכות במקום טענות תוקפות). אם חץ רגיל הוא התקפה, ניתן לסמן את ההגנות בחץ כפול: $\Rightarrow$.

במצב כזה יכולות להיווצר דיאגרמות מורכבות שבהן יש טיעוני הגנה והתקפה על אותה טענה, ואז יהיה עלינו להחליט על התנאים לתקפותו. לדוגמא, בדיאגרמה הבאה:[16]

[16] לדיון על התקפות משולבות, ראה:

Dov Gabbay, 'Fibring Argumentation Networks', to appear in *Studia Logica*.

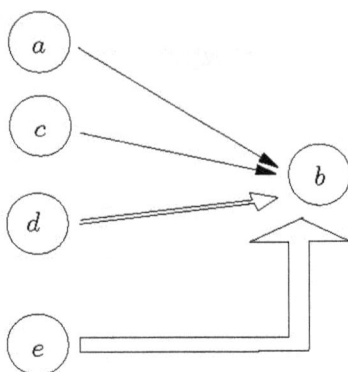

דיאגרמה 1.19

ישנם מצבים שבהם נדרוש שכדי ש-b תהיה תקפה, על כל הטענות התוקפות (a ו-b) להיות בטלות, וכל הטענות המגינות (c ו-d) להיות תקפות. ייתכנו כמובן גם דרישות אחרות.

פרק שני: ההיסק הלא דדוקטיבי

מבוא

בפרק זה נצביע על מגבלותיו של המודל שתואר עד כה, ועל חוסר היכולת ליישם אותו על חשיבה מדעית או הלכתית.

דדוקציה, אינדוקציה ואנלוגיה

בלוגיקה הקלאסית מבחינים בין שלושה טיפוסי היסק: 1. היסק מהכלל אל הפרט (גזירה), שקרוי 'דדוקציה'. 2. היסק מפרט אל כלל שכולל אותו (הכללה), שקרוי 'אינדוקציה'. 3. היסק מפרט לפרט או מכלל לכלל (השוואה), שקרוי 'אנלוגיה'.

היסק דדוקטיבי יוצא מהנחות שנוגעות לקבוצה כלשהי (=כלל), ומסיק מהן מסקנות לגבי פרט שכלול בקבוצה. לדוגמא:

הנחה א (ההנחה הכוללת): כל בני האדם הם בני תמותה.

הנחה ב (ההנחה הפרטית): סוקרטס הוא בן אדם.

מסקנה: סוקרטס הוא בן תמותה.

היסק זה הוא הכרחי, מפני שהמסקנה אודות סוקרטס אינה אלא מקרה פרטי של ההנחה הכוללת. אין שום אפשרות להסיק מן ההנחות הללו את המסקנה ההפוכה. היסק כזה גם אינו אמור לעמוד למבחן אמפירי. שום ניסוי לא יוכל להפריך אותו, ותוצאת הניסויים ידועה מראש (אם ההנחות ידועות לנו).

נקודה חשובה נוספת. תקפותו של ההיסק הזה אינה תלויה בתכנים המעורבים בו, אלא רק בצורתו. כל החלפה שנעשה בין המושגים שמופיעים כאן לבין מושגים אחרים, תיתן לנו טיעון תקף באותה מידה. אם נציב צפרדעים במקום בני אדם, וברלה במקום סוקרטס, וצבע ירוק במקום בן

תמותה, נקבל שוב טיעון תקף. לכן הלוגיקה הזו היא צורנית, או פורמלית (מלשון form, צורה).

לעומת זאת, היסק אנלוגי בנוי כך:

הנחה: שמעון הוא הוא בן תמותה.

מסקנה: ראובן גם הוא בן תמותה.

כאן המסקנה אינה נובעת בהכרח מן ההנחות. ההשוואה יכולה להיות נכונה, אך בהחלט יכולה להתברר כשגויה. במצב כזה יש מקום לויכוח בין עמדות שונות לגבי ראובן. ההכרעה תיפול על ידי מתודות אמפיריות. פשוט נבדוק ונראה האם ראובן הוא אכן בן תמותה או לא.

היסק אינדוקטיבי הוא היסק מן הצורה הבאה:

הנחה: שמעון הוא בן תמותה.

מסקנה: כל בני האדם הם בני תמותה.

גם כאן המסקנה אינה נובעת בהכרח מן ההנחות, וייתכן ויכוח לגביה. גם כאן, המבחן יהיה המבחן האמפירי. אם כי במקרה זה לא ניתן לאשר את המסקנה באופן ודאי, שכן בקבוצה אינסופית לא ניתן לבדוק את כל הפריטים. לכל היותר ניתן לאשש את המסקנה על ידי בדיקת כמה שיותר פריטים. צדו השני של אותו מטבע הוא שהכללות הן מבוססות יותר ככל שישנן יותר דוגמאות בהנחות. אם ידוע לנו שגם לוי וגם יהודה הם בני תמותה, אזי המסקנה של ההכללה תהיה מבוססת יותר.

נתבונן כעת באינדוקציה הבאה:

הנחה: שמעון הוא טוב לב.

מסקנה: כל בני האדם הם טובי לב.

כאן ההיסק נראה מפוקפק. הבעייתיות אינה נעוצה במבנה הלוגי שלו, שכן מבנה זה זהה למבנהו של ההיסק הקודם. הבעייה היא בתוכן. טוב לב אינו תכונה אוניברסלית לגבי בני אדם, ולכן ההיסק הזה הוא פחות סביר. ישנן תכונות שסביר יותר להעביר אותן באנלוגיה או באינדוקציה. וישנן תכונות שלא.

אמנם, יכול לבוא מישהו ולומר שהבעייתיות הזו אינה ידועה למי שלא מכיר את בני האדם, ורק אנחנו כמי שכבר הכירו כמה וכמה בני אדם, ידוע שהתכונה הזו אינה אוניברסלית. אם כן, קשה מאד לבחון היסק אינדוקטיבי אפריורי (שלא על סמך עובדות). כאמור, היסק כזה צריך לעמוד במבחנים אמפיריים.

ישנה נקודה חשובה נוספת ביחס להיסקים הלא-דדוקטיביים. ברקע ההשוואה או ההכללה עומדת תכונת דמיון נוספת שלא תמיד מופיעה בפירוש בהיסק (ולא תמיד ניתן להצביע עליה). בדוגמאות הללו התכונה היא 'להיות אדם'. האנלוגיה בין ראובן לשמעון מבוססת על זה ששניהם בני אדם. גם ההכללה משמעון לכלל בני האדם מבוססת על כך ששמעון הוא בן אדם. אם כן, כל היסק לא דדוקטיבי מבוסס על דמיון כלשהו בין המלמד לאלו שנלמדים ממנו.

שאלת הרלוונטיות עליה עמדנו קודם לכן, ניתנת כעת לניסוח הבא: התכונה שאותה ברצוננו להסיק מן ההנחות צריכה להיות עם קשר כלשהו לתכונת הדמיון ביניהן. ובדוגמאות שהבאנו, התכונה 'להיות אדם' צריך להיות לה קשר לתכונה 'להיות בן תמותה'. לעומת זאת, התכונה של 'טוב לב' לצערנו אינה קשורה לתכונה 'להיות אדם', ולכן ההיסק ביחס לטוב הלב אינו סביר.

ניתן לטעון יותר מכך. אותה תכונת דמיון נעלמת, היא שגורמת לתכונה בה אנחנו דנים. התכונה של 'היות בן אדם' היא הגורם ל'היות בן תמותה'. אם כן, הרלוונטיות מבטאת יחס סיבתי של גרימה בין תכונת הדמיון לתכונה המוסקת. לפעמים הרלוונטיות לא מבוססת על גרימה אלא על קיומו של גורם שלישי, שממנו נובעות שתי התכונות. לדוגמא, יש מקום לטעון שהתכונה 'היות בן אדם' והתכונה 'היות בן תמותה' אינן גורמות אחת לשנייה, אלא ישנה תכונה שלישית, כגון 'להיות בעל לב, או בעל מערכת עצבית', שגורמת לשתיהן, ולכן עדיין האנלוגיה או האינדוקציה סבירות ומוצדקות.

יחס הרלוונטיות בין חלקי הטיעון עולה גם בהקשר לא דדוקטיבי שלילי. לדוגמא, נתבונן בטענה: 'משה הביט מהחלון אך לא ראה מאומה'. ונשווה

אותה לטענה: 'משה הביט מהחלון אך כאבו לו השיניים'. גם המילה 'אך' שקושרת את שני חלקי המשפט זה לזה, אינה נכונה במקום שאין קשר של רלוונטיות בין חלקי המשפט. אנו רואים ששאלת הרלוונטיות נוגעת להיסק חיובי או שלילי.

המסקנה החשובה מדברינו עד כאן היא שבבסיס החשיבה הלא דדוקטיבית מונחות תכונות שונות, לפעמים נעלמות וקשות להגדרה ולהצבעה, שהן אשר מבססות את ההיסק. ישנם מצבים שבהם אנחנו חשים אינטואיטיבית בקיומה של תכונה או מאפיין שקושרים את הפריט שבהנחה לפריטים שבמסקנה, וכך עושים את האנלוגיה או האינדוקציה.

מסיבה זו ברור שסוגי ההיסק הלא דדוקטיביים הם לא פורמליים. כלומר תקפותם תלויה בתכנים המעורבים בהיסקים הללו, ולא רק בצורה הלוגית שלהם. היסק בעל אותה צורה לוגית, אבל עם מושגים אחרים, יכול פשוט לתת גיבוב של הבלים ללא קשר, ובוודאי לא טיעון סביר.

ההכללה המדעית כהיסק לא דדוקטיבי

ניטול כדוגמא היסק מדעי מתחום הפיסיקה. חוקר צופה בהשפעת כוח חשמלי על עצמים שונים. הוא מבחין שישנם עצמים שהכוח החשמלי משפיע עליהם, ויש אחרים שאדישים אליו. האלקטרון מושפע מכוח חשמלי, והוא מסיק מכאן שגם הפוזיטרון יושפע ממנו. התכונה שעומדת בבסיס ההשוואה הזו היא 'היות טעון במטען חשמלי'. זו היתה אנלוגיה. כעת נוכל גם להכליל ולטעון מתוך שתי העובדות שצברנו עד עתה, שהאלקטרון מושפע מכוח חשמלי והפוזיטרון מושפע ממנו, שכל העצמים בעלי המטען החשמלי יושפעו על ידי כוח חשמלי.

כעת יבוא אדם ויטען שאין להסיק מכאן את המסקנה הזו. ייתכן שהאלקטרון מושפע מהכוח החשמלי מפני שמטענו הוא X, אבל חלקיק שטעון במטען אחר אולי לא יושפע מכוח כזה. זו תהיה פירכא על האנלוגיה בין אלקטרון לפוזיטרון. גם פירכא אמורה לעמוד בקריטריונים של

רלוונטיות. לדוגמא, אם יטען מישהו שהאלקטרון הוא מיוחד מפני שהאות הראשונה בשמו היא אל״ף, ולכן אין ללמוד ממנו לגבי הפוזיטרון, הטענה הזו לא תתקבל. הסיבה לכך היא שהתכונה של האות הראשונה בשם אינה נראית רלוונטית להשוואה הזו.

אך התכונה של כמות המטען בהחלט יכולה להיראות רלוונטית, ולכן הפירכא שמציעה כי מי שיושפע מהכוח החשמלי הוא רק חלקיק שטעון במטען כמו זה של האלקטרון, יכולה להיות נכונה. לשם כך אנחנו מודדים עוד חלקיק, הפוזיטרון, שמטענו שונה (ואף הפוך בסימנו), ואם גם הוא מושפע הדבר מחזק מאד את המסקנה הכללית. ככל שהתכונות של שני המלמדים (האלקטרון והפוזיטרון) הן שונות, ההיסק שתולה את ההשפעה החשמלית במטען מתחזק יותר.

חשוב להדגיש כאן כי בפועל התהליך לא תמיד מתנהל בסדר הזה. המטען החשמלי אינו גודל שניתן לצפות בו באופן בלתי אמצעי. זהו יש תיאורטי שנוצר מתוך התצפיות השונות. בניסוי ממשי אנחנו צופים בתופעות פיסיקליות, ומתוכן אנחנו יוצרים תיאוריה, שמכילה יישים תיאורטיים, כמו המטען החשמלי. ובדוגמא שלנו, מתוך העובדה שפוזיטרון ואלקטרון מגיבים שניהם לכוח חשמלי, אנחנו מסיקים שיש להם תכונה מופשטת כלשהי, וקוראים לה ׳מטען חשמלי׳ (בגלל שהכוח שאליו הוא מגיב הוא הכוח החשמלי). לאחר מכן אנחנו מנסים לבחון את ההשערה בדבר קיומו של מטען כזה בצורות ניסיוניות נוספות.

אם כן, בתיאור פשטני (בייקוני, שאינו מדויק)[17] המעבר מהעובדות אל התיאוריה נעשה באופן הבא: אנחנו מודדים כמה גדלים שניתן לצפות בהם ישירות. תוצאות הניסוי הן עובדות פשוטות. לאחר מכן אנחנו מנסים להכליל אותן במסגרת תיאוריה, שמכילה גם יישים תיאורטיים. תכונותיהם של יישים אלו נקבעות על פי ההתרחשויות בהן צפינו, ולא באמצעות תצפיות ישירות. ההנחה האפריורית היא שהעובדות וההתרחשויות מנוהלות על ידי

---

[17] ראה בספרו של מיכאל אברהם, **את אשר ישנו ואשר איננו**.

יישים תיאורטיים שמניעים את כל המהלכים הללו. הכיוון הסיבתי הוא מהיישים התיאורטיים אל העובדות. אבל המחקר המדעי מתנהל בכיוון הפוך: אנחנו לומדים על היישים התיאורטיים הללו מתוך התצפיות בעובדות עצמן.

דוגמא אחרת היא ניסוי שבוחן את השפעת כוח המשיכה (הגרביטציה) על עצמים שונים. אנחנו עוזבים ספר באויר, והוא נופל לארץ. כעת נרצה ללמוד מכך שגם עיפרון ייפול לארץ. כאן יכולה לעלות פירכא, אולי הספר הוא בעל צורה מלבנית, ולכן הוא נופל, מה שאין כאן העיפרון שצורתו שונה. כדי לבחון זאת, נעשה ניסוי נוסף, ונשאל את עצמנו האם כדור ייפול גם הוא לארץ. אנחנו עושים ניסוי ומוצאים שהוא אכן נופל למטה. כעת עולה הטענה שגם הכדור אינו יכול ללמד אותנו לגבי העיפרון, שהרי הכדור הוא עגול (וגם עשוי מפלסטיק), והעיפרון לא.

מה נענה לפירכא כזו? התשובה המתבקשת היא שהספר שאינו עגול נופל גם הוא, ולכן ברור שהנפילה אינה תכונה שמיוחדת דווקא לעצמים עגולים. כמו שהכדור סייע לנו לשלול את ההיפותזה שהצורה המלבנית היא הגורמת לנפילה, כך הספר מסייע לנו לשלול את ההיפותזה שהצורה העגולה היא שגורמת לנפילת הכדור. לאחר שיש לנו שתי דוגמאות, כעת נוכל להכליל ביתר סבירות ולטעון שגם עיפרון ייפול לכדור הארץ. הכללה כזו קרויה בעולם ההלכתי 'הצד השווה'. אנו מניחים שהצד השווה לכל המלמדים שלנו הוא סיבת התכונה הנדונה (=הנפילה למטה), ולכן כל מי שיש גם לו את התכונה הזו, ייפול גם הוא למטה.

מסקנה זו אינה הכרחית, כמובן. ייתכן שיש תכונה מיוחדת לכדור ולספר, שגורמת להם ליפול, ואותה תכונה לא קיימת בעפרונות. זוהי פירכא על ההכללה של הצד השווה. גם אם נערוך עוד ניסוי, עדיין נוכל להמשיך ולשלול כך עוד ועוד תכונות. לעולם לא נוכל לדעת בוודאות האם ההכללה או האנלוגיה שלנו נכונות.

בשלב כלשהו, יבוא מישהו ויאבחן (או יגדיר) את התכונה הנעלמת שעומדת בבסיס התופעה, כמו גם בבסיס ההכללות שלנו: התכונה הרלוונטית שגורמת

לנפילה למטה היא המסה. האם המסה היא תופעה? ודאי שלא. זהו יש תיאורטי. המסה היא תכונה של העצמים המעורבים בתהליך, ואנחנו לא יכולים לצפות בה ישירות. אנחנו צופים במסה דרך ההשפעות של כוח הגרביטציה שפועל עליה, או דרך ההתמדה של הגוף תחת פעולת כוחות אחרים. לכן כוח המשיכה (הגרביטציה) וההתמדה, גם הם חלק מהתיאוריה. היא מכילה יישים תיאורטיים וחוקים כלליים כלשהם שקושרים בין היישים התיאורטיים לבין עצמם, ובינם לבין ההתרחשויות הנצפות בעולם הפיסיקלי (=העובדות).

בשלב זה ההכללה שלנו מקבלת דפוס מדוייק יותר, ומתנהלת בתוך מסגרת תיאורטית: כל העצמים בעלי המסה נמשכים לכדור הארץ. הדבר כמובן עדיין אינו וודאי, שכן לא ברור האם אין תכונה אחרת שמשותפת לכל העצמים בהם צפינו. אבל ככל שנבחן עוד ועוד עצמים בעלי מסה ונראה שהם נופלים למטה הדבר יחזק את הביטחון שיש לנו במסקנת ההכללה הזו.

אם נחזור רגע להיסקים השונים שהגדרנו למעלה, אזי היישים התיאורטיים, או התכונות של העצמים הפיסיקליים, הם התכונות שקובעות את הרלוונטיות. כאשר עצמים א וב׳ דומים בתכונות רלוונטיות כלשהן, ניתן להסיק מקיומה של תכונה X בעצם א על קיומה של תכונה X גם בעצם ב. ההימשכות לארץ היא התכונה X, ותכונת הדמיון היא ׳היות בעל מסה׳.

לפעמים מטרת ההיסק המדעי (ההכללה, או ההשוואה) היא יצירת התיאוריה, כלומר חילוץ המאפיינים התיאורטיים, מתוך העובדות שנצפו. ולפעמים התיאוריה, והיישים התיאורטיים, הם אמצעי כדי לבסס אנלוגיה או אינדוקציה. ובדוגמא שהבאנו: לפעמים מטרת המחקר היא לגלות את חוק הגרביטציה, כלומר את קיומה של מסה, ואת האופן בו היא משפיעה על מסות אחרות. ולפעמים מטרת המחקר היא לגלות האם גוף לא ידוע גם הוא נמשך לגופים אחרים (כמון הכוכבים, למשל), ואנחנו משתמשים במושגים התיאורטיים שחילצנו מתוך העובדות (המסה, וכוח המשיכה), כדי להסיק מסקנות ספציפיות, שהן עובדות חדשות. עובדות אלו לא התקבלו בניסיון

אלא מתוך ניבוי של התיאוריה. זוהי ההכללה וההשוואה המדעית. כעת ניתן למדוד במעבדה האם אכן הניבוי הזה הוא נכון או לא.

בדברינו להלן נראה ששני התהליכים הללו שלובים זה בזה ללא הפרד. אמינות ההיסק מעובדה לעובדה נבחנת דרך התיאוריה (=היישים התיאורטיים, והקשרים ביניהם לבין העובדות ובינם לבין עצמם) שעומדת בבסיס ההיסק.

אחת ההנחות המאפיינות את החשיבה המדעית היא שתיאוריה נבחנת דרך הפשטות והאלגנטיות שלה. מבין כלל התיאוריות שיכולות להיווצר מתוך העובדות הידועות, אנחנו בוחרים את הפשוטה והאלגנטית ביותר. מתברר שזה גם 'עובד', כלומר שהבחירה הזו מוכיחה את עצמה באופן אמפירי. הניבויים שמניבות התיאוריות המדעיות שנבחרו באופן כזה, מאוששים פעמים רבות בניסוי. דבר זה מצביע על כך שהנחת הפשטות היא מוצדקת, כלומר שהקריטריון שנובע לכאורה מהחשיבה הסובייקטיבית שלנו (שקובעת מה פשוט ומה מורכב) מתאים בצורה כלשהי להתנהלות הדברים בעולם עצמו.

כעת נוכל להסיק שאם אכן התיאוריה היא מדד לאמינות ההיסק, אזי היסק שמניח תיאוריה פשוטה ואלגנטית יותר הוא אמין יותר. זהו משפט מפתח, שמהווה בסיס לכל מה שיבוא מכאן והלאה. אם נרצה להשוות שני היסקים שמוליכים לשתי מסקנות שונות, הצורה לעשות זאת היא לבחון ולהשוות את התיאוריות שעומדות בבסיסם. זו הפשוטה יותר מגדירה מיהו ההיסק הנכון יותר.

ההיסקים ההלכתיים

ההיסקים ההלכתיים דומים מאד להיסקים המדעיים. העובדות הן ההלכות שהתקבלו ממקור מוסמך (התורה, או פסיקה מוסמכת כלשהי). ההיסק מנסה לגזור מההלכות הנתונות הללו מסקנות (=עובדות) חדשות שאינן ידועות לנו עדיין. טענתנו היא שההיסק הזה מבוסס גם הוא על תיאוריה,

כלומר על יישים תיאורטיים, שנכנה אותם פרמטרים מיקרוסקופיים, ועל חוקים אודות פעולתם. הפרמטרים המיקרוסקופיים הם תכונות של היישים, או של הפעולות ההלכתיות, שבהם אנחנו 'צופים' ישירות (כלומר שלקוחים מתוך המקורות המוסמכים). כפי שראינו גם בהקשר המדעי, המבנה והאמינות של אותם היסקים קשור לתיאוריה שמונחת בבסיסם. ככל שהתיאוריה שבבסיס ההיסק הנדון היא פשוטה יותר, כך הוא ייחשב אמין יותר.

במהלך דברינו בפרקים הבאים נעסוק דווקא בהיסקים ההלכתיים, על אף שאת אותו טיפול עצמו ניתן לעשות גם להיסקים המדעיים. המודל שלנו מתאר את תהליך יצירת היישים התיאורטיים מתוך העובדות האמפיריות שנצפו ישירות, ולכן התהליך הוא דומה מאד בהקשר המדעי וההלכתי. הבחירה שלנו לפתח את המודל דווקא בהקשר ההלכתי, נובעת מן העובדה שבהלכה ישנה המשגה ופורמליזציה של מערכת טיעונים לא-דדוקטיביים, שלא מצויה בהקשרים אחרים. ישנה מפה הלכתית של היסקים כאלה, והיא מתארת את אבני הבניין של החשיבה הלא-דדוקטיבית, ואת היחסים ביניהם. במובן זה ההלכה הקדימה הרבה את זמנה. מה שאריסטו עשה ללוגיקה הדדוקטיבית, ההלכה עושה ללוגיקה הלא-דדוקטיבית. עניין זה יובהר יותר בהקדמת הפרק הבא, שם נציג את אבני הבניין היסודיות של ההיסק הלא דדוקטיבי בהלכה ובכלל, כפי שהן מופיעות במערכת הדרש ההלכתי. בכל אופן, המודל אותו נציע תקף באותה מידה לכל חשיבה לא דדוקטיבית, כולל זו המדעית.

אך לפני כן נסביר מדוע דרושה כאן תורת ארגומנטציה אחרת מזו שהצגנו עד כאן.

בחזרה לתורת הארגומנטציה

ננסה כעת לחשוב כיצד עלינו לתאר מבחינה לוגית את ההיסקים הללו. תכונתם היא שהמסקנה אינה נובעת בהכרח מן ההנחות, ובכל אחד מהם יש

מידה של ספקולציה. לא ברור כיצד ניתן למכן את צורת החשיבה הזו, כלומר למצוא לה תיאור וניסוח פורמלי. לא בכדי הלוגיקה הקלאסית עוסקת רק בדדוקציה.

מה בדבר תורת הארגומנטציה שתוארה למעלה? ישנם כמה הבדלים חשובים שלא מאפשרים לנו להשתמש בה. ראשית, תורה של מתקפות מניחה שכל טענה היא נכונה אלא אם הוכח אחרת. לכן טענה שלא הותקפה היא נכונה. אולם ההנחה המדעית (וגם ההלכתית) היא הפוכה: כל טענה אינה נכונה, אלא אם היא הוכחה בהיסק כלשהו (הכללה או אנלוגיה). לכן התורה הזו צריכה להתבסס על הוכחות ולא על מתקפות. אך זו אינה בעייה מהותית, שכן בשנים אלו מפותחות תורות מורכבות יותר, בדומה לדוגמא שהובאה למעלה עם שני סוגי חיצים שיבטאו הוכחות ומתקפות.

סיבה נוספת לאי ההתאמה היא שבהקשר המדעי לא מדובר בהוכחות דדוקטיביות, אלא בהכללות והשוואות. אם כן, שפה בינארית של 'תקף' או 'בטל' היא מדי קשיחה. אמנם ראינו שניתן לנסח תורה שמדברת במושגים רכים יותר, כלומר כאלו שמקבלים גם ערכי ביניים בין 0 ל-1.

אך גם תורה מורכבת יותר, שכוללת שני סוגי חיצים וערכי תקפות מרובים (Fuzzy Theory) לא תתאים לנו. תורת ארגומנטציה כמו שפגשנו למעלה, יכולה לסמל את התהליך של ההיסק, כלומר כל עובדה מההנחות תסומן בעיגול, והחץ יוליך ממנה אל המסקנה. אבל זהו סימול בלבד, ולכן הוא אינו מועיל לנו. סימול כזה מועיל כאשר הבעיה היא המורכבות של מערכת הארגומנטציה, ואז הסכימה נותנת לנו כלי שיטתי לנתח את הקשר בין ערכי התקפות. אך בהקשר ההלכתי והמדעי לא זו השאלה החשובה ביותר. בהיסק המדעי או ההלכתי אנחנו מתעניינים בעיקר בשאלת טיבו של החץ? כיצד אנחנו הולכים מן ההנחות העובדתיות אל המסקנה? האם ההיסק הוא סביר או לא? כמו כן, אנחנו נשאל האם יש קשר בין החיצים השונים ובין הטענות השונות. את התוצאה ניתן יהיה אולי לייצג בדיאגרמה מהסוג שתיארנו, אבל אנחנו מחפשים תורה שתסייע לנו לשרטט את הדיאגרמה הנכונה. הסימול

כבר מניח שיש דרך כזו, והוא לא מסייע לנו להבין טוב יותר את התהליך, ובודאי לא ליצירת ביקורת שיטתית שלו.

כרגע אולי הדברים נראים עמומים, אך הם יובהרו היטב בפרקים הבאים. המסקנה היא שעלינו לפתח פורמליזם לוגי שמתאר היסקים לא דדוקטיביים. בפורמליזם הזה צריכה להיות אפשרות להציג הוכחות לא דדוקטיביות, ופירכות עליהן. הוא אמור להציג את הקשרים בין עובדות הלכתיות לבין עובדות אחרות, הן ההתאמות שקיימות ביניהן והן אי-ההתאמות. עלינו להיות מסוגלים להציג באופן מפורש את ההיסקים המדעיים או המדרשיים, ואת הפירכות עליהם, ובעיקר את התכונות הסמויות שעומדות בבסיסם. כמו כן, המודל צריך להתמודד עם הוספת עובדות וממצאים נוספים לתמונה, וכיצד אלו משפיעים על המסקנות והמבנים התיאורטיים (קשרים שקיימים בין טענות ובין חיצים שונים). המודל אמור לספר לנו האם העובדות הנוספות הללו סותרות או מאששות את התיאוריה שלנו. המודל של המתקפות יכול רק לתאר יחסים ידועים (יש חץ אם יש מתקפה או הוכחה, ואין חץ אם אין מתקפה או הוכחה), אבל לא לתת לנו כלים לקבוע אילו יחסים קיימים בין העובדות לבין עצמן, ובינן לבין התיאוריה.

במילים אחרות, אנחנו מחפשים את הדרך להגיע מכל סט של עובדות אמפיריות בדידות אל עובדות נוספות שנגזרות מהם, וגם אל המושגים התיאורטיים והתיאוריה שמסבירה אותם. אנחנו מחפשים מודל שיוליך אותנו מעובדת ההימשכות של כדור לכדור הארץ אל העובדה שספר גם הוא אמור להימשך לכדור הארץ. ומשתי העובדות הללו אל העובדה שגם עיפרון אמור להימשך. ומשלושת אלו אל התכונה שעומדת בבסיס התהליך הזה: 'היות בעל מסה'. אנו מחפשים שיטה שתורה לנו כיצד עלינו לצייר את החיצים מן העובדות לעובדות המתאימות/סותרות אותן?

על פניה, משימה כזו נראית כמעט בלתי אפשרית, שהרי אין כל דרך לקשור את העובדות הללו זו לזו, ובודאי לקשור אותן אל התכונות שעומדות בבסיסן, באופן פורמלי. נראה שהקשר (החיצים בדיאגרמות שהוצגו למעלה)

אינו מצוי במישור הלוגי אלא נובע מהתכנים הספציפיים שהעובדות הללו מביעות. בניגוד ללוגיקה הדדוקטיבית שתלויה רק בצורה ובמבנה של ההיסק ולא בתכניו, כאן הדברים תלויים גם בתכנים המעורבים, וכמעט לא במבנים הלוגיים.

ועל אף כל זאת, אנחנו נראה שלהפתעתנו ניתן למצוא מודל כזה. אנחנו נציג דרך להסיק מבנים תיאורטיים מופשטים, כלומר לזהות את מספר המאפיינים הנעלמים (=התכונות הרלוונטיות) שמונחים בבסיס הבעייה (בלי זיהוי מפורש שלהם), ואת הקשרים שקיימים ביניהם, ומתוך התכונות הנעלמות הללו נמצא את הקשרים שקיימים בין העובדות.

חלק שני: מודל לוגי למידות הדרש ההגיוניות

חלק זה מציג את המודל שלנו. המודל מבוסס על ניתוח לפי שלבים של סוגיא במסכת קידושין, שמכילה את כל אבני הבניין היסודיות. אך קודם לכן אנחנו מקדימים הצגה כללית של הדרש ההלכתי ומידות הדרש, ורואים כיצד הן מהוות אבני בניין לחשיבה לא-דדוקטיבית באופן כללי, לאו דווקא בהקשר התלמודי.

פרק ראשון: מידות הדרש

פשט ודרש בהלכה

ההלכה היא החלק הנורמטיבי של התורה. אלו הם הכללים המעשיים שמורים לנו כיצד עלינו לנהוג. כדי לגזור את הנורמות ההלכתיות מתוך הטכסט המקראי, חכמי ההלכה עושים שימוש בשני סוגי כלים: 1. פרשנות פשטית – פשט, שמטרתו לחשוף את מה שמצוי בתוך הטכסט המקראי. 2. דרש, שמטרתו לחלץ הלכות שאינן כתובות במפורש בטכסט המקראי.[18]

כללי ההיסק הבסיסיים של הדרש ההלכתי מאוגדים במערכות כללים שונות שנקראים 'מידות הדרש'. המערכת המקובלת של מידות הדרש מופיעה בברייתא שבתחילת **הספרא** דר' ישמעאל, והיא מכילה 13 כללים. אמנם ישנם מקורות הלכתיים שמביאים רשימות שונות (חלקן ארוכות יותר וחלקן קצרות יותר), אולם המערכת הקאנונית היא זו של ר' ישמעאל, ואנחנו נתבסס עליה.[19]

ניתן לחלק את כללי הדרש של ר' ישמעאל לשני סוגים עיקריים:[20]

א. כללים טכסטואליים. כללים אלו מסיקים נורמות (=הלכות) ממופעים טכסטואליים. אלו הם עקרונות ייחודיים לדרש ההלכתי,

---

[18] מכאן והלאה נעסוק רק בדרש ההלכתי. היחס למדרשי האגדה לפעמים הוא מובן מאליו, אך הוא לא יידון כאן בפירוש.

[19] לסקירה על כך, ראה בקטעים מכתבי ידו של הרב הנזיר, שמופיעים אצל דב שוורץ, 'קול הנבואה חלק ב' ', בתוך **ספר הגיון**, אוניברסיטת בר-אילן וישיבה-אוניברסיטה, מכון צמת, אלון שבות (לא מצויינת שנת הוצאה), עמ' 34-63, בפרק ב'. לסקירה מחקרית מקיפה, ראה מקורות ודיון בכרך א של **ספרא דבי רב**, מהדורת א"א פינקלשטיין, ניו-יורק תשמ"ט, ועוד במאמרו של מנחם כהנא, 'קווים לתולדות התפתחותה של מידת כלל ופרט בתקופת התנאים', בתוך **מחקרים בתלמוד ובמדרש (ספר זיכרון לתרצה ליפשיץ)**, משה בר אשר, יהושע לוינסון וברכיהו ליפשיץ (עורכים), מוסד ביאליק, ירושלים תשס"ה, 173-216, ובמקורות המובאים שם.

[20] לעצם ההגדרה של מידות הדרש השונות, והבנה ראשונית של אופן פעולתן, מעבר למצוי בספרי הכללים, ראה במאמרי **מידה טובה**, לשנים תשס"ה-תשס"ו. המאמרים מכונסים בארבעה ספרים (שני כרכים לכל שנה), שקרויים **מידה טובה 1-4**. הספרים יצאו בהוצאת תם, כפר חסידים, והם ערוכים לפי מדרשי מידות על פרשיות השבוע (ניתן לחפש לגבי כל מידה, לפי המפתח בסוף הספרים).

כעין צופן, שמפענחים את הטכסט המקראי דרך תכונות לשוניות ועריכתיות שלו (דמיון במינוח, קירבה של הנושאים בטכסט וכדו׳). מעצם טיבם אלו הם כללים פרטיקולריים, שלא היינו מצפים שיהיו רלוונטיים לתחומי חשיבה אחרים.[21]

ב. כללים לוגיים. כללים אלו מסיקים נורמות נעלמות מתוך נורמות ידועות. נבהיר כי לא מדובר כאן בכללי דדוקציה במובן החמור של המושג, אלא בכללים משווים, מרחיבים ומכלילים, כלומר כללים סינתטיים (אשר מבוססים על אנלוגיה ואינדוקציה). כאמור, כללים אלו מסיקים נורמות מנורמות אחרות, ולכן הם מכילים את דרכי ההשוואה (אנלוגיה) וההכללה (אינדוקציה) המקובלים בכל תחומי החשיבה.

במאמר זה אנחנו עוסקים אך ורק בכלליים הלוגיים, שכן לגביהם תוצאות הניתוח יכולות להיות אוניברסליות.[22]

אופיין של מידות הדרש ההגיוניות

הכללים הלוגיים העיקריים בעולם הדרש הם שלושה: 1. קל וחומר. 2. בניין אב מכתוב אחד. 3. בניין אב משני כתובים. כאמור, הכללים הללו מייצגים היסקים של אינדוקציה ואנלוגיה הלכתיות. כפי שהערנו, ונראה זאת גם להלן, כללים אלו מופיעים בכל תחומי החשיבה האנושית,[23] ולכן ניתוח שלהם הוא בעל משמעות אוניברסלית.

בשולי הדברים נעיר כי במסגרת כללי הדרש לא מופיעה צורת ההיסק הלא-דדוקטיבית הקרויה כיום ׳אבדוקציה׳ (Abduction). צורת היסק זו משמשת

---

[21] למיטב הבנתנו גם שם ניתן למצוא משמעויות אוניברסליות, ועל כך נעמוד במאמרים שיפורסמו בעתיד.

[22] נעיר כי לא תמיד ההבחנה היא ברורה. לדוגמא, ראה במאמרו הנ״ל של כהנא, הערה 151, ובדיון מסביבה.

[23] לדוגמא, היו שחקרו את כללי ההיסק המשפטיים, וכמובן כללו בתוכם את שלושת הכללים הללו. ראה טארילו, אצל חיים פרלמן, **רטוריקה משפטית**, עמ׳ 38.

אותנו כאשר אנחנו עושים דיאגנוזה, ועיקרה הוא גזירה לא דדוקטיבית מתוך הנחה של גרירה ($Q \rightarrow P$). גרירה כזו אומרת שאם נתון לנו Q ניתן להסיק ממנו P. הדדוקציה עושה את התהליך ההפוך: מתוך P אנחנו מסיקים ש-Q.[24] דומה כי צורת ההיסק הזו אינה מופיעה בדרש ההלכתי משום שהנחה מטיפוס כזה לא מופיעה במו"מ התלמודי ובמקרא. נתון בצורה של גרירה אינו נתון הלכתי פשוט, אלא עיקרון כללי ומופשט שקובע כי משהו תלוי במשהו אחר. במובן זה יש כאן ירידה למישור לא הלכתי, וככזה הוא אמור להיות תוצאה של ההיסק ההלכתי ולא הנחה שלו. גרירה משקפת הנחה כללית כלשהי, אך ההלכה היא בעלת אופי קזואיסטי, כלומר הנתונים המקראיים ההלכתיים הם נתונים הלכתיים נקודתיים ולא עקרונות כלליים. העקרונות ההלכתיים הכלליים נלמדים מתוך פרשנות או דרש שנעשים על ידי חכמי ההלכה על גבי הנתונים. מסיבה זו, כפי שנראה, ניתן לארגן את נתוני ההיסקים ההגיוניים בצורה של טבלת נתונים, שמציגה את כל הנתונים הנקודתיים הרלוונטיים של הבעייה. את הקשרים הכלליים בין הנתונים אנו מסיקים מתוכם, ולא מקבלים מן המוכן מן המקרא. זה, בין היתר, תפקידם של כללי הדרש ההגיוניים.[25]

---

[24] לסקירה, ראו:

Handbook of Defeasible Reasoning and Uncertainty Management Systems - Volume 4: *Abductive Reasoning and Learning* by Philippe Smets and Dov M. Gabbay, Kluwer Academic Publishers, 2000.

Dov Gabbay and John Woods , *The Reach Of Abduction*, Elsevier 2005.

[25] יוצאת דופן נדירה ביותר היא מידת הדרש 'שני כתובים המכחישים זה את זה', שם ישנם שני נתונים מקראיים סותרים. במקרה כזה לפעמים חכמים עושים אבדוקציה, כלומר מסיקים שבבסיס שני הנתונים עומדות הנחות שונות (או שהם עוסקים בסיטואציות שונות). ניתן להראות שזוהי אבדוקציה, אך היא נעשית רק מתוך כורח של סתירה בין נתונים. אין בדרש ההלכתי אבדוקציה שנעשית סתם כך, בלא רקע של סתירה. בכל אופן, יישומה של מידת הדרש הזו הוא נדיר ביותר (כשלושה ארבעה מקרים, וגם הם בדרש האגדי ולא בדרש ההלכתי), ולכן היא פחות חשובה להבנת עולם ההיסק המדרשי. לגבי יישומה של מידת הדרש הזו נחלקים חכמי התלמוד (ראה **מידה טובה**, מיכאל אברהם וגבריאל חזות, הוצאת תם, כפר חסידים תשס"ה, פ' בא): לפי ר"ע יש כתוב שלישי שמכריע לאחד הצדדים, ולפי ר' ישמעאל מוצאים יישוב לסתירה, באופן שכל פסוק מוצב בהקשר שונה. לפי ר' ישמעאל זהו הליך של אבדוקציה.

רקע על מחקר הלוגיקה של מידות הדרש

מידות הדרש הן תחום הלכתי זנוח למדיי. השימוש בהן פסק כמעט לחלוטין עם חתימת התלמוד (לפני כאלף חמש מאות שנה), וגם ההבנה שלנו בהן ובאופן התנהלותן התמעטה מאד. ישנה ספרות כללים שעוסקת בהם, אך גם היא נוגעת בעיקר בפנומנולוגיה ובכללים פנומנולוגיים ביחד למידות הדרש, ופחות בניסיון להבין את אופן הפעולה שלהם.[26]

במהלך כמאה וחמישים השנים האחרונות, נעשו כמה ניסיונות (מעטים למדיי) לתאר את מידות הדרש ואופן פעולתם, אבל ניתוח לוגי שלהן כמעט לא קיים. מראי מקומות לגבי ספרות הכללים ומחקר מידות הדרש בכלל, ניתן למצוא בעבודת הדוקטור של גבריאל חזות, **ניסוח הכלל – 'דיו לבא מן הדין להיות כנדון', כתגובת התנאים להתפתחות בקל וחומר**, אוניברסיטת בר-אילן תשס"ט (עמ' 43-25, ובביבליוגרפיה שם). חלוץ המחקר המודרני על מידות הדרש הוא הרב ד"ר אדולף (אריה) שוורץ, ראש בית המדרש לרבנים בוינה, שהוציא בתחילת המאה העשרים כמה ספרים על לוגיקה תלמודית בגרמנית, וביניהם כמה ספרים שכל אחד מהם מוקדש לאחת ממידות הדרש (חלקם תורגמו גם לעברית). הוא טען שהקו"ח הוא סילוגיזם, כלומר הוא ראה בו דדוקציה לוגית (וכך גם משתמע אצל כמה מבעלי הכללים). אמנם כבר ביקרו אותו על טענה זו,[27] וקל להראות כי היא אינה נכונה. כפי שנראה

---

[26] ראו:
David Brewer, Techniques and Assumptions in Jewish Exegesis Before 70 CE, *Texte und Studien zum Antiken Judentum*, 30

[27] מ. אברהם, 'הקל וחומר כסילוגיזם – מודל אריתמטי', **הגיון** ב, אלומה, ירושלים תשנ"ג, עמ' 9-22 (להלן: המאמר **בהגיון**). לביקורת מכיוון בלתי צפוי, ראה במאמר (שעוסק בשיקולים כעין קו"ח בספרות ההינדית):
An overlooked type of inference, Arnold Kunst, *Bulletin of the school of oriental anf African studies*, Uni. Of London, Vol. 10, No. 4 (1942), pp. 976-991; *Studies in Talmudic Logic and methodology*, Louis Jacobs, London 1961; Susan A. Handelman, *The Slayers of Moses: The emergence of rabbinic interpretation in modern literary theory*, State University of New York Press, Albany 1982; See also 'Some Problems in the Rabbinic Use of the Qal Va-Homer Argument', Hyam Maccoby, Center for Jewish Studies, Uni. of Leeds, (CJS Homepage).

כאן בהמשך, הקו״ח הוא מידה השוואתית, כלומר סוג של אנלוגיה או אינדוקציה, ולא דדוקציה.

הצעה למבנה לוגי של היסק קו״ח סטנדרטי והפירכות השונות עליו, ניתן למצוא במאמר הנ״ל ב**הגיון**, וכן במאמרם של ברכפלד וקופל באותו גיליון, וכן בפרק הראשון של ספרו הנ״ל של Louis (בפרק השני שם הוא מציע גם ניתוח של מידת בניין אב, וקושר אותה לתפיסת האינדוקציה של סטיוארט מיל. ראה על כך להלן).[28]

כל המקורות הללו מציעים פורמליזם לוגי שמתרגם את ההיסק לשפה לוגית פורמלית, אך אין בו הרבה מעבר לתרגום. על כן קשה לראות בניסיונות הללו מודל לוגי או מתמטי של ממש. דיונים נוספים בסגנון מסורתי-ישיבתי בנושא הקו״ח ומידות הדרש ההגיוניות ניתן למצוא בספרו המקיף (בסגנון קשה להבנה) של הרב משה פנחס מייער, **קו״ח של מקומות**, ירושלים תשס״ג, שדן בכללי הקו״ח והצד השווה מהיבטים רבים, אך לא מציע מודל כולל. הוא הדין למאמרו המקיף, המקורי והמאלף, של הרב ישראל בונים שרייבר, בספרו **נתיב בינה - אהלות**, בני ברק תשס״ד, סי׳ מח. להלן נראה את הסיבות לכך.

במאמר הנוכחי אנחנו מציעים מודל לוגי מלא, שמתאר את הופעותיהם השונות של מידות הדרש ההגיוניות, וביניהן הקו״ח, בניין אב מכתוב אחד ובניין אב משני כתובים. במובן זה יש כאן תמונה לוגית מלאה של החלק הלוגי (להבדיל מזה הטכסטואלי, ראה לעיל) של עולם הדרש. ככל הידוע לנו, זהו הניסיון הראשון לעשות דבר כזה.

אך תחילה נתאר את שלוש המידות הללו.

נעיר כי ישנן בחיבורים אלו לא מעט שגיאות ואי דיוקים, ואין כאן המקום.

[28] ראה: Heinrich Guggenheimer, 'Logical Problems in Jewish Tradition', in *Confrontation with Judaism*, ed. Philip Longworth, Blond, 1967. See also Avi Sion, *Judaic Logic*, Editions Slatkine, Geneva, 1995.

פרק שני: אבני הבניין היסודיות: תיאור כללי

נפתח בהצגת שלוש המידות בהן נעסוק. כאמור, מידות אלו מהוות אבות טיפוס של היסקי השוואה והכללה. לכן גם אם אנו מוצאים מידות דרש הגיוניות נוספות (כמו הגזירה שווה הקדומה)[29], הן בדרך כלל כלולות במידות הללו. נפנה את הקורא לחלק הראשון, שם הגדרנו את המושגים דדוקציה, אינדוקציה ואנלוגיה. כאן אנו נותנים מפה מפורטת יותר, כפי שמציעה אותה ההלכה, של צורות שונות לבצע היסקי אנלוגיה ואינדוקציה.

כפי שנראה כאן, ההיסקים בנויים על הנחות עובדתיות שונות (=המלמדים), ומנסים להרחיב אותן ולהסיק מהן עובדות נוספות (הלמד/ים). בהמשך נראה שההיסקים הללו מבוססים על פרמטרים מיקרוסקופיים, כפי שתיארנו כבר בחלק הראשון.

קל וחומר

טיעון הקל וחומר (=להלן: קו״ח) מופיע בכמה אופנים שונים. ישנו קו״ח פשוט, מהטיפוס הבא: אם ראובן שהוא לא חכם גדול הצליח במבחן, אזי שמעון שהוא חכם יותר גדול ודאי יצליח בו. לחילופין, אם למי שניסה לרצוח מגיע עונש, אז למי שרצח ודאי מגיע עונש. הקו״ח הזה מופיע בספרות חז״ל בלשון ׳כל שכן׳: אם א׳ אז כ״ש ב׳. קו״ח כזה מופיע כבר במקרא, כפי שקובע המדרש הידוע בבראשית רבה (תיאודור-אלבק), פרשה צב:

(ד - ח) הם יצאו את העיר וגו׳ הלא זה אשר ישתה אדני וגו׳ וישיגם וגו׳ ויאמרו אליו וגו׳ הן כסף וגו׳ תני ר׳ ישמעאל זה אחד מעשרה מקולי חומרים האמורים בתורה, הן כסף אשר מצאנו וגו׳, קל וחומר

---

[29] לדוגמא, שאול ליברמן, בספרו **יוונים ויוונות בארץ ישראל**, ירושלים תשכ״ג, עמ׳ 190-196, טוען שהגזירה שווה שכיום ידועה לנו כמידת דרש שבנוייה על השוואה טכסטואלית, החלה כהשוואה תוכנית. בכל אופן, מדובר בהשוואה, וככזו במישור התיאור הלוגי גם היא כלולה במידת בניין אב כפי שנציג אותה להלן.

ואיך נגנב, הן בני ישראל לא שמעו אלי, קל וחומר ואיך ישמעני פרעה (שמות ו יב), הן בעודני חי עמכם היום ממרים הייתם, קל וחומר ואף כי אחרי מותי (דברים לא כז), ויאמר י״י אל משה ואביה ירק ירק בפניה, קל וחומר הלא תכלם שבעת ימים (במדבר יב יד), כי את רגלים רצתה וילאוך, קל וחומר ואיך תתחרה את הסוסים (ירמיה יב ה), הנה אנחנו פה ביהודה יריאים, קל וחומר אף כי נלך קעילה (ש״א =שמואל א׳= כג ג), ובארץ שלום אתה בוטח, קל וחומר ואיך תעשה בגאון הירדן (ירמיה יב ה), הן צדיק בארץ ישולם, קל וחומר אף כי רשע וחוטא (משלי יא לא), ויאמר המלך לאסתר המלכה בשושן הבירה הרגו היהודים ואבד וגו׳, קל וחומר בשאר מדינות המלך מה עשו (אסתר ט יב).

כל הדוגמאות של הקו״ח המקראי הן מהטיפוס שתואר למעלה.[30] גם בברייתת המידות הדוגמא שמובאת לקו״ח היא אחת מאלו: ״ואביה ירק ירק בפניה הלוא תיכלם שבעת ימים״, כלומר אם כשאביה יורק בפניה עליה להיכלם, אז כשהקב״ה עושה כן ודאי שהיא צריכה להיכלם.

הקו״ח מהטיפוס הזה מבוסס על נתון אחד, ומסיק ממנו מסקנה לגבי מצב ׳חמור׳ יותר. החומרא שיש במצב השני נובעת מסברא (הקב״ה ודאי יותר מאביה, צדיק ודאי יותר מרשע וכדו׳). גם בתוך הקבוצה של הקו״ח הללו ישנן שתי תת-קבוצות: קו״ח של ׳בכלל מאתים מנה׳, וקו״ח סברתי. דוגמא לקו״ח ש׳בכלל מאתים מנה׳ היא לגבי נזקי בור ברה״ר (ב״ק מט ע״ב, וראה מהרש״א במהדו״ב שם): ״אם על הפתיחה חייב על הכרייה לא כל שכן״. כלומר אם מישהו שפתח בור מכוסה ברה״ר חייב לשלם על נזק שנגרם מכך, אזי מישהו שכרה בור מהתחלה ודאי חייב לשלם על נזקיו. ההיסק הזה שונה

---

[30] לגבי הקו״ח המקראי, שמבוסס תמיד על נתון אחד ושיקול חומרא מסברא, ראה במאמרי **מידה טובה**, פ׳ נח ופ׳ שמיני, תשס״ה, וכן אצל:
Louis Jacobs, 'The "Qal Va-homer" argument in the old Testament', *Bulletin of the school of oriental anf African studies*, Uni. Of London, Vol. 35 No. 2 (1972), pp. 221-227.

מהיסקי הקו״ח הקודמים, שכן זהו היסק הכרחי. ההכרחיות שלו נובעת מן העובדה שפעולת כרייה כוללת בתוכה פעולה של פתיחה (=כריית החלק העליון של הבור), ולכן אם על פתיחה חייבים אזי על הכרייה ודאי חייבים, ולו רק מחמת הפתיחה שנכללת בה. לכן היסק כזה קרוי אצל בעלי הכללים ׳בכלל מאתים מנה׳, והוא סוג של דדוקציה.

אך הקו״ח הרגיל בספרות חז״ל אינו אחד משני אלו.[31] הקו״ח הרגיל מבוסס על שלושה נתונים, ומסיק מהם הלכה רביעית כמסקנה. בכל היסקי הקו״ח הסטנדרטיים בתלמוד (=שנכנה אותם, בעקבות מאמרי **מידה טובה**, ׳קו״ח מידותי׳) אנו יוצאים משלושה נתונים ומסיקים מהם את המסקנה בצורה כזו. אופן הפעולה של ההיסק הוא שעל בסיס שניים מהנתונים אנו מסיקים את יחס החומרא, ואח״כ אנחנו מיישמים אותו על הנתון הרביעי.

ניטול דוגמא לטיעון קו״ח טיפוסי, לא מתחום ההלכה: ראובן עבר מבחני אינטליגנציה בציון IQ 100. שמעון עבר אותם בציון IQ 110. מכאן אנחנו מסיקים שאם ראובן הצליח בלימודי משפטים מסתבר ששמעון יצליח בהם לפחות כמוהו, אם לא יותר.

זהו טיעון טיפוסי של קו״ח תלמודי. הוא יוצא מתוך שלושה נתונים שנאספו אמפירית (ראובן עבר ב-100. שמעון עבר ב-110. שמעון הצליח בלימודי משפטים), ומנסה להסיק מהם טענה רביעית (ראובן יצליח גם הוא בלימודי משפטים), שעדיין לא ידועה לנו. גם כאן ישנו משקל שדוחף אותנו לעבר המסקנה, והמשקל הזה הוא תוצאה של יחסי חומרא בין ראובן לשמעון (ששמעון הוא מוכשר יותר). במובן זה יש כאן קו״ח כמו בדוגמאות המקראיות.

---

[31] ישנם שיקולי קו״ח שמתבססים על נתון אחד (שני הסוגים שראינו כאן למעלה) ועל שני נתונים (שיידונו להלן, כשנעסוק ברלוונטיות של צירי החומרא. ראה בפ״ג, בפסקה ׳רלוונטיות של נתונים – שיקוף של הצורך בהנחת הפרמטרים המיקרוסקופיים׳), אך אלו אינם היסקי הקו״ח הרווחים בספרות חז״ל. ראה על כך בכמה וכמה ממאמרי **מידה טובה**, לדוגמא שני אלו שהובאו לעיל, וכן במאמרו הנ״ל של מ. אברהם ב**הגיון**. נזכיר כי גם ההיסקים המכונים בהלכה המוסלמית ׳קיאס׳ (שמוזכרים ומתוארים במאמר באנגלית), הם בעלי אופי דומה. ההיסק ההלכתי (ה׳מידותי׳) הוא בעל אופי מורכב יותר, ואנו נדון כאן בעיקר בו.

ההבדל בין הקו״ח המידותי לקו״ח המקראי הוא בשאלה כיצד אנחנו מגיעים ליחסי החומרא הללו. בקו״ח המקראי יחס החומרא הוא סברא אפריורית (הכרייה מכילה פתיחה, הקב״ה חמור מאביה וכדו׳). כאן יחס החומרא הוא תוצאה של הכללה משני נתונים עובדתיים. אם ראובן קיבל ציון 100 ושמעון קיבל ציון 110, משני הנתונים הללו אנו יוצרים יחס חומרא, ששמעון מוכשר יותר מראובן. את היחס הזה אנחנו מיישמים על הנתון השלישי (ראובן הצליח בלימודי משפטים), ומסיקים את המסקנה. מסיבה זו בקו״ח מידותי נדרשים שלושה נתונים במקום האחד שדרוש בקו״ח המקראי. שניים מהם משמשים ליצירת יחס החומרא.

נדגיש כי היסק זה ודאי אינו טיעון דדוקטיבי, שכן הוא מכיל רכיב של אינדוקציה. אנחנו מניחים כאן שהצלחה במבחני האינטליגנציה משקפת גם את הפוטנציאל להצליח בלימודי משפטים. זוהי אנלוגיה, וניתן לומר שיסודה בהכללה, ואכן לא מעטים מערערים עליה. לטענתם, מבחני האינטליגנציה בודקים כישורים מסויימים, שאינם בהכרח כישורים משפטיים. במונחי החלק הקודם, הטענה היא שהכישורים הללו אינם בהכרח התכונות הרלוונטיות להיסק ההשוואה וההכללה. מאידך, רוב ככל המוסדות האקדמיים מניחים באופן אינדוקטיבי שמדדי ה-IQ רלוונטיים גם להצלחה בלימודי משפטים, ואף בלימודים אקדמיים בכלל. כלומר לדעתם אלו הן התכונות הרלוונטיות להיסק ההכללה וההשוואה שלהם. אנו יכולים לראות שטיעון הקו״ח אינו דדוקציה, שאם לא כן לא היה מקום לערעור עליו (להלן נראה שגם בהלכה מוצגות פירכות כנגד היסקי קו״ח). מאידך, זוהי צורת היסק רווחת מאד, שמשמשת אותנו בכל תחומי החשיבה.

פירכא על קו״ח

כאשר אנחנו רוצים לבחון טיעון כזה, אנחנו יכולים להעמיד אותו במבחנים שונים (בדרך כלל אמפיריים). לדוגמא, נבדוק את היחס בין הצלחה במבחני אינטליגנציה לבין הצלחה בלימודי פיסיקה. אם נמצא שבעלי ציון 100 הצליחו בלימודי הפיסיקה יותר מאשר בעלי ציון 110, זו תהווה ׳פירכא׳ על

ההיסק הקודם. הפירכא מבוססת על כך שהכללה דומה שתיעשה לגבי פיסיקה תיכשל, ולכן לא ברור האם ההכללה לגבי לימודי המשפטים אכן תקפה.

כאמור, זוהי פירכא אמפירית על הקו״ח. אנו מביאים עובדה סותרת. אך ניתן להעלות גם פירכות אפריוריות על היסקי קו״ח. לדוגמא, אם נעלה את הטיעון האפריורי שייתכן כי להצלחה בלימודי משפטים דרושות יכולות או כישורים מסויימים שאותן המבחן אינו מודד, פרכנו בזאת את הכרחיותה של מסקנת הקו״ח. אנו מערערים כאן ישירות על ההנחה אודות הרלוונטיות של תכונות הדמיון. זוהי פירכא מטיפוס שונה, ואנחנו נפגוש את שני הסוגים בדברינו בהמשך.

לצורך המשך דברינו, חשוב להבין שפירכות משני הסוגים הללו אינן מוכיחות שהטענה שמבחני ה-IQ רלוונטיים ללימודי משפטים אינה נכונה. מטרת הפירכות היא רק להצביע על כך שהמסקנה הזו אינה נובעת בהכרח מן ההנחות, או שהיפוכה מתיישב עמן בדיוק כמוה. לשון אחר: הפירכות תוקפות את ההיסק (הנביעה של המסקנה מן ההנחות), אך לאו דווקא את מסקנתו. גם נקודה זו תבוא לידי ביטוי חשוב בהמשך.

ניתן לערער גם על הפירכות הללו עצמן, ובכך לחזור ולתקף את הטיעון המקורי. בדוגמא שלנו ניתן לעשות זאת על ידי הצבעה על ייחודיות שיש בתחום הפיסיקה, שמונעת מאיתנו להשליך ממנו לתחום המשפטים. גם ביחס לפירכא האפריורית ניתן לטעון שיש תחום נוסף (כמו כימיה) שגם בו דרושות היכולות הנוספות הללו, ובכל זאת לגביו מבחני האינטליגנציה נמצאו רלוונטיים. אמנם פירכא על פירכא חייבת לעמוד בסטנדרט יותר גבוה, כלומר הפירכא חייבת להוכיח שהפירכא הקודמת אינה נכונה (ולא רק שהיא אינה הכרחית). הסיבה לכך היא שהפירכא הראשונה עצמה אינה טוענת טענה הכרחית אלא רק מעלה אפשרות. על כן פירכא עליה אמורה להוכיח שהאפשרות הזו אינה אפשרית (ולא רק שהיא אינה הכרחית).

אופן אחר להמשיך את הדיון הוא העלאת שיקולים נוספים בעד ונגד הטיעון הבסיסי. להלן נראה שניתן גם להרכיב היסקים יחד וליצור היסק מורכב יותר בכדי לתקף מסקנות שנשללו מכל אחד מן ההיסקים לחוד.

כפי שראינו, ועוד נראה להלן, הפירכות חייבות לעמוד במבחן רלוונטיות. לפעמים עולות פירכות לכאורה, שאינן רלוונטיות לציר החומרה, ולכן אינן באמת פורכות את ההיסק. להלן נראה כמה דוגמאות לכך.

בניין אב (אנלוגיה) והפירכות עליו

היסק של בניין אב, הוא אנלוגיה. לדוגמא, אם ראינו שראובן שקיבל במבחן האינטליגנציה ציון 100 הצליח בלימודי משפטים, אנו מסיקים שגם שמעון שקיבל 100 יצליח בהם.

שיקול אחר, שלכאורה גם הוא בניין אב: ראובן הצליח בלימודי משפטים וגם בלימודי פיסיקה, אנחנו מסיקים מכאן שגם שמעון, שהצליח בלימודי משפטים, יצליח בלימודי פיסיקה. שני אלו הם שיקולי השוואה, או אנלוגיה, ובלשון מידות הדרש: 'בניין אב'.

כיצד פורכים את הטיעונים הללו? ניתן להצביע על כישורים מיוחדים שיש לשמעון ולא קיימים אצל ראובן. ניתן גם להביא מאפיינים מיוחדים לתחום הפיסיקה, שבהם הוא שונה מתחום המשפטים. אלו יהיו פירכות אפריוריות על בניין אב. לחילופין, גם כאן יכולות להיות פירכות אמפיריות, לדוגמא: ניתן לראות שלוי הצליח בלימודי משפטים אך לא בלימודי הפיסיקה. ניתן גם להביא תחום לימודים שלישי, כמו כימיה, שבו ראובן הצליח ושמעון לא.

האם קל וחומר הוא אנלוגיה?

ומה על הטיעון הבא: ראובן הצליח בלימודי משפטים יותר מאשר בלימודי פיסיקה, ולכן גם שמעון יצליח בלימודי משפטים יותר מאשר בלימודי פיסיקה. האם זו השוואה או ק"וח? מחד, ישנה כאן השוואה בין ראובן לשמעון, ובמובן זה יש כאן אנלוגיה. אנו משווים בין שני הנתונים לגבי ראובן

ומסיקים מהם שני נתונים מקבילים לגבי שמעון. מאידך, יש כאן קו״ח, שהרי אנחנו יודעים שלגבי ראובן הפיסיקה היתה קשה יותר מאשר המשפטים, ומכאן אנחנו מסיקים שזוהי תופעה כללית, ולכן אם שמעון הצליח בלימודי פיסיקה אז כ״ש שהוא יצליח בלימודי משפטים. כאמור, טיעון כזה כבר נראה יותר כמו קו״ח. בהיסק הזה אנחנו יוצאים משלושה נתונים ומסיקים מהם טענה רביעית. כעת אנו מגלים כי הקו״ח גם הוא מהווה סוג של השוואה, או אנלוגיה, ובודאי לא דדוקציה.

עקב אכילס של הקו״ח הוא ההכללה שבבסיסו. ההכללה שאומרת שאם אצל ראובן לימודי הפיסיקה היו קשים יותר מאשר לימודי המשפטים, אזי גם לגבי שמעון המצב יהיה דומה. זוהי הכללה שניתן לתקוף אותה בדרכים שראינו קודם לכן.

לדוגמא, על ההיסק הזה ניתן לערער בצורה הבאה: אולי לראובן יש כישורים מיוחדים שמתאימים יותר ללימודי פיסיקה, ואילו כישוריו של שמעון מתאימים יותר ללימודי משפטים. זוהי פירכא על ההשוואה בין ראובן לשמעון, אבל היא פורכת גם את ההכללה שעשינו לגבי היחס בין לימודי פיסיקה ולימודי משפטים בכלל. ושוב, הפירכא הזו נוגעת באותן תכונות נעלמות שעומדות בבסיס ההיסק (האינטליגנציה, או הכישורים הדרושים להצלחה בכל אחד מתחומי הלימוד).

כפי שהוסבר במאמר הנ״ל **בהגיון**, עצם העובדה שניתן לערער על היסק קו״ח מעידה שאין מדובר בדדוקציה לוגית. במינוח הנ״ל נאמר כי זהו היסק סינתטי ולא אנליטי.

היחס בין שני סוגי ההשוואה: קו״ח ובניין אב

מקובל בהלכה לומר שהיסק של בניין אב הוא חלש יותר מהיסק של קו״ח (זה מה שגרם לכמה מחוקרי המידות לחשוב בטעות שמדובר בדדוקציה). הקו״ח, על כל סוגיו, מכיל משקל שידוחף׳ לכיוון המסקנה (מכוח יחסי החומרא), בעוד שבניין אב אינו אלא השוואה. הקו״ח הוא אמנם השוואה, אך ישנו כיוון

להשוואה. אנו לא הולכים מדבר אחד למשהו שדומה לו, אלא מדבר אחד למשהו שאם ההשוואה נכונה אז הוא יותר ממנו. ובדוגמא שלמעלה, אם אכן יש מקום להשוואה בין ראובן לשמעון, אזי למסקנה יש משקל רב יותר מאשר השוואה גרידא, שכן יש כאן טיעון שדוחף אותנו לכיוון המסקנה הזו. אם שמעון הצליח בפיסיקה (בהנחה שההשוואה עם ראובן אכן תקפה) אזי נראה ברור עוד יותר שהוא יצליח גם במשפטים. בהיסק השוואה רגיל המשקל של ההצלחה בפיסיקה דומה לזה של ההצלחה במשפטים, בהיסק מטיפוס של קו״ח המשקל (=הסיכוי) להצלחה במשפטים הוא גדול יותר. ובכל זאת, ברור שאין מדובר בדדוקציה, שהרי ההשוואה הזו אינה הכרחית. אין כאן הליכה מהכלל אל הפרט כמו בדדוקציה קלאסית. הכל מותנה בהכללה שנעשית ברקע הקו״ח. אם ההכללה הזו נכונה אז יש משקל יתר לתוצאה, אבל ההכללה הזו, כמו כל הכללה אחרת, חשופה למתקפות (=פירכות).

מסיבה זו, אמנם אפשר לפרוך קו״ח (שכן הוא אינו דדוקציה). אך כנגד קו״ח יש להעלות פירכא מהותית, שמצביעה על כך שבנסיבות כלשהן כיוון החומרא מתהפך. לעומת זאת, ביחס לבניין אב יש הסוברים (ראה **אנצי״ת**, ע׳ בנין אב׳, ועוד להלן) כי די ב׳פירכא כל דהו׳, כלומר די להצביע על הבדל שקיים בין המלמד ללמד, גם אם הוא אינו מראה בהכרח היפוך בכיוון החומרא. להלן נחזור גם לנקודה זו. ומכאן, שמודל המתאר את שני סוגי ההיסק הללו אמור גם להדגים מדוע השיקול של קו״ח הוא חזק יותר מאשר אנלוגיה רגילה.

בניין אב משני כתובים (אינדוקציה) – הצד השווה

עד עתה ראינו שני סוגי היסק של השוואה. כעת אנחנו עוברים להיסק הכללה. פגשנו את ההיסק הזה בחלק הקודם, אולם נחזור עליו שוב כאן, כדי להבהיר את הקשר בינו לבין מידת הדרש ההלכתית ׳בניין אב משני כתובים׳. אנחנו בודקים נפילת גופים לכדור הארץ. לאחר שהחזקנו כיסא באוויר ועזבנו אותו, הוא נפל לארץ. מכאן אנחנו עושים אנלוגיה, ומסיקים שגם ספר במצב דומה ייפול לארץ. על ההשוואה הזו אנחנו מעלים פירכא אפשרית: אולי רק עצמים

בעלי ארבע רגליים נופלים לכדור הארץ? זוהי השערה אודות התכונה הרלוונטית לנפילה, שאולי היא 'היות בעל ארבע רגליים'. לשם כך עלינו לבדוק את המצב לגבי עצם שאין לו רגליים, כמו כדור.

על כן אנחנו עושים כעת ניסוי נוסף, ובודקים האם כשנעזוב באוויר כדור גם הוא ייפול לארץ. עשינו ניסוי, והתוצאה (למרבה הפלא) חיובית. בזאת שללנו את ההיפותזה שהיות בעל ארבע רגליים היא תכונה רלוונטית להיסק אודות נפילה לכדור הארץ. כעת שוב אנחנו עושים אנלוגיה מכדור לספר, ומסיקים שגם ספר ייפול לארץ. אך גם את ההשוואה הזו ניתן לפרוך באותה צורה: אולי רק עצמים עגולים כמו הכדור נופלים לכדור הארץ. זוהי פירכא על ההשוואה השנייה.

אם כן, ניסינו שתי אנלוגיות, וכל אחת לחוד לא הצליחה להוליך אותנו אל המסקנה. בשלב האחרון של ההיסק, אנחנו משתמשים בשתי הדוגמאות (או הנתונים) גם יחד, ומסיקים את המסקנה הבאה: לא ייתכן שהרגליים הן הגורמות לנפילה, שכן לכדור אין רגליים ובכל זאת הוא נופל לארץ. מאידך, לא ייתכן שהעיגוליות היא הגורמת, שהרי כסא אינו עגול ובכל זאת גם הוא נופל לארץ. המסקנה היא שכל העצמים, בלי קשר לתכונות ייחודיות שלהם (כמו צורה עגולה, או היותם בעלי רגליים), נופלים לכדור הארץ. כאן המסקנה לגבי הספר נראית בבירור כתוצאה של הכללה.

כעת כמובן יכול השואל לבוא ולשאול: עד היכן ניתן להכליל? האם המסקנה תקפה לגבי כל העצמים כולם? אולי יש תכונה משותפת לכסא ולכדור, והיא שגורמת לנפילה, ולכן ניתן להסיק את המסקנה רק לגבי העצמים שגם הם בעלי אותה תכונה שיש לכסא ולכדור. ואכן, כידוע, המסקנה המדוייקת יותר משני הניסויים הללו היא שהעצמים שהם בעלי מסה (=התכונה המשותפת שיש לכסא ולכדור, 'הצד השווה' שלהם) אמורים ליפול לכדור הארץ. זהו היש התיאורטי שעומד בבסיס התופעה של נפילה לכדור הארץ. התכונה בה איננו צופים, ועל קיומה אנו מסיקים מתוך העובדות שנצפו ישירות.

זהו היסק 'הצד השווה'. בהיסק כזה אנחנו משתמשים בשני נתונים
כמלמדים, על אף שלכל אחד משני הנתונים יש תכונה ייחודית שונה שאינה
מאפשרת לנו ללמוד את המסקנה רק ממנו. ובכל זאת אנחנו כן מסיקים
מהצירוף של שניהם ביחד את המסקנה. ההליך הזה מבוסס על מסקנת
הביניים שהתכונה הייחודית של כל אחד מהם, שאינה קיימת בחברו
(העיגוליות, או היות בעל רגליים), אינה התכונה הרלוונטית לתופעה הנדונה
(=נפילה לארץ). מכאן מתבקשת המסקנה שיש תכונה שלישית, משותפת
לשני העצמים שבניסוי (=המסה), שהיא אשר גורמת לתופעה הפיסיקלית.
ואם היא קיימת בלמד, אזי גם הוא (כמו כל בעלי התכונה הזו) צפוי ליפול
לכדור הארץ.

לאחר שהסקנו את המסקנה לגבי ספר, ניתן להרחיב את המבט ולומר
שהתכונה המשותפת הזו (=הצד השווה) היא הסיבה לנפילתו של הספר לכדור
הארץ, אך מאותה סיבה עצמה ייפלו לארץ כל העצמים בעלי אותה תכונה
(=המסה). ולכן אנו מכלילים ואומרים שכל מי שהוא בעל התכונה הזו ייפול
גם הוא לכדור הארץ. כאן ההשוואה הופכת להיות הכללה (ראה בסעיף הבא).
נעיר כי זהו בדיוק ההסבר אותו מציע Louis בפרק השני של ספרו הנ"ל, שם
הוא מצביע על הדמיון בין שיקול הצד השווה לבין תפיסתו של סטיוארט מיל
את האינדוקציה המדעית (שמבוססת על מה שהוא מכנה: Method of
Agreement. הכוונה היא לשיקול שתיארנו לעיל, לפיו הרכיב המשותף לכל
המלמדים הוא הגורם לדין, או לתופעה המדעית הנדונה).

שלושה סוגים בסיסיים של 'הצד השווה', והכללה שלהם

ראינו שניתן ליצור מבנה של הצד השווה מתוך שני היסקים של 'בניין אב'.
בהיסק המורכב שני המלמדים, שכל אחד מהם אינו מצליח ללמד את
המסקנה לגבי הלמד, מורכבים יחד ואז הם כן מצליחים להוכיח את המסקנה
לגביו.

באותה צורה עצמה יכולנו להרכיב שני לימודים של קו״ח. לדוגמא, אם היינו לומדים מראובן שקיבל ציון 100 והצליח במשפטים לשמעון שקיבל 110 שגם הוא יצליח, זהו לימוד בקו״ח. כעת אנחנו פורכים את ההיסק הזה ואומרים שידוע כי לשמעון יש כשרון מיוחד למשפטים (או שמבנהו של מבחן האינטליגנציה תואם יותר להרכב הכישרונות של שמעון). על כן אנחנו מביאים היסק אחר, גם הוא בקו״ח, מלוי שגם הוא קיבל 100 והצליח בלימודי משפטים. כעת אנחנו פורכים ואומרים שללוי יש גם תכונות (אחרות) שמאפשרות לו להצליח במבחני אינטליגנציה. היסק הצד השווה מרכיב את שני אלו להיסק כולל, שמבוסס על שני היסקי קו״ח. הטענה היא שהתכונות הייחודיות של המבחנים או הנבחנים אינן חשובות לניבוי ההצלחה. זהו מבחן אוניברסלי, שייתן ניבויים אמינים כמעט ביחס לכל נבחן.

ישנם גם מקרים שבהם אנחנו מרכיבים היסק של 'בניין אב' עם היסק של קו״ח, ויוצרים מהם היסק של הצד השווה (אנו נפגוש דוגמא כזו להלן).

אלו הם שלושת הסוגים הבסיסיים של הצד השווה: היסק צד שווה שבנוי על שני היסקי בניין אב, או על שני היסקי קו״ח, או על היסק קו״ח והיסק של בניין אב. כפי שנראה בהמשך, ישנה גם אפשרות להיסק מורכב יותר של הצד השווה שבו אחד ההיסקים הבסיסיים בנוי בעצמו משיקול של 'הצד השווה', וביחד איתו מופיע היסק של 'בניין אב', או קו״ח, כהיסק בסיסי שני. ההרכבה של שני אלו יוצרת 'צד שווה מורכב', ואנו נדון גם בו להלן.

פירכא על 'הצד השווה'

כיצד ניתן לפרוך היסק הכללה כזה? פירכא על אחד ההיסקים הבסיסיים לא תועיל מאומה, שהרי תמיד כאשר אנחנו לומדים בצד השווה משני מלמדים הדבר נעשה כשכל אחד משני ההיסקים הבסיסיים הוא מופרך מצד עצמו (הכסא הוא בעל רגליים, ובזאת הופרך הלימוד מהכסא. והכדור הוא עגול, ובזאת הופרך הלימוד מהכדור). ההרכבה של הצד השווה מיועדת לסלק את שתי הפירכות שעולות לגבי לימוד מכל אחד מהמלמדים (להראות ששתי הפירכות הללו אינן רלוונטיות לתופעה הנדונה).

על כן ברור שפירכא על היסק של הצד השווה חייבת להצביע על ייחודיות (=תכונה רלוונטית) שיש גם לכסא וגם לכדור, ושאינה קיימת בשאר העצמים שלגביהם רצינו ליישם את המסקנה, כמו הספר (העצמים בעלי המסה). לדוגמא, אנו נצביע על כך שגם כסא וגם כדור מיוצרים מפלסטיק, ולכן אין להסיק משניהם מסקנה לגבי ספר שעשוי מנייר.

נדגיש כי פירכא כזו לא משנה את עצם הלוגיקה, אלא רק מצמצמת את היקף המסקנה. כעת המסקנה נכונה רק עבור עצמים בעלי התכונה המשותפת הרלוונטית (עצמים מפלסטיק), ולא עבור כלל העצמים החומריים. גם כאן ישנה הכללה, אלא שהיא מצומצמת יותר ממה שחשבנו. אם כן, פירכא על הצד השווה אינה מעלימה את הטיעון לגמרי, אלא מצמצמת אותו. לכל הפחות ניתן להגיע למסקנה שקבוצת העצמים שמקיימת את התכונה הפיסיקלית הזו (=נפילה לכדור הארץ) מכילה אך ורק את הכסא והכדור עצמם, ותו לא. שוב נעיר כי השאלה בה מטפלת הפירכא היא שאלת התכונה הרלוונטית. כשנזהה את התכונה הרלוונטית להיסק כזה, מכאן ייגבע מייד היקף התחולה של המסקנה העולה ממנו (האם כל העצמים, או רק אלו שעשויים פלסטיק).

השוואה והכללה[32]

בדרך כלל, היסק של הצד השווה מנסה ללמוד הלכה כלשהי משני מלמדים (=כסא וכדור) לנושא שלישי (=ספר). אם כן, זוהי אנלוגיה מורחבת (משני מקורות = מלמדים, להקשר שלישי = למד) אבל לאו דווקא הכללה. אולם ביסודה של האנלוגיה הזו ישנה הכללה, שכן היא נסמכת על הצד השווה שיש בשני המלמדים (=המסה). את המסקנה אנחנו לא לומדים רק לגבי ספר (שהוא ייפול לכדור הארץ), אלא לגבי כל עצם שהוא בעל התכונה שהיא הצד

[32] לעניין זה, ראה מאמרו של מ. אברהם, 'אינדוקציה ואנלוגיה בהלכה', **צהר** ט"ו, קיץ תשס"ג, עמ' 23-34. כמו כן, ראה **שתי עגלות**, שער שמיני, פרק א, וכן **מידה טובה**, פ' בראשית תשס"ו, בסוף הספר בדיון על היחס בין קו"ח לבין בניין אב.

השווה (=בעל מסה), ובפרט לספר. על כן ברקע הדברים ישנה הכללה (אינדוקציה).

בהתבוננות כזו ברור שכל אנלוגיה מכילה הכללה סמויה, שהרי ההשוואה בין ראובן לשמעון לגבי הישגיהם הלימודיים מכילה הנחה שהם דומים בתכונה משותפת כלשהי (לדוגמא, שניהם בני אדם צעירים שסיימו תיכון). ובכלל, כאשר אנחנו עושים אנלוגיה בין שני עצמים ברור שברקע ההשוואה עומדת התייחסות לתכונה משותפת שיש להם (אנחנו לא עושים השוואה בין עננים למידות הנפש, אלא בין סוגי בעלי חיים שונים, או צמחים שונים וכדו'). מכאן ברור שהמסקנה תקפה לגבי כל מי שהוא בעל התכונה המשותפת הזו. אם כן, כל השוואה בין שני עצמים בעצם נעשית לגבי קבוצה שלימה של עצמים.

מדברינו עולה שקשה להבחין בין היסקי השוואה להיסקי הכללה. היסק הכללה אינו אלא אוסף של השוואות, שכל אחת נעשית ביחס לעצם אחד, והתוצאה היא הכללה שנוגעת לקבוצה שלימה של עצמים (או הקשרים). לחילופין, כפי שראינו, כל השוואה שנעשית בין עצם אחד לחברו, למעשה מכילה מסקנה כללית יותר, לגבי כל העצמים האחרים שהם בעלי התכונה המשותפת לשני העצמים הללו.

אם כן, ההכללה אינה אלא התבוננות על הרובד המיקרוסקופי של ההשוואה. אנו מחפשים את התכונה הרלוונטית שעומדת בבסיס ההשוואה, ומכאן ניתן להסיק מסקנה לגבי כלל העצמים בעלי התכונה הזו. זוהי הדרך לעבור מהשוואה להכללה. מבחינתנו שתי הדרכים הללו הן מרכיבים של החשיבה הסינתטית, וכפי שנראה במודל להלן ההבחנה ביניהם, על אף שהיא מאד נפוצה, אינה מהותית ואינה חשובה. אין לה תפקיד ומשמעות ברובד הלוגי (אלא אולי ברובד הפסיכולוגי).

הפרמטרים המיקרוסקופיים

מהניתוח של הדוגמאות שניתנו עד כאן, עולה כי בהיסקים כאלו מעורבים שני מישורי התייחסות: המישור הנגלה, הפנומנלי (=מישור התופעות), והמישור הנסתר, שנכנה אותו כאן 'המישור המיקרוסקופי'. המישור הנגלה

הוא התופעות שבהן אנחנו צופים באופן ישיר, כגון הצלחה של ראובן במבחן, או בלימודים, או נפילה של עצם לכדור הארץ, או חוק הלכתי שכתוב בתורה, או בספר חוקים אחר. בנוסף, ישנו מישור מופשט ועלום יותר, שעוסק בפרמטרים מיקרוסקופיים ששולטים על התופעות הנצפות. לדוגמא, הכישורים והיכולות של תלמיד לגבי תחומי לימוד שונים, או המסה/מטען של גוף פיסיקלי וכדו׳. הפרמטרים הללו הם שקובעים האם אכן ישנו דמיון בין ההקשרים שמופיעים בהיסק, ולכן ההשוואה היא נכונה, או שלא. כפי שהערנו למעלה, בגלל הפרמטרים הללו כל השוואה היא בעצם הכללה, שכן ההשוואה בין ראובן לשמעון מניחה שהם דומים בפרמטרים מסויימים, ומכאן שכל מי שניחן בפרמטרים הללו מסקנות ההשוואה תהיינה רלוונטיות גם לגביו.

כפי שראינו בחלק הראשון, בדרך כלל המהלך במחקר המדעי הוא מן התופעות האמפיריות אל הפרמטרים המיקרוסקופיים. מן הנפילה של עצמים מסויימים לכדור הארץ, אנו מסיקים את המסקנה לגבי הגורמים המיקרוסקופיים (=התכונות הרלוונטיות) שגורמים לתופעות הנדונות. מן ההצלחה של תלמידים במבחנים, אנו מסיקים על הכישורים שלהם. מן התצפיות הרפואיות על פעולה של תרופות, אנו מסיקים מסקנות לגבי הרכיבים שהן מכילות, ולגבי מנגנונים והשפעות מיקרוסקופיות שלהן על מצב האורגניזם. מתוך הקשרים שאנו רואים בין התופעות אנחנו מנסים להסיק מסקנות על המישור המיקרוסקופי של הגורמים לתופעות הללו (כישורים ויכולות, מסה וכדו׳). המסקנות הללו משערות את קיומם של יישים תיאורטיים, שהיחסים והאינטראקציות ביניהם יוצרות את התופעות בהן צפינו.

בדוגמא של הקו״ח, הגורמים המיקרוסקופיים הם הכישורים שנבדקים במבחני האינטליגנציה (יכולת מתמטית, לשונית או אחרת). בדוגמא של האנלוגיה, הגורמים המיקרוסקופיים הם הכישורים של שני הנבדקים.

ובדוגמא של הצד השווה (ההכללה) הגורמים המיקרוסקופיים הם להיות בעל רגליים, להיות בצורת עיגול, או להיות בעל מסה.

תיאוריות פנומנולוגיות במדע, מתייחסות לתופעות, ומתעלמות מהפרמטרים ששולטים עליהן. לעומת זאת, תיאוריה מדעית מהותית (שבדרך כלל נסמכת על התיאוריה הפנומנולוגית) מציעה מערך של יישים תיאורטיים ורכיבים מופשטים שמניעים את כל העצמים וההתרחשויות בהן אנו צופים. באופן כזה התיאוריה מסבירה את הנתונים הניסיוניים. לדוגמא, בפיסיקה אנו יכולים להציע תיאור פנומנולוגי של התופעות, כמו כוחות ושדות, ולאחר מכן לחפש רכיבים ברמה מופשטת יותר, מיקרוסקופית, כמו חלקיקים אלמנטריים ויחסים ביניהם, שמניעים את החלקיקים המאקרוסקופיים, ומחוללים את הכוחות ואת השדות הללו.

בה במידה ניתן להתייחס להיסקים הלכתיים ומדרשיים בשתי הרמות הללו. מחד, ניתן להציע תיאוריה פנומנולוגית שמסבירה את ההיסק ואת אופן פעולתו. מאידך, כדי להבין את הדברים ולהסביר אותם נדרשת התייחסות למישור התיאורטי המופשט, לאותם יישים תיאורטיים, או רכיבים מיקרוסקופיים, שמחוללים את התופעות ההלכתיות. כפי שראינו בחלק הראשון, לפעמים המטרה היא ההכללה, והעובדות הן רק מכשיר לביסוסה. ולפעמים המטרה היא לאסוף עוד עובדה, או עובדות, והפרמטרים שעומדים בבסיס ההשוואה וההכללה הם רק הבסיס להיסקים בהם אנחנו משתמשים.

המסקנה מכל האמור עד כאן היא שברקעם של ההיסקים שלנו ישנם פרמטרים מיקרוסקופיים (לא תמיד מודעים ומובחנים), והם שעומדים ביסוד ההכללות וההשוואות שאנחנו עושים. הפרמטרים המיקרוסקופיים הללו הם שעומדים בבסיס המודל שלנו, אשר מציע דרך לעבור מהקשרים בין התופעות, שבהם ניתן לצפות באופן אמפירי (דרך ניסויים במדע, או בדרך של עיון במקורות בהקשרים ההלכתיים), למודל של פרמטרים מיקרוסקופיים שאחראים על התמונה הזו, ממש כמו בכל תהליך מחקר מדעי.

למעלה הבחנו בין פירכות אמפיריות לפירכות אפריוריות. פירכא אמפירית מביאה עובדה (מהמישור הפנומנלי) שסותרת את ההיסק. כלומר היא

מתייחסת לרובד המאקרוסקופי. לעומת זאת, פירכא אפריורית מתייחסת לתכונות (=בלשוננו: הפרמטרים המיקרוסקופיים) של העצמים שמשתתפים בהיסק, ומעלה אפשרות שהם מערערים על מסקנות ההיסק. מאפיינים אלו בדרך כלל ידועים מראש, ולא נלמדים מתצפית, ולכן אנחנו מתייחסים אליהם כאפריוריים. לדוגמא, הפירכא שלשמעון יש כישורים מיוחדים ללימודי משפטים היא אפריורית, שכן אנחנו יודעים אותה עוד לפני ביצוע ההיסק והתצפיות שקשורות אליו (=המבחן). לעומת זאת, פירכא שמצביעה על מקצוע נוסף שבו ההישגים אינם מתיישבים עם מבחני האינטליגנציה, היא פירכא אמפירית. התצפיות (על המקצוע הנוסף ההוא) אינן מתיישבות עם ההיסק שלנו.

כפי שנראה, תקפותם של שיקולי ההיסק עצמם אינה תלוייה בזיהוי מפורש של הפרמטרים הללו. אנחנו נגיע למסקנה שצריכים להיות ברקע כך וכך פרמטרים שקשורים ביניהם בצורה מסויימת, אך לא נזהה אותם במפורש. די יהיה לנו בזה כדי לנתח את ההיסקים ההלכתיים. הדבר דומה ללוגיקה פורמלית שאינה נוגעת בתכנים, ובכל זאת מהווה מצע ומסגרת שמאפשרת לחוקרים בתחומי התוכן השונים לחקור את התכנים המעורבים. לאחר שהשיקול הלוגי מאתר את הכמות, היחסים והמבנה של הפרמטרים שמעורבים בעניין, המחקר התוכני אמור לבוא לזהות ולאפיין אותם.

עולה מדברינו כי לבניית מודלים מיקרוסקופיים שיסבירו היסקים מדרשיים, ישנה חשיבות בשני מישורים שונים:

1. זהו אמצעי למדל את הליכי החשיבה הלא דדוקטיביים, מה שייתן לנו אפשרות לבקר ולנתח אותם, להבין תופעות תמוהות שמופיעות במסגרתם, להכליל אותם למבנים מורכבים יותר, ואולי אף לפרמל
2. ולמכן אותם. כפי שכבר הזכרנו, המודלים המיקרוסקופיים יכולים להוות אמצעי למחקר שיטתי של ההכללה ושל דרכי ההיסק הלא-דדוקטיביות בכלל.

3. שימוש במתודות הללו יכול להוות מצע למחקר של התכנים (הלכתיים, או אחרים). לדוגמא, אנו נגלה כתוצאה מהמודלים המיקרוסקופיים שנבנה, שבהחלת אירוסין מעורבים שלושה פרמטרים, שמצויים במינונים שונים בפעולות שמחילות את הקידושין (כסף, שטר וביאה. ראה על כך להלן), ובמינונים אחרים הם גורמים לתוצאות הלכתיות אחרות. כעת נוכל להתחיל לשאול שאלות תוכניות לגבי הפרמטרים הללו : ראשית, לנסות ולזהות מהם אותם פרמטרים. לאחר מכן, נוכל לשאול מדוע הם גורמים להחלת אירוסין/נישואין וכדו'. עוד ניתן לבחון מה הקשר בין אירוסין לבין התוצאות ההלכתיות האחרות. אלו הן שאלות שבהן עוסקים חוקרים מתחום התוכן ההלכתי (מחקר ולימוד התלמוד, במקרה זה), והמודל הלוגי יאפשר להם למקד את חקירתם ולדעת מה לשאול.

פרק שלישי: ארבעת ההיסקים הבסיסיים: ניתוח הלכתי ראשוני

מבוא

בפרקים הבאים נציג דוגמאות הלכתיות מקבילות לדוגמאות האוניברסליות
שהוצגו לעיל. כאן נשתמש בהן כדי לחלץ מתוכן כמה תובנות כלליות עבור
המודל שלנו. הספר שלנו כולו בנוי על בסיס סוגיא תלמודית מהבבלי מסכת
קידושין דף ה ע"א. בחרנו בסוגיא הזו מתוך רבות אחרות, מפני שהמבנה של
הסוגיא מכיל את כל דרכי הלימוד (=אבני הבניין) שהצגנו לעיל, ואף מרכיב
אותן ויוצר מהן מבנים מורכבים שמנסים לתקף או לתקוף (=לפרוך) את
ההיסק הבסיסי, בכל פעם מחדש. ברמת מורכבות גבוהה של ההיסקים
הלומד בדרך כלל מאבד את ההבנה האינטואיטיבית שלו, ומתקשה לעקוב
אחר תקפותן של מסקנות הדיון התלמודי. המודל שלנו יסביר את המכניזם
וגם יסייע לעקוב אחר התהליך הלוגי של הדיון. אנו נפגוש בסוגיא הזו גם
פירכות משני הסוגים אותם הצגנו, חלקן מתייחסות רק לתופעות ההלכתיות,
ואחרות מתייחסות גם ישירות למישור המיקרוסקופי.

בהקשר הנורמטיבי, העובדות בהן אנחנו עוסקים הן הלכות שונות. הקשרים
ביניהן נקבעים על ידי פרמטרים מיקרוסקופיים שידוע לנו כי הם מאפיינים
את היישים ההלכתיים, או הפעולות והתוצאות ההלכתיות. ההיסקים
מניחים במובלע את הפרמטרים הללו, ונקבעים על ידיהם. כפי שנראה, בדרך
כלל ההתייחסות של ההיסק היא רק לתופעות המקרוסקופיות, אך לפעמים
ישנן גם התייחסויות ישירות למישור המיקרוסקופי.

בפרק זה נציג את ארבעת ההיסקים הבסיסיים: קו"ח, פירכא על קו"ח, בניין
אב מכתוב אחד (להלן: בניין אב) ופירכא על בניין אב.[33] כאן גם נבנה בהדרגה

---

[33] באנציקלופדיה תלמודית ע' 'בנין אב' מובאת מחלוקת ראשונים ביחס למידת בניין
אב. מקובל לזהות אותה עם אנלוגיה רגילה, ממלמד אחד. אולם יש שהתייחסו

את המודל שלנו. בפרקים הבאים נעסוק בהיסקים מורכבים יותר, וניישם לגביהם את המודל שבנינו בפרק זה.

תחילה נתאר את מהלך סוגיית קידושין, שתלווה אותנו לכל אורך הדרך.

מהלך הסוגיא בקידושין

סוגיית קידושין ה ע״א – ה ע״ב בוחנת האם חופה מצליחה להחיל אירוסין (=קידושין). היא מנסה להוכיח זאת על סמך פעולות אחרות שמצליחות להחיל אירוסין, וללמוד מהן על חופה. ניתן לחלק את לב הסוגיא לאחד-עשר שלבים לוגיים (מה שבפונט המודגש הוא הציטוט מהגמרא):[34]

1. קו״ח: ***אמר רב הונא: חופה קונה מקל וחומר...אלא פריך הכי: ומה כסף שאינו גומר - קונה, חופה שגומרת - אינו דין שתקנה.***

הגמרא מביאה שכסף שאינו יכול להחיל נישואין (=לא גומר) מצליח להחיל אירוסין, ומסיקה מכאן בקו״ח שחופה שמצליחה להחיל נישואין ודאי תצליח להחיל אירוסין. זהו שיקול דומה מאד להיסק שהובא למעלה לגבי הצלחה במבחני אינטליגנציה.

2. פירכא על הקו״ח: ***מה לכסף שכן פודין בו הקדשות ומעשר שני!***

בשלב זה הגמרא פורכת את הקו״ח, פירכא אמפירית (לא אפריורית). לכסף יש תכונה הלכתית ייחודית, שכן ניתן לפדות בו מעשר שני והקדש, ואילו בחופה לא ניתן לעשות זאת. הפירכא הזו מצביעה על הלכה ייחודית בכסף, וטוענת שלכן לא ניתן ללמוד בקו״ח מכסף לחופה. במינוח המיקרוסקופי נאמר כי ייתכן שכסף מצליח להחיל אירוסין בזכות רכיב אחר, לא זה

לאנלוגיה כזו כפירוש פשטי, וראו גם את מידת בניין אב מכתוב אחד כמכניזם של ׳הצד השווה׳ (=אנלוגיה משני מלמדים). ראה דיון על כך גם במאמרו הנ״ל של כהנא, עמ׳ 176-181. להלן נתייחס למידת בניין אב כאנלוגיה רגילה, לפי המשמעות המקובלת, שכן הדבר אינו משנה מאומה לעצם הדיון שלנו.

[34] המבנה הוא מורכב יותר, שכן בתחילת הדיון ישנו ניסיון לגזור את דין חופה ממקור אחר, אך הוא נדחה על הסף, ואינו מצטרף לגוף הדיון הלוגי שנערך בהמשך הסוגיא. כמו כן, בסוף הסוגיא מובאת מחלוקת אביי ורבא, שחוזרת ונוגעת בקו״ח הראשוני של רב הונא. מחלוקת זו תידון אצלנו להלן בנפרד, שכן היא מכילה פירכא לא שגרתית על קו״ח, שכדי להסביר אותה ניזקק לכלים שיפותחו במודל שלנו. לצורך הדיון בשלב הנוכחי אנו מציגים רק את הליבה הלוגית של הסוגיא.

שאחראי על החלת הנישואין, וביחס לרכיב הזה הוא חזק יותר מחופה. להלן נבהיר זאת יותר. בכל אופן, השאלה נותרת פתוחה.

3. בניין אב: ***ביאה תוכיח.***

בשלב זה הגמרא מנסה להוכיח את הדין של חופה באירוסין באמצעות היסק נוסף, אחר מהקודם. זהו היסק שמדמה את ביאה לחופה. אם ביאה מצליחה להחיל אירוסין ונישואין אין סיבה להניח שחופה שמחילה נישואין לא תוכל להחיל אירוסין. לאור הדוגמאות שניתנו לעיל ברור שמדובר בבניין אב ולא בקו״ח. זהו היסק של השוואה (אנלוגיה).

4. פירכא על בנין אב: ***מה לביאה שכן קונה ביבמה!***

כעת הגמרא דוחה את ההיסק השני של בניין אב מביאה, בטענה שלביאה יש יכולת לקנות ביבמה, מה שחופה לא עושה. אם כן אין מקום לדמות את שתיהן, והשאלה נותרת פתוחה. שוב הפירכא היא אמפירית ולא אפריורית, כלומר היא מעלה נורמה ולא עובדה או תכונה מציאותית של הפעולות ההלכתיות המעורבות בדיון.

5. הצד השווה (הרכבה של שני ההיסקים הקודמים): ***כסף יוכיח. וחזר הדין: לא ראי זה כראי זה ולא ראי זה כראי זה, הצד השוה שבהן - שקונין בעלמא וקונין כאן, אף אני אביא חופה - שקונה בעלמא וקונה כאן.***

בשלב זה הסוגיא מרכיבה את שני ההיסקים הקודמים (הקו״ח מסעיף 1 והבניין אב מסעיף 3), ויוצרת לימוד של הצד השווה. שני המלמדים הללו ביחד אמורים להוכיח שחופה מצליחה להחיל גם אירוסין. כמו בדוגמא שהבאנו לגבי כדור וכסא, לכל אחד מהמלמדים יש תכונה ייחודית שפורכת את הניסיון ללמוד רק ממנו, אבל הצירוף של שניהם ביחד כן יכול להוליך אותנו למסקנה שאף אחד מהם לחוד לא הצליח להוכיח. כפי שהסברנו לעיל, ההיגיון שביסוד ההיסק הזה הוא שהתכונות המיוחדות (שכסף פודה מעשר והקדש ושביאה מחילה ייבום) כנראה אינה התכונה שרלוונטית להחלת אירוסין. לכן סביר יותר שיש תכונה אחרת, שמשותפת לשני המלמדים וללמד, שהיא כן מצליחה להחיל את האירוסין. זהו כעין התער של אוקאם,

שעדיף להניח שיש רכיב אחד שמחיל את האירוסין, מאשר להניח שיש שני רכיבים שונים שכל אחד מהם לחוד יכול להחיל אירוסין.

6. פירכא על הצד השווה: ***מה לצד השוה שבהן - שכן הנאתן מרובה!***

בשלב זה הגמרא פורכת את ההיסק המורכב. כפי שראינו, פירכא כזו מציגה תכונה משותפת לשני המלמדים, שכסף וביאה יש בהם הנאה, ואילו בחופה אין כל הנאה. בפשטות ההיגיון שבפירכא הזו הוא שאמנם עדיף להניח שרכיב אחד מחיל את האירוסין ולא כל אחד משני רכיבים שונים (ראה בהסבר בסעיף הקודם), אבל כאן עולה אפשרות שיש רכיב שקיים בשני המלמדים ולא בלמד, ואולי הוא זה שמחיל את האירוסין. מכאן עולה המסקנה שאולי חופה שאין לה את הרכיב הזה לא תצליח להחיל אירוסין.

חשוב לציין שאמנם זהו מבנה רווח בתלמוד, אולם כאן ישנה תופעה ייחודית: הפירכא אינה אמפירית אלא אפריורית. לכסף וביאה ישנה תכונה משותפת שאינה קיימת בחופה, והיא שיש בהפעלתן הנאה. זו אינה תכונה הלכתית ייחודית של הפעולות ההלכתיות, אלא תכונה מיקרוסקופית עובדתית שלהן. להלן נשוב לנקודה זו.

7. קל וחומר: ***שטר יוכיח.***

בשלב זה הגמרא מציעה לימוד רביעי, בקו"ח משטר. כמו ששטר שאינו מחיל נישואין בכל זאת מצליח להחיל אירוסין, כך חופה שמצליחה להחיל נישואין ברור שיכולה להחיל גם אירוסין. זה דומה מאד ללימוד הראשון מכסף.

8. פירכא על בניין אב: ***מה לשטר שכן מוציא בבת ישראל!***

כעת אנו פורכים על הקו"ח, שכן לשטר יש תכונה הלכתית ייחודית, שהוא מצליח גם לפרק קשרי נישואין, מה שכל שאר הפעולות (ביאה, חופה וכסף) אינן עושות. לכן אי אפשר להוכיח משטר לחופה, כי יש לו תכונה ייחודית. גם כאן הפירכא היא אמפירית ולא אפריורית. היא עוסקת בתכונה הלכתית ולא בפרמטר עובדתי שמאפיין את השטר.

9. הצד השווה המורכב (הרכבה של הצד השווה מסעיף 5 עם הקו"ח מסעיף 7): ***כסף וביאה יוכיחו. וחזר הדין: לא ראי זה כראי זה ולא ראי זה***

כראי זה, הצד השוה שבהן - שקונין בעלמא וקונין כאן, אף אני אביא חופה - שקונה בעלמא וקונה כאן.

בשלב זה אנחנו מרכיבים את ההיסק של הצד השווה (מסעיף 5) עם הקו״ח משטר (שבסעיף 7), ויוצרים צד שווה גדול (מסדר שני). כל לימוד לחוד לא הצליח להוכיח שחופה מחילה אירוסין, אבל הצירוף של שניהם ביחד כן יכול לעשות זאת.

10. פירכא על הצד השווה המורכב: ***מה להצד השוה שבהן - שכן ישנן בע״כ!***

הפירכא על הצד השווה חייבת להעלות תכונה שקיימת בכל המלמדים כולם, שאם לא כן היא תיבלע בהיסק המורכב, בדיוק כמו שאר הפירכות שאפיינו רק אחד מהמלמדים. ואכן, גם כסף גם ביאה וגם שטר פועלים לפעמים בעל כורחה של האישה, ואילו חופה לעולם לא. הפירכא הזו היא אמפירית-הלכתית ולא אפריורית-עובדתית.

11. דחיית הפירכא ותיקוף הצד השווה המורכב: ***ורב הונא? כסף מיהא באישות לא אשכחן בע״כ.***

בסופו של החשבון הגמרא אומרת שלפי רב הונא הפירכא מהסעיף הקודם לא קיימת בכל המלמדים, אלא בשניים מהם (ביאה ושטר), למעט כסף (כי כסף אמנם פועל בעל כורחה, אבל זה רק באמה ולא בקידושין רגילים של אישה).

בשורה התחתונה, הסוגיא מסיקה שהקו״ח הזה הוא תקף. המסקנה של רב הונא נבנית בשלבים. המבנה המורכב שבסופו של דבר מצליח להוכיח את העובדה שחופה מחילה אירוסין, בנוי מקו״ח ובנייני אב רגילים, ומהצד השווה שהוא הרכבה של בניין אב וקו״ח, וכן מהיסק צד שווה גדול שמרכיב צד שווה עם קו״ח, כאשר בדרך עולות כמה פירכות שדוחות את כל אחד מהלימודים הללו לחוד. המסקנה של רב הונא שחופה מחילה אירוסין מתקבלת מכך שלפי רב הונא הפירכא הסופית אינה יכולה לדחות את הצד השווה הגדול.[35]

---

[35] ניתן לקרוא את מהלך הסוגיא בשתי צורות:

א. הסוגיא חוזרת ומתייחסת כל העת לקו״ח הראשוני של רב הונא, לאחר שהוא מוצג היא פורכת אותו, חוזרת ומאששת אותו, ולאחר מכן שוב פורכת אותו

כעת נתחיל לעבור על שלבי הסוגיא אחד לאחד, ונסביר את ההיסקים הללו. תוך כדי ההסבר נציע מודל לכל אחת משלוש אבני הבניין של המדרש ההלכתי (קו"ח, בניין אב מכתוב אחד, ובניין אב משני כתובים - הצד השווה). מתוך המודלים הללו ננתח גם את הפירכות ואת הטיעונים המורכבים יותר שמופיעים בסוף הסוגיא. בסיום הדרך יהיו בידינו אבני הבניין לשלוש מידות הדרש ההגיוניות הבסיסיות ולפירכות עליהן, וגם דרך פורמלית להרכיב מאבני הבניין הללו מבני היסק מורכבים יותר שמשלבים אותן זו בזו. על כן, זהו למעשה מודל עבור כלל ההיסקים המדרשיים ההגיוניים, שישים לתהליכי היסק לא דדוקטיביים בתחומים רבים נוספים.

לצורך ההמשך נגדיר את המשתנים הבסיסיים של הסוגיא:

כסף – **m**	נישואין – N
חופה – **h**	אירוסין (קידושין) – A
ביאה – **b**	פדיון – P
שטר – **w**	קנייה ביבמה – Y
	הנאה מרובה – H
	גירושין – G
	בעל כורחו (פועל בכפייה) - K

וחוזר חלילה. לפי הצעה זו, בסופו של דבר הלימוד הוא מהקו"ח המקורי של רב הונא שלמסקנה נמצא תקף.

ב.   הקו"ח של רב הונא אכן הופרך ונכשל, אולם הסוגיא מצליחה בשילוב של אמצעי היסק נוספים לתקף את המסקנה של רב הונא. בסיום הסוגיא מובאת מחלוקת אביי ורבא לגבי הקו"ח הראשוני של רב הונא, ומשמע שהדרך הראשונה לקרוא את הסוגיא היא הנכונה.

המודל שלנו לכאורה קורא את הסוגיא בדרך השנייה, שכן אנחנו נביא שרשרת של היסקים שנעשים יותר ויותר מורכבים, ורק האחרון מצליח להוכיח את מסקנת רב הונא לגבי חופה באירוסין. אולם מבחינה לוגית אין מניעה לטעון שלאחר שהוכחנו את תקפותו של ההיסק המורכב פירוש הדבר הוא שהקו"ח הראשוני הוא תקף.

בשלב 1 הסוגיא עוסקת בהיסק מכסף לחופה. ישנן בהלכה כמה דרכים לשנות מעמד אישי לקראת נישואין: ניתן להפוך רווק/ה למאורס/ת (=להחיל אירוסין/קידושין) ומאורס/ת לנשוי/אה (=להחיל נישואין). החלת אירוסין נעשית בשלוש דרכים שידועות לנו מתוך פרשנות המקרא (ומופיעות במשנה הראשונה בקידושין): כסף, שטר וביאה. החלת נישואין נעשית באמצעות שתי דרכים בלבד, ושתיהן ידועות לנו מפרשנות המקרא: חופה וביאה.

כל הדרכים הללו עולות מתוך שימוש בכלי פרשנות לגבי הטכסט המקראי. השאלה בה דנה סוגייתנו היא: האם חופה יכולה גם להחיל אירוסין? מכיון שאנחנו משלימים לאקונות, כלומר הלכות שאינן מופיעות בטכסט המקראי עצמו, הרי אנחנו עוברים כאן לשימוש בכלי ההיסק המדרשיים.

הגמרא משתמשת בהיסק של קו"ח, בו אנחנו יוצאים משלושה נתונים הלכתיים ידועים (בדיוק כמו שלושת הנתונים בדוגמא למעלה), ומנסים למלא באמצעותם את הלאקונה, כלומר להסיק מהם מסקנה רביעית.

התמונה מערבת שני סוגי משתנים: פעולות הלכתיות (כמו חופה וכסף) ותוצאות הלכתיות (מצבים, כמו נישואין ואירוסין). הפעולות מצליחות או לא מצליחות להחיל את התוצאות. כל נתון בהיסק כזה מערב פעולה ותוצאה.[36]

<u>הגדרה 1:</u> 'פעולות' - הן הגורמים לתחולת התוצאות. 'תוצאות' הן המצבים שנוצרים מהפעלת ה'פעולות'.

<u>הגדרה 2:</u> 'נתון' הוא טענה אודות הצלחה או אי הצלחה של פעולה בהחלת תוצאה. הצלחה תסומן בספרה 1 וכישלון בספרה 0.

בדוגמא שלנו, ידועים לנו הנתונים הבאים:

1. נתון א: חופה מחילה נישואין.

---

[36] לא בכל היסק קו"ח מעורבות פעולות ותוצאות, אבל לצורך הפשטות נשתמש במונחים הללו ככלליים. אלו הם שני סוגי ה-entries של הבעייה.

2. נתון ב: כסף מחיל אירוסין.

3. נתון ג: כסף אינו מחיל נישואין.

4. הלכה לא ידועה: האם חופה מחילה אירוסין?

נציג את התמונה בטבלא:

A	N	
1	0	**m**
?	1	**h**

טבלא 1 (קו״ח)

__הגדרה 3:__ 'טבלת נתונים' עבור היסק, היא טבלא שבה ה'פעולות' הן השורות וה'תוצאות' הן העמודות. משבצות הטבלא ממולאות ב'נתונים'. כל היסק מתחיל בטבלא שבה ממולאים כל הנתונים הידועים מהמקרא, ומופיעה בו משבצת לאקונה, שמבטאת הלכה לא ידועה. מטרת ההיסק המדרשי היא למלא את משבצת הלאקונה על בסיס שאר הנתונים בטבלא.

היסק הקו״ח פועל כך: אם כסף שלא יכול להחיל נישואין (כלומר הוא חלש) מצליח להחיל אירוסין, אזי חופה שיכולה להחיל נישואין (כלומר היא חזקה) ודאי שתצליח להחיל אירוסין. המסקנה היא שחופה יכולה להחיל גם אירוסין.

חשוב להבין שטבלא זו היא אוניברסלית. כפי שכבר הערנו למעלה, קו״ח מידותי תמיד מתבסס על שלושה נתונים ומסיק מהם מסקנה בצורה כזו. לכן תמיד ניתן להציג את שלושת הנתונים של הקו״ח בטבלא כזו, ולמלא באותו אופן את המשבצת הרביעית.

עד כאן לא עשינו כל שימוש בפרמטרים מיקרוסקופיים. הכל התנהל במישור הפנומנלי, כלומר במישור התופעות. ההשוואה מתבססת על עוצמות יחסיות

של הפעולות ביחס לתוצאות השונות. התייחסויות למישור המיקרוסקופי עוסקות בשאלה מה מחולל את הבדלי העוצמות הללו? מה יש בחופה ובכסף שגורם לכך שחופה תהיה בעלת עוצמה רבה יותר? לשון אחר: באיזה היבט יש עוצמה רבה יותר לחופה מאשר לכסף, והאם ההיבט הזה הוא ההיבט הרלוונטי להחלת אירוסין? ואולי יש היבטים נוספים, שמבחינתם ההיררכיה של העוצמות היא שונה.

רלוונטיות של נתונים: שיקוף של הצורך בהנחת הפרמטרים המיקרוסקופיים

נראה כעת אינדיקציה ראשונה לחשיבות ההתייחסות לפרמטרים מיקרוסקופיים שבבסיס ההיסק. נתבונן בהיסק הקו״ח הבא: אם רותי שאוהבת ג׳אז שונאת לקרוא ספרות יפה, אז אסתר ששונאת ג׳אז ניתן להסיק בקו״ח שהיא גם שונאת לקרוא ספרות יפה.

ברור שמשהו חורק בטיעון הזה. אמנם אין זה המבנה הפורמלי שלו, שכן מדובר במבנה זהה לגמרי להיסק הקו״ח הרגיל. אם כן, מסתבר שהחריקה נובעת מן התכנים ולא מהמבנה הלוגי של ההיסק. נראה שהבעייה היא ששני הצירים המעורבים בדיון אינם רלוונטיים זה לזה. כלומר אין יחס ישר בין אהבת/שנאת ג׳אז (=היררכיה בציר א׳) לאהבת/שנאת ספרות יפה (=היררכיה בציר ב׳). המסקנה היא שטיעון של קו״ח אמור להניח רלוונטיות של צירי החומרה, או מקבילות כלשהי ביניהם.[37]

ביחס לשאלת הרלוונטיות, כדאי לבחון גם היסקים אחרים, למשל קו״ח שמבוסס על שני נתונים בלבד. ישנם מקרים שבהם אנחנו מסיקים מסקנות מקו״ח על בסיס שני נתונים, ולא שלושה כמו בקו״ח הרגיל.[38] לדוגמא, הסוגיא בברכות כא ע״א, עוסקת בברכות על המזון ועל לימוד תורה. הנתונים המקראיים הם הבאים:

---

[37] לדיון מפורט יותר בנקודה זו, ראה במאמר באנגלית. כמו כן, ראה בדברינו להלן כאשר נסביר את הדרישה שהערכיות יכולה להיות גבוהה רק בפרמטר אחד במודל המיקרוסקופי.

[38] ראה על כך במאמר **מידה טובה**, פ׳ שמיני, תשס״ה.

1. יש לברך ברכה לפני שלומדים תורה (=ברכת התורה).
2. יש לברך ברכה אחרי שאוכלים (=ברכת המזון).

כעת עולה השאלה האם יש לברך גם אחרי שלומדים תורה? והאם כך גם לפני שאוכלים? הגמרא מציעה לענות על זה באמצעות שיקול של קו״ח: אם תורה שלא טעונה ברכה אחריה טעונה ברכה לפניה, אזי מזון שטעון ברכה אחריו ודאי שיהיה טעון גם ברכה לפניו. אפשר כמובן להציע גם שיקול הפוך (שסותר את הראשון): אם מזון שלא טעון ברכה לפניו טעון ברכה אחריו, התורה שטעונה ברכה לפניה קו״ח שתהיה טעונה ברכה גם אחריה. טיעון זה סותר את קודמו מפני שהטיעון הקודם הניח שהתורה לא טעונה ברכה אחריה, והטיעון הזה מוכיח שהיא כן טעונה ברכה אחריה. וכנ״ל לצד ההפוך. גם בדוגמא זו ניתן לומר שלא מברכים לפני אכילה מפני שברכה כלל אינה רלוונטית לאכילה אלא אחריה. כמו כן, מה שלא מברכים על תורה אחריה אינו בגלל שיש פטור מברכה, אלא מפני שברכה אינה רלוונטית אחרי תורה אלא רק לפניה. אנו רואים שלאקונה אינה בהכרח מעידה על קולא, אלא לפעמים על חוסר רלוונטיות.[39]

העובדה שמדובר בשני נתונים בלבד, מעידה שיש נתון נעדר נוסף. ההשערה שלנו היא שהיעדרות הנתון הנוסף נובעת מחמת אי רלוונטיות שלו. אמנם, כפי שהדוגמא של הג׳אז מראה לא רק קו״ח על בסיס שני נתונים לוקה באי רלוונטיות. לפעמים גם קו״ח שמבוסס על שלושה נתונים הוא כזה. יתר על כן, גם אם היו לנו שלושה נתונים לגבי הברכות, באופן עקרוני היינו יכולים להעלות את האפשרות שאין קשר רלוונטי בין צירי החומרא. אמנם בדרך כלל ההנחה של הדרש ההלכתי היא שאם ישנם שלושה נתונים אזי קיים קשר רלוונטיות בין שני הצירים. לעומת זאת, כאשר יש רק שניים פעמים רבות זה

נעוץ בחוסר רלוונטיות. כך גם מסבירים כמה מבעלי הכללים (ראה, לדוגמא, הרב מ׳ אוסטרובסקי, **המידות שהתורה נדרשת בהן**, ירושלים תרפ״ד, בחלק

[39] במקרה של הברכות, חז״ל מניחים שיש רלוונטיות, ולכן הם מוכנים לעשות קו״ח על אף שיש רק שני נתונים. ראה על כך במאמר **מידה טובה**, לפרשת שמיני, תשסה.

שעוסק בקו״ח) את הכשל בשיקול הבא, שבא לחייב כל משקוף בציצית: אם בגד של ארבע כנפות שפטור ממזוזה חייב בציצית, אזי משקוף שחייב במזוזה ודאי שהוא חייב גם בציצית. כאן נראה די בבירור שהעובדה שיש רק שני נתונים (משקוף חייב במזוזה ובגד של ארבע כנפות חייב בציצית. אין נתונים מפורשים על הפטורים המנוגדים, והם יוצאים רק מהיעדר חיוב), מעידה על היעדר רלוונטיות, או היעדר קשר בין שני צירי החומרא (החומרא לגבי חיוב בציצית והחומרא לגבי חיוב במזוזה). משקוף אינו פטור מציצית אלא חיוב הציצית הוא בלתי רלוונטי לגביו, וכך גם לגבי בגד של ארבע כנפות במזוזה.

מהי אותה רלוונטיות עליה אנחנו מדברים כאן? במונחים של הפרמטרים המיקרוסקופיים נאמר שהקו״ח הוא תקף אך ורק אם הרכיבים שגורמים לאהבת ג׳אז ולאהבת קריאת ספרות יפה הם אותם רכיבים (אולי בעוצמות שונות). ומכאן שהיחסים בין התופעות הם כמותיים בלבד, וניתן ללמוד מאחד לשני בקו״ח. הטענה בדבר אי רלוונטיות פירושה שהרכיבים הללו הם שונים באיכות, ולא רק בכמות, ולכן אין ללמוד מאחד לשני. מדובר ברכיבים שונים ולא בעוצמות שונות של רכיב אחד. וברגע שיש שני רכיבים שונים שמעורבים בעניין, אזי הפעולות או התוצאות יכולות לקיים היררכיה שונה בפרמטר א׳ מאשר בפרמטר ב׳. בדוגמא מלמעלה, לעניין ברכה שלפניה - התורה חמורה מהמזון, שכן זה נשלט על ידי פרמטר α, ואילו ביחס לברכה לאחריה - המזון הוא החמור יותר, שכן הוא נשלט על ידי פרמטר אחר, β.

אנו יכולים להסיק שהמזון מכיל את הרכיב α בעוצמה ½ ואת הרכיב β בעוצמה 1, והתורה מכילה את הרכיב α בעוצמה 1 ואת הרכיב β בעוצמה ½. על כן אין היררכיה חד משמעית בין הצירים הללו. כל זאת, על אף שלא זיהינו כלל את שני הרכיבים הללו (האם מדובר בסוג של הנאה, או הופעה של הקב״ה וכדו׳). די לנו בהצבעה על עצם קיומם של הפרמטרים המיקרוסקופיים, והיחס, או היעדר היחס, ביניהם.

לסיכום, שאלת הרלוונטיות היא אינדיקציה ברורה לקיומם של רכיבים מיקרוסקופיים. הפיצול ברכיבים המיקרוסקופיים גורם לכך שלא ניתן להתייחס להיסק של קו״ח במישור כמותי גרידא, ועלינו להתחשב גם באיכויות שאותן מודדות העוצמות הללו.

שני היסקים שונים בבסיס הקו״ח

נראה כעת השלכה נוספת של קיום פרמטרים מיקרוסקופיים ברקע היסקי הקו״ח. נשים לב שניתן להציג כל טיעון של קו״ח מידותי בשתי דרכים שונות:

א. <u>היסק הפעולות</u>: משני הנתונים שבעמודה הימנית ניתן להסיק שחופה חזקה יותר מכסף (כי היא מחילה נישואין, וכסף לא עושה זאת). ומכאן, עוברים לנתון השלישי ומסיקים ממנו שאם כסף החלש מחיל אירוסין, אז חופה החזקה ודאי שתוכל להחיל אותם.

ב. <u>היסק התוצאות</u>: משני הנתונים בשורה העליונה ניתן להסיק שאירוסין קלים יותר להחלה מאשר נישואין (שכן כסף מחיל אותם ולא מחיל נישואין). ומכאן, אנו עוברים לנתון השלישי ומסיקים שאם חופה יכולה להחיל את הנישואין הקשים יותר להחלה, אזי היא ודאי יכולה להחיל אירוסין.

ההיסק הראשון מניח הנחה על הפעולות: שחופה חזקה יותר מכסף, והוא אינו תלוי כלל בשאלה מה היחס בין התוצאות (נישואין ואירוסין). לעומת זאת, ההיסק השני מניח הנחה על התוצאות: שאירוסין קלים יותר מנישואין, אך הוא אינו מניח מאומה לגבי היחס בין הפעולות (חופה וכסף).

על פניו נראה מכאן שמדובר בשני היסקים בלתי תלויים לחלוטין. כל אחד מהם מבוסס על הנחה שונה, ולכן הוא מהווה היסק שונה. מאידך, די בכך שאחד משניהם הוא תקף כדי להוכיח שהמילוי הנכון של המשבצת הריקה (=הלאקונה) הוא ׳כן׳. נמחיש זאת כעת דרך העלאת פירכא על ההיסקים הללו.

נחשוב על פירכא אפשרית על הקו״ח הזה (בדוגמא למעלה, ראינו פירכא כזו מלימודי פיסיקה). נוכל לדמיין משהו כזה: ישנה פעולה הלכתית שלישית, לא נישואין ולא אירוסין, שאותה דווקא כסף יכול לבצע וחופה לא. זה בדיוק מה שעושה הסוגיא בקידושין שם, בשלב 3. שם היא מביאה פירכא מפדיון הקדש ומעשר שני: ידוע מהמקרא שכסף יכול לפדות אותם וחופה לא.
כדי להציג את הנתונים כעת, נדרשת עמודה נוספת בטבלא. הטבלא המתקבלת כעת היא הבאה:

	N	A	P
m	0	1	1
h	1	?	0

טבלא 2 (פירכת עמודה על קו״ח של פעולות)

מדוע טיעון כזה פורך את הקו״ח? לאור ההסבר המקובל, נראה לכאורה שהוא מבטל את ההנחה שחופה חזקה יותר מכסף, שהרי הנתונים לגבי פדיון מראים שהמצב הוא הפוך. אם כן, הנחתו של היסק א׳ (מהפעולות) הופרכה, ובכך הוא התבטל. ומה עם ההנחה של היסק ב׳ (מהתוצאות)? נראה כי העמודה הנוספת בטבלא אינה משפיעה על ההנחה של היסק ב׳, הקובעת שאירוסין קלים יותר להחלה מאשר נישואין. הנתונים לגבי פדיון אינם נוגעים לשאלת היחס בין אירוסין לנישואין. אם כן, הוספת עמודה שלישית כזו אמנם פורכת את היסק הפעולות, אך היסק התוצאות נותר עדיין תקף. ומכאן שהמסקנה נותרת תקפה: המילוי הנכון של המשבצת הריקה הוא 1 (כאמור לעיל, די בכך שאחד ההיסקים הוא תקף כדי להוכיח זאת).
אם כן, לאחר שעולה פירכא מהטיפוס הזה לגבי הקו״ח של הפעולות, ניתן ׳לסובב׳ את הקו״ח ולהעלות את ההיסק ׳המאונך׳, מהתוצאות, וכך להותיר את המסקנה תקפה על אף הפירכא. נראה שכדי לפרוך לגמרי את המסקנה

עלינו להעלות עוד פירכא שתפעל על ההיסק השני (כלומר למצוא עוד פעולה, בנוסף לכסף וחופה, שמחילה נישואין ולא קידושין). פירכא כזו תופיע כשורה שלישית בטבלא, והמילוי של שתי המשבצות הראשונות (לגבי אירוסין ונישואין) שלה יהיה הפוך מזה שבשורה הראשונה.

באופן תיאורטי, פירכא כזו תכיל פעולה נוספת **x** שמצליחה להחיל נישואין ולא מצליחה להחיל אירוסין. הטבלא שמתקבלת כעת היא הבאה:

A	N	
1	0	**m**
?	1	**h**
0	1	**x**

טבלא 2.1 (פירכת שורה על קו״ח של תוצאות)

המסקנה היא שכדי לפרוך היסק של קו״ח, יש להעלות את שתי פירכות, ולהגדיל את הטבלא בשורה אחת ובעמודה אחת (לא ניכנס כרגע לשאלה האם הפעולה x מחילה פדיון או לא):[1]

P	A	N	
1	1	0	**m**
0	?	1	**h**
	0	1	**x**

טבלא 2.2 (פירכא כוללת על שני ההיסקים)

[1] בסוף הספר, לאחר שנפתח את המתודה שלנו, נחזור לדון בטבלא זו, ונראה שהיא משקפת היסק מדרשי חריג.

כאמור, לכאורה כל אחת משתי הפירכות לחוד לא תצליח לערער את המסקנה שהסקנו מהקו״ח, כלומר לשנות את המילוי של הטבלא. רק הצירוף של שתיהן יכול לעשות זאת.

הבעייה הגדולה שמתעוררת כאן היא שברוב מוחלט מתוך עשרות ומאות ההיסקים של קו״ח שמופיעים בספרות התלמודית, לאחר שעולה פירכא כזו הקו״ח כולו נחשב כבטל. כלומר פירכא כזו מבטלת את המסקנה לגבי מילוי המשבצת הריקה, כאילו שהעמדת העמודה השלישית הפריכה גם את היסק התוצאות. ישנם מקרים נדירים ביותר (ראה, לדוגמא, במשנת ב״ק כד ע״ב, שתידון להלן) שבהם חכמי התלמוד עצמם מעלים את האפשרות ׳לסובב׳ את הקו״ח.[41] גם בסוגיא שלנו, לאחר שמוצגת הפירכא, מתייחסים להיסק כאילו הוא הופרך.

מאידך, העובדה שחכמי התלמוד היו מודעים לאפשרות הזו מעוררת ביתר שאת את השאלה מדוע ברוב המוחלט של המקרים הם בכל זאת מתעלמים מן האפשרות הזו? להלן נראה שהמודל המיקרוסקופי שלנו עונה גם על הקושי הזה.

מודל מיקרוסקופי: הגדרות יסודיות

הבעייה של סיבוב הקו״ח מוליכה אותנו לתובנה שבבסיס הקו״ח מונח שיקול שונה, שיקול שמאחד את שני ההיסקים הנ״ל. אנו טוענים שמה שהביא לבעייה הוא העובדה שבהצגה של הקו״ח עד כה התעלמנו מהפרמטרים המיקרוסקופיים שעומדים בבסיס התופעות ההלכתיות. עד כה התייחסנו לקו״ח כיחס כמותי בין החומרות של הגורמים המעורבים, והסקנו מסקנות מהיחס הכמותי הזה. מכאן עלתה שההנחה שחופה חזקה מכסף (הנחת קו״ח א׳) שונה מההנחה שנישואין יותר קשים להחלה מאירוסין (הנחת קו״ח ב׳).

---

[41] שתי הדוגמאות שבהן חז״ל עצמם מסובבים את הקו״ח כדי להימלט מפירכא הם מקרים חריגים שבהם הנתונים אינם סימטריים, כלומר הערכים של הנתונים אינם רק ׳כן׳ או ׳לא׳, אלא הם עצמם תלת-ערכיים (לא מדובר על הפרמטרים המיקרוסקופיים, אלא על ערכי הנתונים עצמם. לדוגמא, אם ביאה היתה מחילה רק ½ נישואין לעומת חופה שמחילה אותם לגמרי, 1). אנו נעסוק במקרים כאלו להלן.

אולם נראה שכדי להבין את ההיגיון ואת אופן הפעולה של ההיסק הזה, עלינו לרדת לרובד המיקרוסקופי, ולבחון את הגורמים שעומדים בבסיס יחסי החומרה הללו. ברובד ההוא נראה שאכן מדובר בהיסק אחד ולא בשני היסקים שונים, ופירכת עמודה פורכת אותו.

לצורך כך יש להגדיר כמה הגדרות בסיסיות אודות המודלים המיקרוסקופיים. לאחר מכן נשוב לטבלא שמציגה את הקו״ח, וננתח אותה במונחי מודל של פרמטרים מיקרוסקופיים.

<u>הגדרה 4:</u> 'מודל מיקרוסקופי' לטבלת נתונים' – אוסף פרמטרים מיקרוסקופיים שכל אחד מהם מצוי בעוצמה קבועה כלשהי בכל פעולה (=עוצמתה של הפעולה) ובכל תוצאה (=העוצמה הדרושה להחלת התוצאה) בטבלא. אוסף הפרמטרים נותן הסבר, או מימוש, לטבלת הנתונים.[42] ישנם כמובן כמה מודלים לכל טבלת נתונים ספציפית. אנחנו נבחר מביניהם את המודל האופטימלי, כלומר הפשוט ביותר (באופן שיוגדר להלן).

תמונה של הפרמטרים הנעלמים הללו תיתן לנו את המילוי הנכון של המשבצת הריקה בטבלא. מילוי לא נכון אמור להיסתר מהמודל המיקרוסקופי, כלומר המודל שמוביל למילוי לא נכון של הטבלא יידחה מסיבה כלשהי. לשון אחר: המודל שנדרש כדי להסביר את המילוי הנכון אמור להיות פשוט יותר מהמודל שמסביר את המילוי השגוי, וזו תהיה הוכחה לכך שהמילוי הנכון הוא זה שיוצא מהמודל הפשוט יותר.

כדי למצוא את המילוי הנכון למשבצת לאקונה, עלינו לבדוק את שתי טבלאות הנתונים, האחת עם מילוי 1 והשנייה עם מילוי 0, לחפש מודל מיקרוסקופי אופטימלי לשתיהן, ולבדוק מי משני ההסברים האופטימליים הוא האלגנטי והפשוט ביותר (סופריורי).

---

[42] במאמר באנגלית מוגדר המימוש הזה באופן מתמטי מדויק יותר (דרך multi-sets). כאן נסתפק בהדגמה שתבהיר את הרעיון.

<u>הגדרה 5:</u> מסקנת ההיסק היא מציאת המילוי הנכון למשבצת הלאקונה. דבר זה נעשה על ידי השוואת המודלים עבור הטבלא עם שני המילויים האפשריים. המודל המועדף (במובן שיוגדר להלן) נותן את המילוי הנכון. תהליך זה הוא הביטוי במודל שלנו עבור ההיסק המדרשי.

כדי להשלים את התמונה, נוסיף את ההגדרה לפירכא על היסק. לאחר שעשינו היסק ומילאנו את משבצת הלאקונה, ניתן לערער עליו באמצעות הוספת פעולה (=שורת נתונים) נוספת, תוצאה (=עמודת נתונים) נוספת, נתון (=משבצת נוספת), או אילוץ חיצוני על הפרמטרים המיקרוסקופיים שבמודל. פירכא יוצרת טבלא חדשה או אילוץ על הטבלא הקיימת, ובמצב החדש שני המודלים לשתי אפשרויות המילוי הם שקולים (כלומר אין הסבר מועדף). זהו הביטוי לפירכא במודל שלנו.

<u>הגדרה 6:</u> 'פירכא' – הוספת נתונים, פעולות, או תוצאות, או אילוץ על הפרמטרים המיקרוסקופיים, באופן שיוצר טבלא חדשה, שבה שני המודלים לשתי צורות המילוי במשבצת הלאקונה הם שקולים.

יש לשים לב שפירכא אינה מוכיחה שהמסקנה היא שגויה, אלא רק מפריכה את ההוכחה לכך שאחת המסקנות האפשריות היא 'נכונה'. לשון אחר: היא מותירה את הדיון פתוח. נקודה זו תעלה שוב ושוב בהמשך הדיון.

המטרות בהמשך:

מה שנותר לנו לבחון הוא שלושה דברים:

1. מהי הדרך ליצור הסברים אפשריים (=כיצד מגיעים מטבלת נתונים ל'הסבר' שהוא מודל עבורה)?
2. כיצד עלינו להגדיר ולבחור את המודל האופטימלי עבור טבלת נתונים ספציפית?

3. עלינו למצוא קריטריון לקביעת עדיפות בין שני מודלים אופטימליים לשני המילויים המתחרים של משבצת הלאקונה.

נשוב כעת לבנות את המודלים המיקרוסקופיים לשלושת ההיסקים הבסיסיים ולפירכות עליהם. תוך כדי המהלך הזה, ובחינת מהלך סוגיית קידושין כולה, נוכל לחלץ כמה תובנות באשר לשלוש המטרות הללו.

מודל מיקרוסקופי לקו״ח

כאמור, הקו״ח משלב 1 בסוגיא, מיוצג על ידי טבלא 1:

	N	A
m	0	1
h	1	1

טבלא 1א (קו״ח במילוי 1)

טענתנו כעת היא שטבלא 1 מייצגת תוצאה של פעילותם של פרמטרים מיקרוסקופיים שמצויים בכסף ובחופה, שהם אשר גורמים להחלת הנישואין ו/או האירוסין. כדי שהמילוי במשבצת הלאקונה יהיה 1, עלינו להציע מודל שבו עוצמת הפרמטרים הדרושים להחלת התוצאה באותה עמודה (=אירוסין) היא נמוכה או שווה לעוצמת הפרמטרים שמצויה בפעולה שבאותה שורה (=חופה). כלומר די בעוצמה שיש בפעולה הנדונה (=חופה) בכדי להחיל את התוצאה הנדונה (=אירוסין).

נזכיר כי אנחנו מחפשים מודל אופטימלי, כלומר מודל עם מינימום פרמטרים, ופרמטרים פשוטים ככל האפשר (במשמעות שתובהר להלן). על כן, בשלב הראשון ננסה לבנות מודל לקו״ח שמניח פרמטר יחיד α. ההנחה כרגע היא שגם הנישואין וגם האירוסין מתחוללים מכוחו של פרמטר יחיד (בלתי

מזוהה, בשלב זה), והנתונים בטבלת הקו"ח מבוססים על הבדלי עוצמות בפרמטר הזה. שאלה ראשונה: האם ייתכן שהפרמטר הזה יהיה בוליאני (זהו

הפרמטר בעל האופי הפשוט ביותר), כלומר שהוא יקבל ערכים של 1 או 0 בלבד? כדי לבדוק זאת, ננסה למצוא מודל שמסביר את הטבלא בהנחה של פרמטר בוליאני יחיד.

מהסתכלות על שורת הכסף, עולה כי לשם החלת נישואין צריך פעולה שבה עוצמת ה- α תהיה 1, ואילו לקידושין די בפעולה שעוצמת ה- α שלה היא 0. כמו כן, יוצא מהטבלא שלכסף יש עוצמה α = 0, ולכן הוא מחיל אירוסין, אבל לא נישואין. מתוך העמודה של הגמר יוצא שלחופה יש ערך α בעוצמה 1, ולכן ברור שהיא גם מחילה קידושין (שהרי די בעוצמה 1 כדי להחיל אותם).

לכאורה הצלחנו למצוא מודל חד-פרמטרי בוליאני, שמציע הסבר הולם לטבלא, ומוכיח שהמילוי הנכון הוא 'כן' (1=). אמנם התמונה הזו היא בעייתית, שכן מהניתוח הזה יוצא שאין לנו מידע על הגורם הרלוונטי להחלת הקידושין. אנחנו מסבירים שכסף מחיל קידושין על אף שאצלו α = 0. לפי זה לא נ דרש מאומה כדי להחיל קידושין, וכל פעולה יכולה להחיל אותם. אך זה כמובן לא אפשרי, ולכן יוצא מכאן שחייב להיות עוד פרמטר שגורם לחלות קידושין, שאותו נכנה β. אם כן, המודל החד-פרמטרי הבוליאני אינו מספיק כדי להוות הסבר לטבלא זו, ועלינו לבנות כאן מודל דו-פרמטרי.

לשם כך נשוב כעת לטבלא 1א. מודל דו-פרמטרי שמסביר את הטבלא הזו הוא הבא: הפרמטר שמחיל את הגמר הוא α ומה שמחיל את הקידושין הוא β. הכסף הוא (0,1) והחופה היא (1,1). כאשר המספר השמאלי בווקטור הוא ערך α שבפעולה והימני הוא ערך β שבה. המשמעות של הווקטורים הללו היא שבכסף יש פרמטר β בלבד, ואילו בחופה יש את שני הפרמטרים.

אלא שאם באמת אנו עוברים למודל דו-פרמטרי, אזי הקו״ח אינו תקף, שהרי כעת עולה האפשרות לרשום ערכי α ו-β אחרים לכסף ולחופה, ולהסביר באמצעותם גם את הטבלא המנוגדת 1ב (במילוי 0):

	N	A
m	0	1
h	1	0

טבלא 1ב (קו״ח במילוי 0)

התוצאות עבור הפעולות הן:

כסף (0,1)

חופה (1,0)

כאשר α הוא הפרמטר האחראי על החלת נישואין, ו-β אחראי על החלת האירוסין. ברור שזהו מימוש עקבי של המילוי 0, שכן הוא מסביר את כל הנתונים. ושוב, אנו מניחים מודל של פרמטרים מיקרוסקופיים בפעולות ובתוצאות, בלי לזהות במה מדובר. זהו טיפול לוגי-פורמלי גרידא.

מצאנו כאן שני הסברים אופטימליים לטבלאות בשני המילויים, ומצאנו שהם שקולים (שניהם דו-פרמטריים ובוליאניים). אם כן, אין כאן היסק שמראה על עדיפות, ולכן אין לנו הוכחה עבור המילוי 1. לכאורה אין כאן היסק שמוכיח עדיפות של מילוי 1 על פני המילוי 0, וזה לא יכול להיות תיאור של היסק קו״ח.

אמנם מסקנה זו מבוססת על ההנחה שהמודל מכיל שני פרמטרים מיקרוסקופיים. אם קו״ח הוא היסק תקף במסגרת מדרשי ההלכה, ניתן להסיק שמודל של קו״ח צריך להניח פרמטר מיקרוסקופי יחיד (α), וכדי שהוא יוכל להסביר את העדיפות של המילוי 1 על פני המילוי 0 (בלי להוסיף פרמטר נוסף β) אנחנו חייבים להגיע לשני ערכים פוזיטיביים של α, שנסמן

93

אותם : 1 ו-2, כלומר α אינו יכול להיות בוליאני. אנחנו מתייחסים אליו כתלת-ערכי, שכן עקרונית הוא יכול להופיע גם בעוצמה 0 (כאשר הוא לא קיים בתוצאה או בפעולה הלכתית כלשהי).

בהנחות הללו, התמונה שמסבירה את הטבלא 1א היא הבאה: לכסף יש עוצמה 1 ולחופה יש עוצמה של 2. נישואין דורשים פעולה שעוצמתה היא 2 ולאירוסין די בעוצמה 1. כעת ברור שכסף מחיל אירוסין אבל לא נישואין, וחופה מחילה נישואין. אנו נסמן את המודל הזה כך :

נישואין : 2α

אירוסין : α

כסף : α

חופה : 2α

משמעות הסימון היא שלכסף יש מאפיין שמסומן בפרמטר α, בעוצמה 1, ולחופה יש את אותו מאפיין בעוצמה כפולה. לגבי התוצאות, הסימון מבטא כמה עוצמה דרושה כדי להחיל אותן (ולא כמו בפעולות, ששם הסימון משמעותו היא איזו עוצמה יש בהן).

עד כאן המסקנות משלושת הנתונים הרשומים בטבלא. כעת אנחנו שואלים האם חופה מחילה גם אירוסין? מהנתונים עולה כי אין ספק שכן, שהרי כדי להחיל אירוסין די לנו בעוצמה של α ולחופה יש עוצמה גדולה יותר. אם כן, זהו מודל שמסביר את כל הטבלא במילוי 1.

מה בדבר המילוי השני (0)? האם יש הסבר חד-פרמטרי לטבלת ההיפותזה האלטרנטיבית? התשובה לכך היא שלילית. קל לראות (נראה זאת בהמשך באמצעות דיאגרמות) שכדי להציע הסבר הולם לטבלא 1ב, עלינו להשתמש במודל שהוא לפחות דו-פרמטרי. לכן המודל של טבלא 1א הוא עדיף עליו, וזוהי ההוכחה שהמילוי הנכון הוא 1. כך מתואר היסק הקו"ח במודל המיקרוסקופי.

<u>כלל 1:</u> אופטימליות של מודל לטבלא במילוי נתון נקבעת, בין היתר, על ידי מספר הפרמטרים שמוצגים בו, והערכיות שלהם (=מספר הערכים שהם מקבלים: בוליאני, או תלת-ערכי).

<u>כלל 2:</u> מודל עם מעט פרמטרים עדיף על מודל עם יותר פרמטרים, גם אם הפרמטרים המרובים הם בוליאניים והמועטים הם, או חלקם, תלת-ערכיים. לגבי משמעות הערכיות של הפרמטרים, נראה עוד להלן.

<u>כלל 3:</u> עדיפות של מודל עבור מילוי מסויים למשבצת לאקונה לעומת מודל עבור מילוי אחר לאותה משבצת, נקבעת לפי אותם קריטריונים שקובעים את האופטימליות של המודל (לטבלא במילוי נתון), כלומר לפי מספר הפרמטרים והערכיות שלהם.

לסיכום, שני המילויים של טבלת הקו״ח אינם שקולים. למילוי 1 יש מודל מיקרוסקופי פשוט (פרמטר יחיד תלת-ערכי), ואילו למילוי 0 אין כלל מודל במונחי פרמטר יחיד. לכן זהו מילוי נחות. זוהי ההוכחה במונחי המודל שלנו לכך שהתוצאה ההלכתית במקרה זה היא 1.

יחס סדר בין שורות/עמודות והשלכותיו

מה גורם לכך שהמילוי 0 מאלץ אותנו להוסיף פרמטר מיקרוסקופי? האפשרות להסביר את כל הטבלא באמצעות פרמטר יחיד נובעת מכך שבמילוי 1 יש יחס סדר בין עמודות או שורות הטבלא. התוצאה של נישואין קשה יותר להחלה מאשר אירוסין, והדבר נכון לגבי כל הפעולות. כלומר בכל אחת מהשורות הערך של נישואין גבוה או שווה לערך של אירוסין. לחילופין, בכל אחת מהעמודות הערך של כסף נמוך או שווה לזה של חופה. במצב כזה ניתן להסיק שיש אותו פרמטר ששולט על שתי השורות/עמודות, וההבדל הוא רק בעוצמת הפרמטר. לעומת זאת, במילוי 0 נשבר יחס הסדר, וזה מאלץ

אותנו להכניס פרמטר נוסף למודל המיקרוסקופי. אנו נשתמש בתוצאה זו להלן, ולכן נגדיר כאן הגדרה חשובה נוספת:

<u>הגדרה 7:</u> 'יחס סדר' בין עמודות/שורות בטבלת נתונים – הוא יחס שבו כל הערכים של עמודה/שורה גבוהים או שווים לערכים של עמודה/שורה אחרת בהתאמה. אם ישנן עמודות או שורות זהות אנו נשאיר עמודה או שורה אחת מכל סוג, ונסלק את האחרות. לאחר שנחשב את המודל עבור הטבלא שנותרה, יש להתאים לשורות/עמודות שנמחקו את הערכים המיקרוסקופיים שיקבלו העמודה/שורה שהופיעה בטבלא שלגביה עשינו את החישוב.

יש לשים לב שיחס הסדר בין עמודות מבטא מצב הפוך ליחס הסדר בין השורות. יחס סדר בין עמודות פירושו שהעמודה הגבוהה יותר מוחלת ביתר קלות (יותר פעולות מצליחות להחיל אותה), כלומר שהיא הקלה יותר. לעומת זאת, יחס סדר בין שורות מבטא שהשורה הגבוהה היא החזקה (חמורה) יותר, שכן היא מצליחה להחיל יותר תוצאות מאשר השורה האחרת.

דיאגרמות יחסי הסדר בין התוצאות

כדי להכליל את המתודה הזו נגדיר סכימה שבה כל תוצאה (=עמודה) מיוצגת ע"י נקודה (SITE) בדיאגרמה,[43] והנקודות מקושרות על ידי חיצים. כיוון החץ מסמן את יחס הסדר בין העמודות, כלומר הוא מראה איזו תוצאה (=עמודה) היא גבוהה יותר, כלומר איזו תוצאה הלכתית מוחלת ביתר קלות. לדוגמא: אם יחס הסדר בין שתי תוצאות הוא $S_1 \geq S_2$, אזי הסכימה המתקבלת מכילה שתי נקודות, וביניהן חץ לכיוון S_1.

---

[43] ניתן לעשות את אותו דבר ביחס לפעולות, אלא שבהן השורה הגבוהה יותר תקבל ערך פרמטר גבוה יותר. לנוחיותנו בהמשך אנחנו בוחרים בהצגה של הסכימות דרך התוצאות.

כדוגמא, ניטול את טבלת הקו״ח עם המילוי 1 (טבלא 1א), שם ישנן שתי עמודות שמייצגות שתי תוצאות (נישואין ואירוסין), ויש ביניהן יחס סדר ברור: $S_2 \geq S_1$ (כלומר כל הערכים בעמודת הנישואין גבוהים או שווים לעמודת האירוסין). לכן התמונה המתקבלת עבור המילוי הזה היא הבאה:

דיאגרמה 1א – קו״ח במילוי 1

העיגול השמאלי מייצג את האירוסין, וערכיו בטבלא נמוכים מאלו של הנישואין (שמיוצגים בעיגול הימני).

כעת נציג את הדיאגרמה עבור קו״ח במילוי 0. עיון בטבלא 1ב מעלה שאין יחס סדר בין העמודות. על כן יש כאן שתי נקודות נפרדות, ואין כל חץ ביניהן:

דיאגרמה 1ב – קו״ח במילוי 0

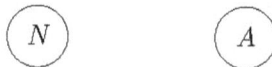

כיצד אנחנו מגיעים מהדיאגרמה אל המודל שמסביר אותה? לשם כך עלינו לשים לב לכלל הבא.

***עיקרון 1:* כאשר בסכימה של טבלא כלשהי יש חץ שמוליך מתוצאה א׳ לתוצאה ב׳, יש שתי אפשרויות הסבר ליחס העוצמה הזה:**

א. הדיאגרמה כולה מוסברת באמצעות פרמטר לא בוליאני אחד, שמקבל שני ערכים שונים (הגבוה עבור התוצאה הנמוכה).

ב. יש שני פרמטרים בוליאניים, שהגבוה מקבל את אחד מהם והנמוך הוא קוניונקציה של שניהם.

כמובן שבמצב בו שתי האפשרויות קיימות – אנחנו נבחר את א', כי היא האופטימלית (דורשת פחות פרמטרים). להלן נראה שלא תמיד ניתן לבחור בין שתיהן.

מעשית, עלינו להתחיל בנקודה שהחץ מכוון אליה (ערכיה גבוהים יותר, ולכן היא מוחלת ביתר קלות). אנו מצמידים לה פרמטר מיקרוסקופי אחד, לדוגמא: α. לאחר מכן הנקודה השנייה, זו שדורשת דרישות מחמירות יותר, יכולה לקבל במודל שלנו, או את הערך: 2α (האיכות α בעוצמה 2), או את הערך: $\alpha \wedge \beta$ (כלומר שהחלתה דורשת את קיומם של שני הפרמטרים, כל אחד מהם בעוצמה 1). במקרה ששתי האפשרויות קבילות, נבחר כמובן את הראשונה, כי היא האופטימלית (לפי כללים 2-3).

כאשר יש שתי נקודות שאין כל יחס סדר ביניהן, הן אמורות לקבל ערכים שלא מתייחסים זה לזה ביחסי עוצמה כיווניים (אף אחד לא יותר חזק מהשני). במקרה הפשוט ביותר אנחנו נצמיד לאליפסה אחת את הפרמטר המיקרוסקופי α ולשנייה את הפרמטר המיקרוסקופי β.

שימוש בכלל 1 לגבי דיאגרמה 1א ששורטטה למעלה נותן מייד את המודל האופטימלי:

<u>מודל עבור דיאגרמה 1א – קו"ח במילוי 1</u>

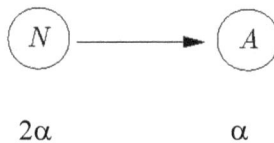

זהו המודל האופטימלי עבור התוצאות ההלכתיות (העמודות). את תוצאות המודל האופטימלי הזה עבור הפעולות ההלכתיות ניתן להוציא מיישום של הטבלא לגבי התוצאות שבגרף. הסתכלות על טבלא 1א מעלה כי כסף מחיל אירוסין ולא נישואין, ולכן ברור שיש לו את הפרמטר α בעוצמה 1 (שמתוך הדיאגרמה אנו רואים שהיא מספיקה להחיל אירוסין ולא נישואין). לעומת זאת, חופה (בהנחת המילוי 1) מצליחה להחיל את שתי התוצאות, ולכן עוצמת ה- α בה היא 2. אם כן, התוצאה עבור הפעולות היא:

כסף: α

חופה: 2α

באותה צורה, לגבי דיאגרמה 1ב, נקבל:

<u>**מודל עבור דיאגרמה 1ב – קו"ח במילוי 0**</u>

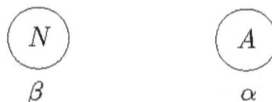

ולגבי הפעולות, נקבל:

כסף: (1,0)

חופה: (0,1)

כפי שכבר ראינו, שיקול העדיפות הוא ברור: המילוי 1 הוא עדיף כי הוא נותן מודל חד-פרמטרי, לעומת המילוי 0 שנותן מודל דו-פרמטרי.

בחינה מיקרוסקופית של שני ההיסקים בטבלת הקו"ח

כעת נראה שבניסוח הזה, היסק של קו"ח הוא יחיד, ואין כאן שני ניסוחים אלטרנטיביים שונים. זה יסביר לנו מדוע בספרות התלמודית פירכא על אחד מהניסוחים שוללת גם את השני. לצורך כך ננסח את שני ההיסקים שהצגנו

למעלה (היסק הפעולות והיסק התוצאות) במונחים של הפרמטר α. התרגום של ההתייחסות המסורתית למונחים מיקרוסקופיים הוא טבעי וברור.

לדוגמא, היסק הפעולות היה: מהעמודה הימנית אנו מסיקים שחופה חזקה מכסף. ואז מהנתון שכסף מחיל קידושין אנחנו מסיקים שחופה ודאי מחילה קידושין. התרגום למונחים מיקרוסקופיים הוא הבא: הנחת הקו"ח היא הנחה על עוצמת ה-α שיש בפעולות (חופה וכסף). מה בדבר עוצמת ה-α שנדרשת כדי להחיל את התוצאות (נישואין ואירוסין)? כאמור, בהיסק הזה אין לנו שום הנחה לגבי היחס בין התוצאות. מה שלא יהיה הערך הדרוש כדי להחיל את התוצאות (האירוסין או הנישואין), אם כסף עושה את זה אז חופה ודאי גם היא עושה את זה. כל מה שאנחנו מניחים ביחס למשמעות השנייה של עוצמת ה-α (ביחס לתוצאות) הוא רק שהפרמטר α הוא הפרמטר הרלוונטי היחיד להחלת שתי התוצאות הללו.

לשון אחר: עקרונית ייתכן שערך α שדרוש להחלת גמר גבוה יותר מהערך הדרוש להחיל קידושין, ועדיין הקו"ח יהיה תקף. אמנם הנתונים האחרים (ראה בהיסק השני) מורים שלא זה היחס בין הערכים, אבל אלו נתונים שלא עשינו בהם שימוש בהיסק הזה.

התרגום של היסק התוצאות הוא דומה מאד. אבל עדיין זהו תרגום של ההתייחסות המסורתית, וממנו עולה שפירכא על היסק התוצאות מותירה את היסק הפעולות תקף, ולהיפך. כדי לראות מדוע זה לא נכון, עלינו ללכת צעד אחד הלאה, ולהשתמש בהגדרות של המודל המיקרוסקופי שלנו להיסק ולפירכא. בניסוח הכללי שהצענו, הקו"ח שמסיק שהמילוי הנכון הוא 1, מבוסס על כך שהמודל האופטימלי למילוי 1 הוא עדיף על המודל האופטימלי למילוי 0.

ניסוח זה מאחד את שני ההיסקים גם יחד, כלומר לא מבחין ביניהם. בשני המקרים אנו משתמשים באותה טבלת נתונים, ומשווים בין ההסברים האופטימליים לשני המילויים האפשריים של הטבלא. כעת אי אפשר כבר להפריד ביניהם, וכשיופרך אחד מהם, פירוש הדבר הוא שהמודל אינו מהווה

הסבר עדיף למילוי 1, וממילא מופרך בזה גם ההיסק השני. נראה זאת כעת, מתוך הצגת המודל עבור פירכת עמודה לקו״ח.

המודל שלנו מציע שהיסק הקו״ח מבוסס על מתן הסבר מלא לטבלת הנתונים, ולכן הוא אינו מאפשר התעלמות מחלק מהנתונים. ההפרדה בין שני ההיסקים שנראית טבעית בהסתכלות האינטואיטיבית, פשוט מתעלמת מנתוני טבלת הנתונים. ההנחה שלנו היא שכל הסבר לנתונים חייב להסביר את כולם, ולכן כל הצעה חייבת להיות מגובה במודל שמסביר את הטבלא. לכן היסק הפעולות חייב להציע הסבר גם עבור היחס בין התוצאות, ולהיפך. מסיבה זו, אם אכן פירכת עמודה פורכת את היסק הפעולות, היא פורכת בזה גם את היסק התוצאות. כעת נראה זאת בפירוש.

פירכת עמודה על קו״ח

נבחן כעת את טבלת הנתונים שמתקבלת לאחר הצגת הפירכא (שלב 2 בסוגיא למעלה). כאמור, הפירכא מציגה תוצאה נוספת (=פדיון מעשר שני), שמושגת רק על ידי כסף ולא על ידי חופה. הטבלא שמתקבלת למקרה זה היא הבאה:

P	A	N	
1	1	0	**m**
0	?	1	**h**

טבלא 2 (פירכת עמודה על קו״ח)

כעת עלינו לבחון כעת את שני המודלים עבור שני המילויים האפשריים
למשבצת הלאקונה, ולהשוות ביניהם. בכדי להראות שזוהי פירכא, עלינו
להראות ששני המודלים הם שקולים (שאף אחד מהם אינו עדיף על חברו).
טבלת הנתונים עבור המילוי 1, היא הבא:

P	A	N	
1	1	0	**m**
0	1	1	**h**

טבלא 2א (פירכת עמודה על קו״ח במילוי 1)

התבוננות בטבלא מעלה שכאן ישנם יחסי הסדר הבאים (המיספור של
העמודות הוא מימין לשמאל):

$$S_2 \geq S_3$$

$$S_2 \geq S_1$$

S_1 ו-S_3 הם בלתי תלויים.

הסכימה המתקבלת היא הבאה:

דיאגרמה 2א – פירכא על קו״ח במילוי 1

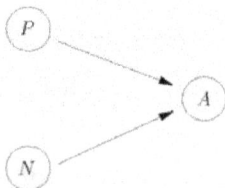

את הפתרונות עבור התוצאות ההלכתיות, אנחנו ממלאים לפי העיקרון
שבכלל 1. כאן לא נוכל לבחור באופציה של הגדלת הערכיות של המשתנים

בשני הכיוונים של החיצים, שהרי זה היה יוצר יחס סדר בין P ל-N, מה שלא נכון על פי הטבלא. יתר על כן, אין ליישם פעמיים את האפשרות הדו-פרמטרית, שכן זה יאלץ אותנו לעבור לשלושה פרמטרים (או לחרוג מהבוליאניות ביותר מפרמטר יחיד. ראה על כך להלן). המסקנה היא שכאשר

יש צומת מהסוג הזה, עלינו להשתמש בשני הכלים האפשריים עבור שני החיצים שבדיאגרמה. המודל שמתקבל כאן הוא הבא:

מודל עבור דיאגרמה 2א – פירכא על קו"ח במילוי 1

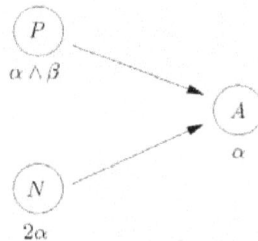

יש לשים לב שהמודל חייב לקיים את שלושת התנאים של יחסי הסדר. כלומר חייבים להיות יחסי סדר בין A ל-N ובין A ל-P, ובנוסף חייב להיות שלא מתקיים יחס סדר בין N לבין P.[44]

עבור המילוי 0, טבלא 1ב מראה לנו שהעמודות S2 ו-S3 מזדהות. במצב כזה אנחנו מתייחסים לטבלא בלי עמודה S3 (לפי הגדרה 7), מוצאים עבורה את המודל, ולאחר מכן מייחסים את התוצאה שהתקבלה עבור S2 גם ל-S3 (שוב,

---

[44] לכן אי אפשר היה להציע עבור P את המודל , שכן זה היה מקיים את הדרישה ליחס הסדר עם A, אבל זה היה יוצר מצב שבו יש יחס סדר גם כלפי N, מה שלא מתאים לנתוני הטבלא. מסיבה זו אין מנוס מהכנסת פרמטר נוסף למודל. הסדר הוא כמובן שרירותי, וניתן היה להחליף את הפונקציות של P ו-N.

לפי הגדרה 7). במקרה שלנו מקבלת דיאגרמה של קו״ח במילוי 0 (ראה למעלה בדיאגרמה 1ב), שאותה כבר פתרנו. לכן נעשה זאת בצעד אחד, ונשרטט את הגרף ביחד עם המודל שמתקבל עבורו:

מודל עבור דיאגרמה 2ב – פירכא על קו״ח במילוי 0

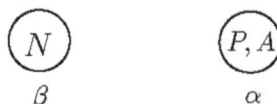

מתוך הסתכלות בטבלא 2ב, הווקטורים שמתקבלים עבור הפעולות ההלכתיות הם:
כסף: (1,0)
חופה: (0,1)

כעת עלינו לשאול את עצמנו מהי הדיאגרמה העדיפה מבין השתיים? נראה שהן שקולות, שכן בשתיהן יש מודל דו-פרמטרי.

בשולי הדברים נעיר כי אמנם בדיאגרמה הראשונה (2א) הערכיות עולה יותר (כי α אינו בוליאני), אבל ניתן לומר שזוהי תופעה מסדר שני, ומבחינתנו שתי הדיאגרמות הן שקולות, מה שמותיר את הפירכא על כנה. כפי שראינו למעלה, שני המילויים של טבלת הקו״ח מקבלים מודלים שנבדלים זה מזה במספר הפרמטרים ובערכיות. המילוי 1 הוא חד-פרמטרי ותלת-ערכי (=לא בוליאני), ואילו המילוי 0 הוא דו-פרמטרי ודו-ערכי (=בוליאני). גם שם אנחנו רואים שהערכיות אינה עומדת מול יתרון שבמספר הפרמטרים. כאן אנחנו רואים שהיא גם לא משפיעה על שוויון מבחינת מספר הפרמטרים.

כלל 4: כפי שראינו בכללים הקודמים, העדיפות (בין שני מילויים שונים) והאופטימליות (של מודל עבור מילוי נתון) מושפעות משיקולים של מספר

הפרמטרים ושל הערכיות. בינתיים אנחנו רואים שמספר הפרמטרים במודל הוא הקריטריון המכריע. עד עתה ראינו שהערכיות אינה משפיעה על שיקולי העדיפות והאופטימליות (היא רק מאפשרת להוריד את מספר הפרמטרים, כמו שראינו לגבי קו"ח במילוי 1, בדיאגרמה 1א).

להלן נוסיף עוד קריטריונים לשיקולי העדיפות, ונראה את הדברים ביתר דיוק (ואז נראה שאין צורך בהנחה שהצענו כאן לגבי הערכיות). בינתיים אנחנו ממשיכים עם מהלך הסוגיא, ונעבור לנתח את השיקול של בניין אב מכתוב אחד (=אנלוגיה).

בכל אופן, התוצאה הראשונה שאנחנו מקבלים מהמודל שלנו היא ששני ההיסקים של הקו"ח מופרכים גם יחד. התמונה אותה הצגנו עבור שיקול של קו"ח מאחדת את שניהם, והפירכא פורכת את שניהם ביחד. זאת בהתאמה טובה למה שאנחנו מוצאים בספרות חז"ל, כפי שהתבאר למעלה.

<u>תוצאה 1</u>: שני כיווני הקו"ח אינם שני היסקים שונים, אלא היסק יחיד. לכן פירכא שפורכת את האחד פורכת בהכרח גם את השני. די בפירכת שורה בלבד, או בפירכת עמודה בלבד, כדי לפרוך לגמרי כל היסק של קו"ח.

מודל מיקרוסקופי לאנלוגיה: 'בניין אב מכתוב אחד'

כפי שראינו, הסוגיא במסכת קידושין מנסה ללמוד את המסקנה שחופה מועילה להחיל אירוסין מכסף בקו"ח (שלב 1). לאחר מכן היא דוחה את הלימוד הזה על ידי הפירכא מפדיון מעשר שני והקדש (שלב 2). מייד אחר כך, בשלב 3, היא מציעה מסלול אחר ללמוד את הדין הזה (למלא את משבצת הלאקונה), והפעם מביאה.

הנתונים שנלמדים מהמקרא לגבי ביאה הם שונים, שכן ביאה מחילה גם אירוסין וגם נישואין, ולכן טבלת הנתונים עבור האנלוגיה הזו היא הבאה:

A	N	
1	1	**b**
?	1	**h**

טבלא 3 (בניין אב)

מייד רואים שאין כאן קו"ח, שכן שום חלק של הטבלא אינו מצביע על כך
שחופה חזקה מביאה, או שאירוסין קלים יותר להחלה מאשר נישואין. כאן
מתבקשת אנלוגיה בין ביאה לחופה או בין נישואין לאירוסין (ראה בדוגמאות
ובהמחשות שהובאו בפרק הקודם).

מסקנת ההיסק היא שהמילוי הנכון הוא 1. ההסבר לאנלוגיה הזו במונחים
מיקרוסקופיים הוא פשוט. ראשית, עלינו לבנות את הדיאגרמות עבור שני
המילויים. במילוי 1, מתקבלת טבלא 3א, שהדיאגרמה שממשת אותה היא
הבאה :

<u>מודל עבור דיאגרמה 3א – בניין אב במילוי 1</u>

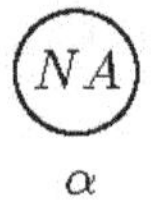

$$\widehat{NA}$$
$$\alpha$$

מתוך הסתכלות בטבלא אנחנו מקבלים :

ביאה : α

חופה : α

זהו המודל הפשוט ביותר האפשרי, בוליאני חד-פרמטרי. אין שום דיאגרמה
שמייישמת מודל כזה למעט הדיאגרמה הטריביאלית הזו.

לשם השוואה נרשום את הדיאגרמה למילוי 0. התבוננות בטבלא למעלה מעלה כי מדובר בטבלא ודיאגרמה של קו״ח במילוי 1 (ראה למעלה בטבלא ודיאגרמה 1א), אלא שהתפקידים של העמודות והשורות התהפכו :

מודל עבור דיאגרמה 3ב – בניין אב במילוי 0

התוצאות עבור הפעולות נגזרות מהטבלא (כמו במקרה של 1א) :

חופה : α

ביאה : 2α

כעת עלינו לשאול : המודל של איזה מילוי הוא עדיף? התשובה היא שהמילוי 1 עדיף, שכן הפרמטר הוא בוליאני (דו-ערכי), בעוד שלמילוי 0 נדרש פרמטר תלת-ערכי.

אלא שכעת עולה מסקנה חדשה, שלערכיות יש תפקיד בקביעת העדיפות של המילויים, בניגוד למה שראינו למעלה. במקרה זה הערכיות היא שקובעת את העדיפות של המילוי 1.

כלל 5: בהינתן שני מודלים עבור שני המילויים, שבשניהם יש אותו מספר פרמטרים, הערכיות היא שמכריעה לגבי העדיפות. [45]

בין קו״ח לבניין אב

כפי שהערנו, קו״ח, על אף שגם הוא מהווה סוג של השוואה, נחשב כטיעון חזק יותר מאשר אנלוגיה רגילה (כדי לפרוך אנלוגיה די להעלות פירכא כל

---

[45] להלן נגדיר קריטריון עדיפות רחב ומשוכלל יותר, ושם הערכיות תאבד את רוב תפקידה ומשמעותה. מסקנה זו היא זמנית בלבד.

דהו)[46]. כעת נוכל אולי להבין את הסיבה. בקו״ח העדיפות של המילוי 1 לעומת המילוי 0 היא חזקה יותר מהעדיפות בבניין אב. בקו״ח העדיפות הוכרעה על ידי מספר הפרמטרים (והערכיות שהיתה בעלת משמעות ההפוכה לא הפריעה), ואילו בניין אב הוכרע על ידי הערכיות. מתברר שעדיפות של ערכיות היא חלשה יותר מאשר עדיפות של מספר פרמטרים.
מכאן גם נוכל לאושש את טענתנו למעלה (לגבי פירכא על קו״ח), לפיה כשיש התנגשות בין עדיפות במספר הפרמטרים לעומת נחיתות בערכיות, מספר הפרמטרים הוא הקובע.

<u>תוצאה 2</u>: בניין אב הוא היסק חלש יותר מאשר קו״ח.[47]

בכל אופן, כעת עלינו לרכך את כלל 4, ולומר שהערכיות כן משחקת תפקיד, אלא שהיא בעלת משקל נמוך יותר מאשר מספר הפרמטרים.

<u>כלל 6</u>: הבדל בערכיות הוא קריטריון רלוונטי לקביעת אופטימליות ועדיפות, אבל משקלה היחסי נמוך יותר מזה של הבדל במספר הפרמטרים.[48]

המילוי 1 הוסבר במודל חד-פרמטרי תלת-ערכי, והמילוי 0 הוסבר במודל דו-פרמטרי דו-ערכי. כלומר נדרש מאיתנו להכניס פרמטר נוסף לתמונה, וזו נחיתות משמעותית מאד. לעומת זאת, באנלוגיה רגילה העדיפות של 1 לעומת 0 היא חלשה יותר, שכן בשני המקרים מדובר על מודל חד-פרמטרי, וההבדל הוא רק במספר הערכים שמקבל הפרמטר (דו-ערכי לעומת תלת-ערכי).

---

[46] אמנם ראה מחלוקת לגבי עניין זה, ב**אנציקלופדיה תלמודית**, ע׳ ׳בנין אב׳, הערות 69-70. וכן להלן נראה שהמודל שלנו תומך דווקא בעמדה שבניין אב אינו חלש יותר. לגבי הצד השווה המצב הוא שונה, וראה על כך בפרק הבא.

[47] תוצאה זו גם היא זמנית בלבד. ראה להלן לאחר שנגדיר את קריטריון העדיפות המלא.

[48] כאמור, זוהי מסקנה זמנית.

הרחבת שיקולי העדיפות

ראינו שהערכיות היא קריטריון רלוונטי לקביעת עדיפות בין מילויים, כלומר שבהינתן שוויון במספר הפרמטרים קביעת העדיפות מתחשבת בהבדלים בערכיות.

אולם כלל זה סותר את מה שראינו לגבי פירכא על קו״ח (טבלא ודיאגרמה 2). שם ראינו שבהינתן ששני המילויים מוסברים באמצעות מודלים דו-פרמטריים, אין חשיבות לכך שאחד מהם הוא תלת-ערכי והשני בוליאני. אם היתה חשיבות להבדל כזה, אזי לא היתה שם פירכא, שכן שני המילויים לא היו שקולים. בהנחה שהערכיות היא חשובה, פירכת העמודה הופכת להוכחה נגדית: היא היתה מוכיחה ש-0 הוא מילוי עדיף, ולא רק פורכת את ההוכחה ש-1 הוא עדיף.[49]

מכאן עולה שחייבים להיות קריטריונים נוספים בשיקולי העדיפות, מעבר למספר הפרמטרים והערכיות. לשם כך עלינו להיזקק לתורת הגרפים, ולשאול את עצמנו מדוע הדיאגרמה 2א שמתארת את המילוי 1 אינה נחותה לעומת הדיאגרמה 2ב שמייצגת את המילוי 0. הסתכלות על שתי הדיאגרמות מן הזווית הזו מעלה שיש ביניהן עוד שלושה הבדלים טופולוגיים חשובים:

1. <u>הקשירות</u>. בדיאגרמה 2ב הגרף מתפצל לשני חלקים שהם מנותקים זה מזה. תופעה כזו כמובן מצביעה על יתר מורכבות (או פחות פשטות) של המודל, ולכן יש לראות בה קריטריון לנחיתות של המילוי 0.

2. <u>שינויי כיוון</u>. בדיאגרמה 2א ישנן נקודות שהקשר הלוגי ביניהן מורכב מדיי. אין יחס פשוט בין שלושת הקודקודים, שכן אין יחס ברור בין P ל-N. ברור שגרף אשר בו יש יחס היררכי בין שלושת הנקודות הוא פשוט יותר. תמונה כזו עומדת בניגוד לכיוון הטבעי של היסקי קו״ח,

---

[49] לקראת סוף הספר נראה שפירכא כפולה מהווה הוכחה נגדית ולא פירכא. אבל פירכת עמודה או שורה הן פירכות בלבד, ולא הוכחות נגדיות.

שכן היסק קו״ח מניח שכיווני העדיפות נשמרים. לכן שינוי כיוון הוא חסרון של מודל. לכן לגבי המילוי 1 ישנה מבחינה זו נחיתות לדיאגרמה מסבירה אותו.

3. <u>מספר הנקודות השונות.</u> שיקול נוסף לפשטות של מודל הוא מספר הנקודות בגרף. אם ניתן לזהות שתי תוצאות הלכתיות (=עמודות), הגרף שנוצר הוא פשוט יותר (יש בו פחות נקודות). לכן אנו נראה גם בקריטריון הזה שיקול לעדיפות או נחיתות של גרף. לדוגמא, למודל עבור דיאגרמה 3א יש עדיפות מול זה של 3ב, וכן בגרף 2ב מול 2א.

במאמר באנגלית אנו עומדים על המשמעות הטופולוגית של הקריטריונים הללו מתורת הגרפים, ועל התחומים בהם הם צפויים לעבוד נכון. בפרק הבא של מאמר זה נוכיח את הרלוונטיות והמשמעות הלוגית של כל אחד משלושת האינדקסים הטופולוגיים הללו בפני עצמו, כאשר נבחן את היחס בין שלושת סוגי היסקי ההכללה (=הצד השווה). ראה דיון בטבלאות ודיאגרמות 5, 5.1, ו-5.2.

שיקול העדיפות הכללי

כאמור, לאור דברינו עד כאן עלינו להרחיב את שיקולי העדיפות, מעבר לשאלת מספר הפרמטרים או הערכיות שלהם. השיקול המתקבל מבוסס על חמישה פרמטרים שונים שמאפיינים כל דיאגרמה, כפי שהגדרנו עד כאן:

<u>כלל 7</u>: העדיפות של מודל עבור מילוי אחד לעומת מתחרהו (כמו גם אופטימליות של מודל עבור מילוי נתון) מוגדרת על ידי חמשת האינדקסים הבאים:

א. המימד. מספר הפרמטרים שדרושים כדי שהמודל יסביר את הדיאגרמה. זהו מימד הווקטור שמתאר את הפעולות. מימד קטן הוא יתרון ומימד גדול הוא חיסרון.

ב. ***שינויי כיוון.*** *אנו נוטלים בדיאגרמה את שתי הנקודות שהמהלך ביניהן כרוך במספר שינויי הכיוון המכסימליים, וזה המאפיין של מספר שינויי כיוון. מספר קטן של שינויי כיוון הוא יתרון ומספר גדול הוא חיסרון.*

ג. ***קשירות.*** *כמה חלקים בלתי קשורים יש בדיאגרמה. מספר חלקים קטן הוא יתרון ומספר גדול הוא חיסרון.*

ד. ***מספר הנקודות בגרף.***[50] *מספר נקודות קטן הוא יתרון ומספר גדול הוא חיסרון.*

ה. ***ערכיות.*** *כפי שראינו, ערכיות גבוהה היא חיסרון, וקטנה היא יתרון.*

לאחר שהגדרנו את כל שיקולי העדיפות נגדיר את אלגוריתם העדיפות שלנו:

כלל 8: ***עדיפות של מילוי אחד על מילוי אחר מוגדרת כמצב שבו יש לו עדיפות על האחר בכל האינדקסים דלעיל (למעט ערכיות, שתידון להלן). במצב כזה נאמר שיש כאן היסק הלכתי תקף. אם שיקולי העדיפות מטים לשני הצדדים, כלומר שיש אינדקס אחד לפחות לטובת כל אחד משני המילויים, אזי זוהי פירכא (או היסק לא תקף).***

נעיר כעת הערה חשובה על הערכיות, ולאחר מכן נשוב לבנות את אבני הבניין של המודל.

הערה על הערכיות

בתמונה הבסיסית כל הפרמטרים שלנו הם בוליאניים, שכן זהו המצב הפשוט ביותר. אמנם באופן עקרוני ייתכנו הגדלות של הערכיות בפרמטר אחד, או

---

[50] כפי שכבר ראינו (ראה דיאגרמה 3א), ועוד נראה להלן, לפעמים יש מספר תוצאות על אותה נקודה (כאשר יש עמודות זהות).

111

בכמה פרמטרים מיקרוסקופיים (בעיקר בדיאגרמות מסובכות יותר, כפי שיופיעו בהמשך). במקרים רבים ישנן כמה אפשרויות שונות להגדיל ערכיות ולהשאיר את המודל אופטימלי. לכן עלינו להגדיר כלל שיקבע את האופן למדוד ערכיות של דיאגרמה.

משיקולים שיובנו יותר בהמשך (ראה להלן, בדיון על דיאגרמה 6.1, השלכות של הכלל הזה) אנחנו נקבע שהגדלת ערכיות אפשרית אך ורק באחד מן הפרמטרים במודל. כעת נוכל להגדיר שהערכיות של הדיאגרמה (האינדקס

החמישי בקריטריון העדיפות לעיל) היא הערכיות של אותו פרמטר שהגדלנו את הערכיות שלו.

_עיקרון 2__: אילוץ על בניית המודל לדיאגרמה נתונה: הגדלת ערכיות אפשרית לכל היותר בפרמטר מיקרוסקופי אחד. אם אי אפשר לבנות מודל לדיאגרמה בלי הגדלת הערכיות בשני פרמטרים, אנחנו מוסיפים במקום זה פרמטרים בוליאניים נוספים (מגדילים את המימד)._

נעיר כי ברוב המקרים בהם נעסוק ניתן להגיע לאותן תוצאות גם בלי המגבלה הזו (למעט היסק 6.1), אך ניתן לתמוך את הדרישה הזו בכך שיש לה היגיון מצד עצמה. היא מצביעה על כך שליחסים בין התוצאות והפעולות ההלכתיות יש ציר מוגדר שלאורכו כולם נמדדים (ראה על כך ביתר פירוט במאמר באנגלית). זהו ביטוי לשאלת הרלוונטיות שנדונה למעלה. כאשר שני צירי החומרא הם רלוונטיים, כלומר יש ביניהם יחס הקבלה כלשהו, פירוש הדבר הוא שיש רק פרמטר אחד שקובע את העוצמה וכיוונה. נקודה זו תובהר מייד. כעת עלינו לבחון שאלה שיכולה לעלות לאור העיקרון הזה. לכאורה כאשר נפגוש דיאגרמה שבה יש יותר משרשרת ארוכה אחת, הדבר יחייב אותנו להוסיף כמות גדולה של פרמטרים מיקרוסקופיים, במקום להגדיל את הערכיות. לכאורה זה נראה סיבוך בלתי סביר של המודל. אולם כאשר נבחן

112

דיאגרמות עבור שני מקרים קיצוניים, נראה מייד כיצד פותרים את הבעייה,
ומתוך כך גם נבין טוב יותר את משמעותו של העיקרון הזה.

מקרה א:

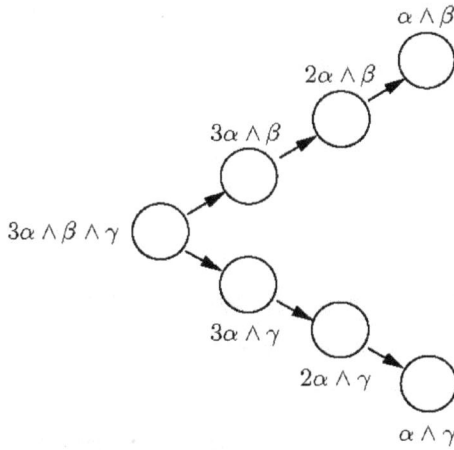

מקרה ב:

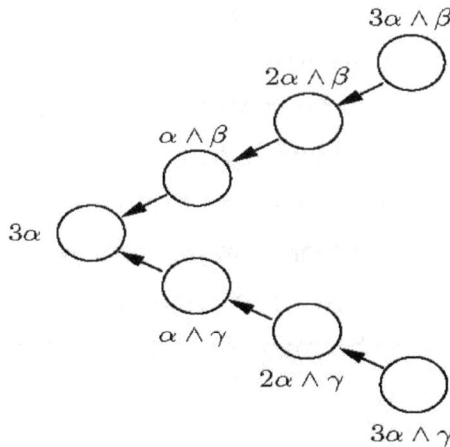

משמעות המודלים שהצענו לשתי הדיאגרמות הללו היא שישנו פרמטר אחד שאחראי על העוצמות בשני הענפים של הגרף, והוא ה'מנוע' שקובע את ההתעצמות לאורך המסלול בדיאגרמה, ובנוסף ישנם שני פרמטרים אחרים שכל אחד מהם קובע את האיכות המיוחדת שמאפיינת אחד מהענפים. הדבר נובע מכך שאנחנו מניחים שישנו ציר משותף לכל הענפים (=הפרמטרים) שקובע את הכיוון של עליית העוצמה. לדוגמא, כאשר אנחנו מתרגמים בעייה מתחום כלשהו למינוח הלוגי שמוצע כאן, עלינו להחליט מיהו 1 ומיהו 0. האם חלות אירוסין הוא גבוהה יותר או נמוכה יותר מאשר אי חלותם? במקביל יש להחליט כך גם לגבי נישואין. האם יש מקום להפוך את הסדר, ולקבוע סדר עדיפות לגבי אירוסין שחלות תהיה גבוהה מאי חלות, בעוד שלגבי נישואין אי חלות תהיה הגבוהה יותר? זה לא סביר, כי בנישואין ובאירוסין נוצר קשר זוגי, והיווצרות הקשר היא לאותו כיוון. גם האירוסין וגם הנישואין נשלטים על ידי פרמטרים, שיכולים אולי להיות שונים, אבל כיווני העוצמות שלהם צריכים להקביל (זוהי דרישת הרלוונטיות שנדונה לעיל). שניהם גבוהים/נמוכים יותר בכיוון יצירת הקשר הזוגי. מסיבה זו חייב להיות ציר משותף שקובע את העוצמות היחסיות בכל אחד מהפרמטרים. זוהי המשמעות של פרמטר אחד שמשנה עוצמות לאורך שני הענפים בשתי הדיאגרמות שהבאנו כאן.[51]

---

[51] למעשה הפתרונות שהצענו כאן לשתי הדיאגרמות אינם אופטימליים. נעיר על כך שתי הערות:

א. ניתן להציע לשתיהן (כל עוד הן באורך סופי) מודל דו-מימדי. הפתרון האופטימלי הוא שלאורך ענף אחד מתקדם הפרמטר α, ולאורך הענף השני מתקדם הפרמטר α בעוצמות הולכות וגדלות, כשכל אחת מהן כפולה בפרמטר β. וכדי שלא תהיה תלות בין הענפים, יש להתחיל את ההתקדמות בענף שבו α מופיע לבדו בעוצמה אחת מעבר לזו שבה מסתיימת ההתקדמות בענף השני. אבל גם מודל כזה מבטא את אותה תופעה שתיארנו בטכסט למעלה. ההתקדמות היא בפרמטר הכמות, וזה אותו פרמטר שמתקדם בשני הענפים. רק האיכויות של שני הענפים שונות.

ב. ניתן להגדיר את המכפלה של שני פרמטרים כפרמטר חדש, כך שיתקיים לדוגמא: $\beta \wedge \alpha 4 = \gamma 4$ כל עוד לא זיהינו בפירוש את משמעות הפרמטרים (הסמנטיקה), אין מניעה להרכיב אותם זה בזה באופן עקבי, ולהגדיר את הצירוף כפרמטר חדש. כך נוכל לקבל פתרון אחר לגרף מתוך הפתרונות המוצגים למעלה. מתברר שזהו הפתרון האופטימלי לגרף הזה.

מכאן ניתן להבין היטב את משמעות הדרישה בעיקרון 2, שרק פרמטר אחד ישנה את הערכיות שלו בדיאגרמה נתונה. הסיבה לכך היא שבכל בעייה ישנו רק פרמטר אחד שקובע את העוצמה, והוא מהווה 'מנוע' עבור ההתקדמות לאורך הדיאגרמה. שאר הפרמטרים קובעים את האיכויות השונות שמעורבות בבעייה (האיכויות ש'מתלבשות' על המנוע. הוא זה שקובע את העוצמה בה הן מופיעות בכל נקודה). אם פרמטר העוצמה לא היה משותף, לא היה מקום ללמוד מתוצאה/פעולה אחת לשנייה. אין כל היגיון ללמוד שאם כסף מחיל אירוסין אז לימוד תורה מחייב ברכה אחריו. כאן שני צירי העוצמה אינן נוגעים זה לזה (ראה לעיל את הדיון בשאלת הרלוונטיות).

פירכא על בניין אב

בשלב 4, הסוגיא מעלה פירכא על הלימוד מביאה (שלב 3), ואומרת שביאה קונה ביבמה ואילו חופה לא. טבלת הנתונים שמתקבלת כעת היא הבאה :

	N	A	Y
h	1	**?**	0
b	1	1	1

טבלא 4 (פירכת עמודה על בניין אב)

כדי להבין מדוע יש כאן פירכא, עלינו להציע מודל מיקרוסקופי עבור הטבלא הזו בשני המילויים, ולהראות שהמודלים עבור שני המילויים הם שקולים. המקרה הזה גם הוא פשוט מאד, שכן ניתן למפות אותו על המקרים הקודמים. אם נמלא את משבצת הלאקונה ב-1, נקבל ששתי העמודות S1 ו-S2 הן שקולות. אם ממלאים את המשבצת ב-0, מתקבלת זהות עבור העמודות S2 ו-S3. בשני המקרים מדובר בטבלא של קו״ח במילוי 1 (טבלא 1א).

מודל עבור דיאגרמה 4א – פירכא על בניין אב במילוי 1

חופה: α

ביאה: 2α

מודל עבור דיאגרמה 4ב – פירכא על בניין אב במילוי 0

חופה: α

ביאה: 2α

מייד רואים ששני המילויים הם שקולים לגמרי, ולכן יש כאן פירכא.
כעת נעבור לבחון את יישומו של שיקול העדיפות הכללי לגבי ארבעת
ההיסקים שתיארנו עד כה (האם הוא לא משנה את התוצאות שהתקבלו
מהמימד והערכיות בלבד, לפני ההרחבה של הקריטריון). אנו נראה שהתמונה
נותרת עקבית, ואף תואמת יותר.

בדיקת יישום קריטריון העדיפות הכללי על ארבעת ההיסקים הבסיסיים
הבדיקה תיעשה באופן הבא. בכל אחת מהדיאגרמות כבר רשמנו את המודל
המתאים. על כן המימד והערכיות כבר חושבו למעלה. כעת נחשב את שלושת
האינדקסים הנוספים, ונראה האם כל ההיסקים מתאימים למה שאנחנו
מוצאים בתלמוד. נציג את התוצאות בטבלת הסיכום הבאה.

	קו״ח		פירכא על קו״ח		בניין אב		פירכא על ב״א	
דיאגרמה	1א	1ב	2א	2ב	3א	3ב	4א	4ב
מילוי	1	0	1	0	1	0	1	0
מימד	1	2	2	2	1	1	1	1
שינוי כיוון	0	0	1	0	0	0	0	0
קשירות	1	2	1	2	1	1	1	1
מסי נקי ב״ת	2	2	3	2	1	2	2	2
ערכיות	2	1	2	1	1	2	2	2
תוצאה	1 עדיף		שקול		1 עדיף		שקול	

טבלת סיכום 1

מהתבוננות בטבלא, נוכל להוציא כמה כללים לגבי שיקולי העדיפות:

מודל ייחשב עדיף אם כל הפרמטרים שאינם שקולים (למעט ערכיות) נוטים לטובתו. כאשר ישנם אינדקסים שנוטים לשני הכיוונים אנחנו רואים את שני המילויים כשקולים, כלומר זוהי פירכא. הדבר נובע מכך שפירכא אמורה להתבסס על כך יש ספק באשר לעדיפות של המילוי 1, וכדי לעורר ספק די בהטייה של אינדקס אחד. הערכיות היא חריגה, והיא לבדה אינה יכולה להתמודד מול הטיות של אינדקסים אחרים לכיוון הנגדי, הן ליצירת פירכא והן ליצירת עדיפות.

למעשה, לאחר שהוספנו את שלושת האינדקסים האחרים לשיקול העדיפות, יוצא שהערכיות לא משחקת שום תפקיד (קודם לכן היא היתה משמעותית בניתוח של בניין אב, אבל כעת המלאכה נעשית על ידי העדיפות במספר הנקודות). הוא הדין לגבי אינדקס שינויי הכיוון. עקרונית ניתן היה לוותר

עליהם כאינדקסים רלוונטיים לקביעת העדיפות, ואז לא היתה דרושה ההסתייגות שהוספנו. אמנם בהמשך נצטרך גם את שניהם, ולכן אנחנו שומרים אותם לצרכים עתידיים.[52]

<u>כלל 9</u>: הערכיות יכולה לקבוע עדיפות או אופטימליות, אך ורק אם אין עדיפות באף אינדקס אחר נגדה. שוויון (=פירכא) לעולם אינו נסמך על ערכיות נגד אינדקס אחר. במצב כזה ישנה עדיפות לכיוון שעליו מורה האינדקס האחר.

לסיום הפרק הזה נגדיר מהי פירכא:

<u>כלל 10</u>: פירכא היא מצב בו אין עדיפות, כלומר שאין כאן היסק הלכתי תקף למילוי משבצת הלאקונה. מצב כזה מתרחש באחד משני מקרים:

א. כאשר כל האינדקסים זהים עבור שני המילויים.

ב. כאשר ישנן עדיפויות סותרות באינדקסים שונים לטובת שני המילויים. זהו מצב שקול, ומבחינתנו זוהי פירכא על ההיסק. אין סיבה להניח שמספר העדיפויות לכל צד הוא חשוב, שכן התלמוד אינו נוהג לקזז פירכות. ברגע שיש עדיפות לצד אחד ועדיפות מבחינה אחרת לצד השני, שוב אין דרך להכריח את ההיסק, ולכן גם בחשיבה האינטואיטיבית של התלמוד זוהי פירכא.[53]

---

52 נציין כי תוצאה 2, לפיה בניין אב הוא היסק חלש יותר מאשר קו"ח, כעת אינה עולה באופן טבעי מהמודל. אמנם כבר למעלה הערנו שהיא שנויה במחלוקת בין הפרשנים (האם ניתן להעלות פירכא כל דהו נגד בניין אב). מסקנתנו כאן היא שככל הנראה בניין אב אינו חלש יותר. חשוב להדגיש שמה שמפורש בתלמוד הוא שניתן להעלות פירכא כל דהו כנגד היסק של הצד השווה (=בניין אב משני כתובים). שלושה סוגים של היסקי הצד השווה יידונו להלן, ושם נחזור לנקודה זו.

53 מקרה חריג מופיע בסוגיית ב"מ, מא ע"ב (וראה גם שם צד ע"ב), "קרנא בלא שבועה עדיפא מכפילא בשבועה". שם לכאורה הגמרא מקזזת פירכות. זהו מקרה חריג מאד בש"ס, ואנחנו נטפל בו בהמשך.

בסוף הספר נראה שבמקרים מסויימים מופיעה גם מסקנה לוגית מטיפוס שלישי: הוכחה נגדית. כפי שראינו, הוכחה היא מצב בו יש שיקול עדיפות לטובת מילוי 1. פירכא היא מצב של שקילות בין המודלים לשני המילויים. הוכחה נגדית היא מצב בו יש שיקול עדיפות למילוי 0.

פרק רביעי: היסקים מורכבים: שלושת היסקי ההכללה

מבוא

בפרק זה ניישם את המודל שבנינו מתוך ארבעת ההיסקים הפשוטים, לגבי היסקים מורכבים יותר. לשם כך נמשיך לעקוב אחרי השלבים הבאים בסוגיית קידושין. סוג ההיסק העיקרי בו יעסוק הפרק הזה, הוא 'הצד השווה' (=בניין אב משני כתובים), כלומר הכללה. היסק זה עולה בשלב 5 בסוגיא, לאחר שפרכנו את שני הניסיונות (הקו״ח שנדון בשלב 1 ובניין-אב שנדון בשלב 3). הוא מרכיב את שניהם, ומתוך הצירוף הוא מוכיח בשיקול מורכב יותר שחופה אכן מחילה אירוסין. כפי שכבר הערנו, זהו מבנה קאנוני שמופיע רבות בספרות התלמודית, אך למעשה הוא אינו מיוחד לה. גם היסק זה מייצג צורת חשיבה אוניברסלית.

שלושה סוגים של היסקי הכללה: 'הצד השווה'

בדוגמא שהבאנו למעלה להכללה, נראה שבהיסק כזה יש שני מלמדים (כדור וכסא) ולמד אחד (עצם אחר, כגון: ספר). לכל אחד משני המלמדים יש מאפיין ייחודי (חומרא) שאינו קיים במלמד השני, וגם לא בלמד (לכסא יש רגליים אך הוא אינו עגול, ולכדור יש צורה עגולה אך אין לו רגליים. לספרים אין רגליים וגם לא צורה עגולה). כפי שכבר הערנו, כל אחד משני המלמדים יכול להתייחס ללמד דרך 'בניין אב מכתוב אחד' או דרך קו״ח. תהיה לכך השלכה על צורת הטבלא, אבל כפי שנראה זה אינו משפיע על תקפות ההיסק.
נשוב כעת לסוגיא בקידושין. לאחר שני הניסיונות ללמוד את מילוי הלאקונה (חופה באירוסין), האחד בקו״ח מכסף, שנדחה ע״י פירכא מפדיון הקדש ומעשר שני, והשני בבניין אב מביאה, שנדחה על ידי יבמה, הגמרא שבה ומנסה לעשות זאת משני המלמדים גם יחד.
טבלת הנתונים שמתקבלת במקרה זה היא הבאה:

Y	P	A	N	
0	1	1	0	**m**
0	0	?	1	**h**
1	0	1	1	**b**

טבלא 5 (הצד השווה)

חשוב להבין שזו אינה טבלא שנוצרה כאן מנתונים מקריים. זוהי טבלא
אוניברסלית, שמופיעה בכל לימודי הצד השווה שבספרות התלמודית, ובעצם
בכל הכללה שאנחנו עושים בכל תחום שהוא. שתי העמודות השמאליות הן
התכונות הייחודיות של המלמדים. כפי שכבר הסברנו, התכונה המיוחדת
למלמד הראשון (כסף, שהוא פודה מעשר שני והקדש) לעולם אינה קיימת
במלמד השני (ביאה) ובלמד (חופה). הוא הדין לגבי התכונה המיוחדת למלמד
השני (ביאה, שהיא קונה ביבמה), שלעולם אינה קיימת במלמד הראשון (כסף)
ובלמד (חופה). מאידך, גם כסף וגם ביאה (=המלמדים) לעולם מחילים
אירוסין, שאם לא כן לא ניתן היה ללמוד מהם לגבי חופה. ולגבי חופה
(=הלמד) המצב לגבי אירוסין אינו ידוע. זוהי משבצת הלאקונה בטבלא,
שבכדי למלא אותה נחוץ ההיסק.

עד כאן הסברנו מדוע שלושת העמודות השמאליות בטבלא 5 הן
אוניברסליות. דרגת החופש היחידה בטבלא זו נמצאת בעמודה הימנית של
הטבלא. שם המילוי של הלמד (חופה) הוא תמיד 1, שהרי זהו העוגן לשני
הלימודים הבסיסיים (הקו״ח מכסף, ובניין האב מביאה). אבל המילוי של
שתי המשבצות ששייכות לשני המלמדים יכול להשתנות: כאשר המלמד
הבסיסי הוא קו״ח – אזי המילוי של המשבצת המתאימה לו הוא 0 (כמו
בכסף). וכאשר הלימוד מהמלמד הבסיסי הוא בבניין אב (אנלוגיה) – אזי
המילוי במשבצת המתאימה לו הוא 1 (כמו בביאה).

מכאן עולה שישנם שלושה סוגים של היסקי הצד השווה, ונתוניהם מובחנים זה מזה אך ורק בעמודה הימנית בטבלא: במקרה שבו שני ההיסקים הבסיסיים הם בניין אב - כל העמודה הימנית היא 1. במקרה בו שני ההיסקים הבסיסיים הם קו״ח - אז שתי המשבצות הקיצוניות בעמודה הימנית הן 0. ואם היסק בסיסי אחד הוא קו״ח והשני הוא בניין אב (כמו במקרה שלנו), אז יש בעמודה הימנית שתי משבצות של 1 ומשבצת אחת של 0.[1]

הנתון שעולה מספרות ההלכה הוא שלשלושת סוגי הטבלאות הללו יש היסק שמוכיח שהמילוי 1 הוא המילוי הנכון. עלינו לבדוק זאת במתודה שפיתחנו כאן, אך קודם לכן נתאר את ההיסקים הללו בדרך המסורתית, האינטואיטיבית.

ההסבר המסורתי להיסק הכללה

למעשה יש לנו שני מלמדים, שלכל אחד יש תכונה ייחודית (חומרא) שמפריעה לנו ללמוד ממנו לבדו אל הלמד. אבל העובדה שיש שני מלמדים שהתכונה של האחד לא קיימת בזולתו, מורה לנו שלא התכונות הללו הן הגורמות לדין הנלמד, אלא תכונה אחרת, שהיא משותפת לשני המלמדים, ומחמתה הדין הנלמד קיים בשניהם. אך תכונה זו קיימת גם בלמד, מכאן המסקנה שהדין הנלמד צריך להיות גם בלמד.

השאלה שמתעוררת כאן היא מדוע לא נניח שבאמת יכולים להיות שני גורמים שונים לדין הנדון? לדוגמא, ישנה בכסף תכונה ייחודית (=פרמטר מיקרוסקופי α) אשר גורמת להחלת פדיון מעשר שני. תכונה זו לא קיימת בביאה, ולכן ביאה אינה מחילה פדיון מעשר שני. לעומת זאת, ישנה בביאה תכונה ייחודית אחרת (=פרמטר מיקרוסקופי β), שגורמת לקנייה ביבמה.

---

[1] אין צורך להבחין בין מקרה שבו העליון הוא קו״ח והתחתון הוא בניין אב, לבין מקרה הפוך. במקרה זה פשוט נחליף את השורות והעמודות של שתי הפעולות ושתי הפירכות שלהן, ונקבל שוב את אותה טבלא.

תכונה זו לא קיימת בכסף. שתי התכונות הייחודיות הללו אינן קיימות בחופה, שהרי היא אינה קונה ביבמה וגם לא פודה מעשר שני.

בנוסף, ישנה הנחה שיש משהו משותף לשלושת הפעולות ההלכתיות (כמו המסה, לגבי ספר, כסא ושולחן), שאם לא כן לא היה מקום לנסות וללמוד מאחת מהן משהו על השנייה. נסמן אותו באות γ.

עד כאן מתקבלת התמונה הבאה:

כסף: (1,0,1)

חופה: (0,0,1)

ביאה: (0,1,1)

המקרה של הצד השווה משני בנייני אב הוא הפשוט יותר בתמונה האינטואיטיבית, שכן במקרה זה כל העמודה הימנית היא 1. מכאן ניתן להסיק שהנישואין מוחלים על ידי הפרמטר γ. זהו 'הצד השווה' שישנו בכולם, והוא אשר מחיל את האירוסין.

כעת עומדות בפנינו שתי אפשרויות: א. שהפרמטר γ אחראי גם על האירוסין, ומכאן שחופה אכן מחילה אירוסין. ב. האירוסין מוחלים על ידי כל אחד משני הפרמטרים שקיימים בכסף וביאה ולא בחופה, α או β, ולכן חופה אינה יכולה להחיל אירוסין.

העדיפות האינטואיטיבית היא לאפשרות א', שכן לפי עקרון התער של אוקאם עדיף להניח שיש רק גורם אחד לתוצאה נתונה, ולא שכל אחד משני גורמים שונים לבדו יכול לחולל אותה. זהו ההסבר המקובל להיסק 'הצד השווה'.[2]

כאשר לפחות אחד המלמדים הבסיסיים הוא קו"ח, אזי המשבצת המתאימה לו בעמודה הימנית היא 0, ואז הפרמטר γ שמשותף לכל הפעולות ההלכתיות אינו מחולל לבדו את הנישואין, והתמונה מעט מסתבכת. אנו נדון במקרה זה להלן.

---

[2] ראה **שתי עגלות**, עמ' 479-482.

נעיר כי התיאור שהצענו מציע מודל תלת-פרמטרי לצד השווה, והעדיפות
אינה מנוסחת במונחי המודל אותו פיתחנו. כעת עלינו לראות האם המודל
שלנו אכן מתאים גם להיסקי הצד השווה. לשם כך עלינו ליישם את המתודה
שהוגדרה למעלה על טבלאות הנתונים של היסקי הצד השווה.

מודל מיקרוסקופי להיסק הכללה

נעבור כעת למדל את היסק ההכללה (הצד השווה). היסק זה עולה בסוגיא
בשלב 5, וכבר ראינו שמתקבלת עבורו טבלת הנתונים הבאה:

Y	P	A	N	
0	1	1	0	**m**
0	0	?	1	**h**
1	0	1	1	**b**

טבלא 5 (הצד השווה)

נמצא כעת מודל אופטימלי בשני המילויים:

מודל אופטימלי לדיאגרמה 5א – הצד השווה במילוי 1

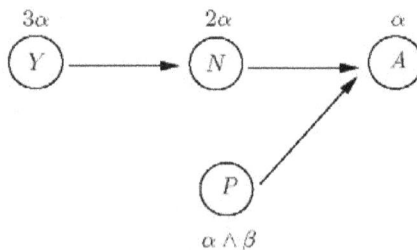

את המודל בנינו על ידי כך שהנחנו שאירוסין מוחל על ידי הפרמטר המיקרוסקופי α, ואח"כ מגדילים את הערכיות באחד משני הכיוונים. תוצאת המודל עבור הפעולות מתקבלת מן הטבלא, והיא:

כסף: (1,1)

חופה: (2,0)

ביאה: (3,0)

יש לשים לב שגם בפתרון שלנו מי שמחיל את האירוסין (α) קיים בשלושת הפעולות ההלכתיות (אמנם במינונים שונים). זהו ביטוי יעיל יותר (=אופטימלי) להיסק הצד השווה. ההיסק האינטואיטיבי למעלה נותן פתרון לא אופטימלי, שכן הוא מייחד לצד השווה פרמטר עצמאי, ובכך מגדיל את המימד של המודל. כאן זהו מודל אופטימלי יותר, שכן הצד השווה נמצא על אותו ציר כמו הפרמטרים שמחוללים חלק מהפירכות, וההבדלים הם רק בעוצמות. הפתרון האינטואיטיבי יוצר מודל בעל יותר פרמטרים, ולכן הוא פחות אופטימלי. ובכל זאת הפתרון שלנו מקיים גם הוא את הדרישה שיהיה 'צד שווה' שיחיל את האירוסין ואת הנישואין. די ברור שיהיו כאן הבדלים בין צד שווה שבנוי על שני בנייני אב או על שני קו"ח לבין צד שווה שבנוי על קו"ח ובניין אב (וכבר למעלה ראינו שההסבר האינטואיטיבי אינו לגמרי ברור עבור שני המקרים האחרים). אנו ננתח זאת להלן.

רק כדי להדגים את האפשרויות, נוסיף כאן עוד פתרון אפשרי לדיאגרמה הזו:

מודל אופטימלי אלטרנטיבי לדיאגרמה 5

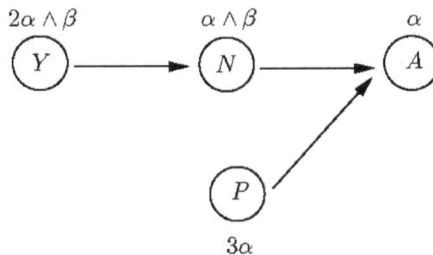

$$3\alpha$$

במקרה זה בחרנו להגדיל את הערכיות בכיוון P, ואז היה עלינו להגדיל אותה לערך 3, כדי ליצור מצב ש-P אינו מקיים שום יחס סדר עם Y. הגדלת הערכיות של β בנוסף ל-α אינה אפשרית לפי המגבלה שהטלנו לעיל (עיקרון 2).

הפתרון עבור הפעולות הוא:

כסף : (3,0)

חופה : (1,1)

ביאה : (2,1)

גם בפתרון הזה יש פרמטר (α) שמחיל את האירוסין והוא קיים בכל הפעולות ההלכתיות, כלומר הוא מתאים לאינטואיציה של 'צד שווה' (כאן כסף אינו מחיל נישואין, שכן מדובר בקו"ח, ולכן הפרמטר הזה אינו שולט על הנישואין אלא רק על האירוסין, שלא כמו במקרה של שני בנייני אב שנראה מייד). ושוב, אין כאן פרמטר מבודד נוסף שמשותף לשלושת הפעולות (γ) כמו שיש בהסבר האינטואיטיבי, שכן כאן זהו מודל אופטימלי יותר למילוי הזה.

בשני הפתרונות עבור מילוי 1 הערכיות היא 3, והמודל הוא דו-פרמטרי. הגרף הוא כמובן אותו גרף (צורת הגרף נובעת מטבלת הנתונים, והיא אינה תלויה בפתרונות השונים). לכן לצורך קביעת העדיפות של מילוי 1 ברור שאין כל הבדל בין שני המודלים הללו.

כעת עלינו לשרטט את הדיאגרמה של מילוי 0 :

מודל אופטימלי לטבלא 5ב – הצד השווה במילוי 0

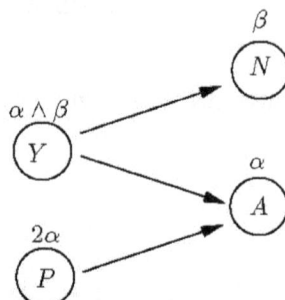

והפתרון עבור הפעולות:

כסף: (2,0)

חופה: (0,1)

ביאה: (1,1)

כאן קיימת האלטרנטיבה הנחותה שמוצגת גם בהסבר האינטואיטיבי, שכן יש בכסף וביאה משהו שאין בחופה (α), והוא זה שמחיל את האירוסין. לכן לפי ההצעה הזו חופה לא מחילה אירוסין.

כעת עלינו לבדוק האם אכן ההיסק הוא תקף. לשם כך עלינו להשוות את חמשת האינדקסים של המודלים עבור שני המילויים, ולראות האם באמת המילוי 1 עדיף. שני המודלים הם דו-פרמטריים. הערכיות בדיאגרמה 5א היא 3 ובדיאגרמה 5ב היא 2. אבל בדיאגרמה 5ב יש שני שינויי כיוון (במעבר מ-P ל-N, משנים כיוון גם כשחוצים את Y וגם כשחוצים את A), ואילו בדיאגרמה 5א יש רק שינוי כיוון אחד (במעבר מ-P ל-N יש שינוי כיוון רק כשחוצים את A).

אם כן, המודל 5א הוא עדיף מבחינת שינויי הכיוון על אף שהוא נחות מבחינת הערכיות. כפי שקובעת כלל 9, מצב כזה נדון כעדיפות של מילוי 1. בזאת אישרנו גם את תקפותו של היסק ההכללה (=הצד השווה) במודל שלנו. זהו הביטוי הפורמלי לתער של אוקאם במינוח של המודל הזה. היסק זה גם מראה את משמעות הלוגית של האינדקס של שינויי הכיוון. הוא שיוצר את העדיפות של המילוי 1 בסוג ההיסק הזה.

בדיקה לגבי שני הסוגים הנוספים של היסקי הצד השווה

כעת עלינו לבדוק את מה שמתקבל בשני הסוגים הנותרים של הצד השווה (כשהלימודים הבסיסיים שמצטרפים לצד השווה הם שני בנייני אב, וכשהם שני קו״ח).

עבור הצד השווה שמתבסס על שני בנייני אב, הטבלא המתקבלת היא הבאה:

Y	P	A	N	
0	1	1	1	**m**
0	0	?	1	**h**
1	0	1	1	**b**

טבלא 5.1 (הצד השווה משני בנייני אב)

(נעיר כי הדין עבור כסף בנישואין אינו נכון על פי ההלכה, אבל אנחנו מניחים זאת לצורך הצגת מלאה של המודל)

המודלים האופטימליים לדיאגרמות עבור הטבלא הזו הם:

<u>מודל אופטימלי עבור דיאגרמה 5.1א – הצד השווה שמבוסס על שני בנייני אב במילוי 1</u>

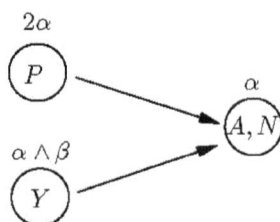

זוהי תמונה כמו דיאגרמה 2א (של פירכא על קו"ח במילוי 1). הפתרון הפעולות הוא:

כסף: (2,0)

חופה: (1,0)

אנו רואים כאן את האינטואיציה שיש פרמטר משותף לשלושת הפעולות (α), וכצפוי כשההיסקים הבסיסיים הם שני בנייני אב אזי הוא זה שמחיל גם את האירוסין וגם את הנישואין.

<u>מודל אופטימלי עבור דיאגרמה 1.5ב – הצד השווה שמבוסס על שני בנייני אב במילוי 0</u>

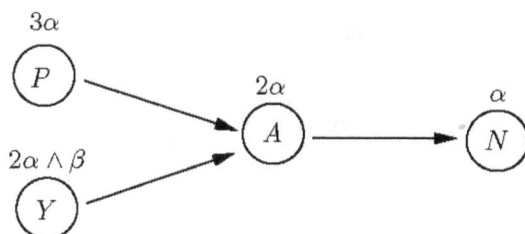

(נעיר כי אם היינו שמים באירוסין $\alpha \wedge \beta$, אזי היינו מקבלים ב-Y וב-P ערכיות 2 בשני פרמטרים שונים, וזה היה בניגוד לעיקרון 2)

הפתרון לפעולות הוא:

כסף: (3,0)

חופה: (1,0)

ביאה: (2,1)

יש כאן משהו משותף לכסף ולביאה ולא לחופה (שבשניהם יש לפחות 2α), וההנחה היא שהאירוסין מוחלים על ידיו (ואכן זה מה שרואים בדיאגרמה, שאירוסין מוחלים על ידי 2α). זוהי בדיוק האלטרנטיבה הנחותה של ההכללה, כפי שהסברנו אינטואיטיבית.

כעת עלינו להשוות את שני המילויים ולהחליט האם ההיסק הוא תקף. מבחינת הערכיות המילוי 1 עדיף (ערכיות 2) על המילוי 0 (ערכיות 3). מבחינת

המימד והקישוריות הם זהים. מבחינת מספר הנקודות הכולל מילוי 1 עדיף (יש לו 3 נקודות שונות בדיאגרמה, ולמילוי 0 יש 4 נקודות שונות). ומבחינת שינויי כיוון הם שקולים (שינוי כיוון אחד מ-Y ל-P, כשחוצים את A).

אם כן, המילוי 1 עדיף על המילוי 0 בגלל מספר הנקודות בגרף. היסק ההכללה הזה מאושר גם הוא במודל שלנו. שיקול זה גם מראה את המשמעות של האינדקס של מספר הנקודות, שכן הוא שקובע את העדיפות של המילוי 1 בסוג ההיסק הזה.

נותר לנו לבדוק את הצד השווה שמבוסס על שני קו"ח. טבלת הנתונים במקרה זה היא:

Y	P	A	N	
0	1	1	0	m
0	0	?	1	h
1	0	1	0	b

טבלא 5.2 (הצד השווה משני קו"ח)

הדיאגרמות הן :

מודל אופטימלי עבור דיאגרמה 5.2א – הצד השווה שמבוסס על שני קו"ח במילוי 1

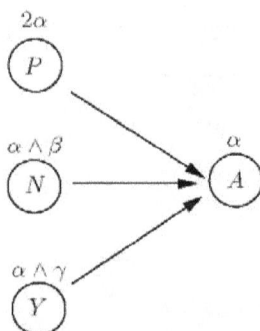

הפתרונות עבור הפעולות הם :

כסף : (2,0,0)

חופה : (1,1,0)

ביאה : (1,0,1)

גם כאן יש פרמטר משותף לכל הפעולות (α) שהוא אשר מחיל את האירוסין.

מודל אופטימלי עבור דיאגרמה 5.2ב – הצד השווה שמבוסס על שני קו"ח במילוי 0

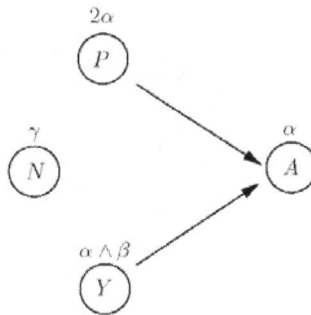

הפתרונות עבור הפעולות הם :

כסף : (2,0,0)

חופה : (0,0,1)

ביאה : (1,1,0)

גם כאן יש פרמטר שנמצא בכסף ולא בשני האחרים (2α), ויש פרמטר שנמצא בביאה ולא בשני האחרים (β), אלא שכאן מי שמחיל את האירוסין הוא פרמטר משותף לשניהם שאינו נמצא בחופה (α).

האם ההיסק הזה גם הוא תקף? לשם כך עלינו להשוות את המודלים לשני המילויים. בשני המקרים המימד הוא 3, הערכיות היא 2, מספר הנקודות הבלתי תלויות הוא 4 ומספר שינויי הכיוון הוא 1. ההבדל היחיד הוא

בקשירות, שהיא עדיפה במילוי 1. הדיאגרמה של מילוי 2 מפוצלת לשני חלקים בלתי תלויים, וזה מעמיד אותה במצב נחות.

אם כן, גם ההיסק הזה הוא תקף במודל שלנו. מכאן אנו רואים את המשמעות הלוגית של האינדקס השלישי, הקשירות, שכן הוא שגורם לעדיפות של המילוי 1 בהיסק מסוג כזה.

סיכום קצר: אישור לוגי-תלמודי לתוצאות שהתקבלו מתורת הגרפים

בפרק זה בחנו את שלושת הסוגים האפשריים של היסקי ההכללה. ראינו שכולם תקפים, אך כל אחד מהם מסיבה שונה. במקרה הראשון העדיפות של מילוי 1 התבססה על שינויי הכיוון, במקרה השני על מספר הנקודות בגרף, ובמקרה השלישי על קשירות.

כפי שהערנו, ניתן לראות כאן אישור נוסף לחשיבותם ולמשמעותם הלוגית של שלושת האינדקסים הטופולוגיים שהגדרנו לעיל בשיקול העדיפות הכללי. כפי שהערנו למעלה (ראה ביתר פירוט במאמר באנגלית), יש לאינדקסים הללו בסיס מוצק בתורת הגרפים. כאן אנחנו רואים שכל אחד מהם משפיע על היסק מסוג שונה, ולכן לכל אחד מהם ישנה הצדקה ברורה כאינדקס שקובע עדיפות היסקית. שני האינדקסים הנוספים (המימד והערכיות) הם בעלי משמעות מובנת מאליה, כפי שראינו כבר מתחילת הדרך.

נעיר עוד כי מבחינת הערכיות שלושת ההיסקים הללו שוב מתפלגים בין שלושת האפשרויות: בצד שווה שמבוסס על שני קו״ח שני המילויים הם שקולים מבחינת הערכיות. בצד שווה שמבוסס על קו״ח ובניין אב המילוי 0 עדיף מבחינת הערכיות. ובצד שווה שמבוסס על שני בנייני אב המילוי 1 הוא העדיף מבחינת הערכיות. כלומר שלושת היסקי ההכללה הם אבני בניין יסודיות שמבחינות היטב בין כל האינדקסים שהגדרנו. לכל אחד מהם יש תכונות ייחודיות ומשלימות לשני חבריו. להלן נראה שהקו״ח הוא ההיסק שמשלים את שלושתם (שכן אצלו העדיפות אינה טופולוגית, אלא מבחינת המימד).

<u>תוצאה 3</u>: היסקי ההכללה הם היסקים יסודיים שמובחנים זה מזה בדיוק במונחי המדדים הטופולוגיים שהגדרנו. לכל אחד יש תכונה ייחודית משלו, שקשורה למדד שונה משלושת המדדים הטופולוגיים שלנו. כפי שראינו, הם מובחנים זה מזה גם מבחינת אינדקס הערכיות.

הערה על מעמדם של היסקי הכללה

הזכרנו שמקובל להניח שקו״ח הוא היסק חזק יותר מאשר בניין אב. במסגרת המודל שלנו, מסקנתנו היא שקשה לראות מדוע, שכן בקו״ח העדיפות של מילוי 1 היא על בסיס המימד והקשירות נגד הערכיות, ואילו בבניין אב העדיפות היא על בסיס מס׳ הנקודות והערכיות. אמנם נראה שניתן להסביר זאת בשתי צורות:

א. ייתכן שעדיפות בשני פרמטרים חזקים (מימד וקשירות) היא חזקה יותר מאשר עדיפות על בסיס פרמטר חזק אחד (מס׳ נקודות בלתי תלויות. כבר ראינו שהערכיות היא פרמטר חלש).

ב. אפשרות נוספת היא שהעדיפות במימד חזקה יותר מאשר העדיפויות הטופולוגיות (כלומר אלו שבאות מכוח האינדקסים של שינוי כיוון, קשירות ומס׳ נקודות).

אחת ההשלכות היא בשאלת פירכא כל דהו על בניין אב מכתוב אחד, שלגביה נחלקו הראשונים (ראה חולין קטז, ובאנצי״ת ע׳ ׳בנין אב׳, הערות 70-68).

מה באשר לשלושת היסקי ההכללה? מפרשי התלמוד (ראה אנצי״ת שם, הערה 60) חלוקים ביניהם בשאלה האם היסק של הצד השווה שמתחיל בקו״ח (ולאחר מכן מופרך וחוזר ועומד מכתוב נוסף) מעמדו נותר כשל קו״ח, או שהוא יורד להיות כשל בניין אב משני כתובים (היסק הכללה שמבוסס על שני בנייני אב). כדי לבחון זאת עלינו לנתח כל סוג של הכללה לחוד. אמנם אנחנו רואים שכל אחד משלושתם מבסס את העדיפות שלו על אינדקס טופולוגי שונה, אבל בכל אחד מהם העדיפות היא על בסיס אינדקס אחד, ולכן נראה שעוצמותיהם הלוגיות אמורות להיות דומות זה לזה. זה כמובן

מאשר את הטענה שגם אם מתחילים בקו״ח, מבנה של צד שווה לעולם הוא בעוצמה של בניין אב, שהיא חלשה מקו״ח.

ראינו שבקו״ח העדיפות של המילוי 1 (כלומר עוצמת ההיסק) מבוססת על אינדקסי הקשירות והמימד. ואילו בשלושת ההיסקים הללו העדיפות היא מכוח אחד משלושת האינדקסים הבאים: שינוי כיוון, קשירות, מס׳ נקודות. אם כן, עוצמתו של הקו״ח על פני שלושת היסקי ההכללה יכולה להיות מוסברת גם כאן באותן שתי צורות:

א. ייתכן שפרמטר המימד הוא החשוב ביותר לקביעת עוצמתו של ההיסק (שהרי הוא באמת האינטואיטיבי ביותר, וממנו יצאנו: כמה פרמטרים מיקרוסקופיים דרושים כדי להסביר את הגרף).

ב. עוצמתו של הקו״ח מבוססת על יתרון למילוי 1 בשני אינדקסים, בעוד שכל היסקי ההכללה מבוססים על יתרון מבחינת אינדקס יחיד. במובן הזה הם דומים לבניין אב.

אנחנו שוב רואים את ההקבלה המלאה שקיימת בין שלושת היסקי ההכללה לבין בניין אב מכתוב אחד. הנחיתות של כל אלו מול הקו״ח היא בדיוק מאותו טיפוס, ולכן לא פלא שהמפרשים כותבים שהיסקי צד שווה גדרם הוא כשל בניין אב ולא כשל קו״ח. ובפרט רואים כאן שאפילו היסק הכללה שמבוסס על שני קו״ח מאבד את עוצמתו. הוא גרוע יותר מאשר קו״ח יחיד, ובעצם הוא דומה לצד שווה שמבוסס על בניין/י אב, בדיוק כמו שכתבו חלק מהמפרשים. זאת מכוח אותם שני הסברים שהבאנו למעלה.[3]

אם כן, כל התוצאות הללו מאושרות היטב על ידי המודל שלנו.

***תוצאה 4:** הקו״ח הוא היסק חזק יותר מאשר בניין אב, כמו גם משלושת היסקי הצד השווה. אלו זהים עוצמתם לבניין אב מכתוב אחד. הצענו שני הסברים לעוצמתו של הקו״ח:*

---

[3] נעיר כי המודל שלנו תומך בשיטת הר״ן בסוגיית חולין הנ״ל, וזה קצת נגד המשתמע מתוס׳ שם (ראה אנצי״ת הנ״ל).

א. עדיפות של המימד על אינדקסים טופולוגיים.

ב. עדיפות בשני אינדקסים חזקה יותר מעדיפות באינדקס יחיד. מסתבר שפירכא כל דהו תועיל בשלושת ההיסקים הללו, כמו גם בבניין אב מכתוב אחד.

נעיר כי בהקשר זה יש אולי מקום לבדוק גם שיקולי ערכיות. אמנם עדיפותו של קו״ח על בניין אב היא למרות היפוך ביחסי הערכיות (ראה טבלת סיכום 1), אך כאשר נשווה אותו אל מול שלושת היסקי הצד השווה נראה שלהיסק מכוח בנייני אב יש יתרון בערכיות. לא ברור האם יש לכך משמעות (לדוגמא, שפירכא כל דהו לא תועיל לפרוך אותו, אלא רק את שני היסקי ההכללה האחרים).

פירכא על הצד השווה: הסבר אינטואיטיבי

בשלב 6 הסוגיא מעלה פירכא על היסק הצד השווה (משלב 5). אינטואיטיבית, כאשר רוצים לפרוך היסק של הכללה (צד שווה), יש למצוא מאפיין ייחודי שקיים בשני המלמדים אך לא בלמד. במקרה כזה אנחנו תולים את התוצאה (ההלכתית או המדעית) באותו מאפיין, וזה מונע מאיתנו להחיל את מסקנת ההכללה על הלמד. לדוגמא, אם נמצא משהו שמשותף לשולחן ולכדור שלא קיים בספר, זה מעלה אפשרות שדווקא הרכיב הזה הוא שגורם לנפילה לכדור הארץ, ולא הצד המשותף לכולם.

כפי שראינו למעלה, מבחינה אינטואיטיבית האלטרנטיבות שמתמודדות בהיסק הכללה הן:

1. יש גורם שקיים בשלושת העצמים והוא שגורם לנפילה לכדור הארץ.
2. הנפילה לכדור הארץ נגרמת מחמת גורם שיש בכדור או גורם שונה שישנו בשולחן, ושניהם לא קיימים בספר. כאמור, כאן התער של אוקאם מעניק עדיפות לאפשרות 1.

אולם מה אם נמצא אלטרנטיבה שלישית:

1. ישנו גורם אחד משותף לשני המלמדים (=שולחן וכדור) שאינו קיים בלמד (=ספר).

במקרה כזה ברור שהאלטרנטיבה הזו תהיה לא פחות טובה מהאלטרנטיבה 1. התער של אוקאם אינו מבחין בין 1 ל-3. זו בדיוק המשמעות של פירכא, שכן היא מותירה שתי אלטרנטיבות במעמד שווה, ובכך היא מערערת את ההיסק שטוען לעדיפות של אחת מהן.

לשם הפשטות, מכאן והלאה נעסוק רק בצד השווה שהובא בסוגיית קידושין, ולא ניזקק בכל פעם מחדש לשני הסוגים הנוספים שנדונו לעיל.

מודל מיקרוסקופי לפירכא על הצד השווה

במקרה שהבאנו מסוגיית קידושין, הפירכא שמצאה הגמרא היא שבכסף וביאה ישנה הנאה מרובה, מה שלא קיים בחופה. לכן היכולת שלהם להחיל אירוסין יכולה להיות תלויה דווקא בהנאה, והמסקנה לגבי חופה כבר אינה הכרחית, כלומר ההיסק הופרך.

במקרה כזה הטבלא היא הבאה:

H	Y	P	A	N	
1	0	1	1	0	**m**
0	0	0	?	1	**h**
1	1	0	1	1	**b**

טבלא 6 (פירכת עמודה על הצד השווה)

נמצא כעת את המודלים האופטימליים עבור שני המילויים לטבלא זו:

מודל אופטימלי עבור דיאגרמה 6א - פירכא על הצד השווה במילוי 1

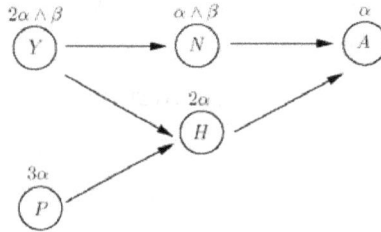

הפתרון עבור הפעולות הוא:

כסף: (3,0)

חופה: (1,1)

ביאה: (2,1)

מודל אופטימלי עבור דיאגרמה 6ב - פירכא על הצד השווה במילוי 0

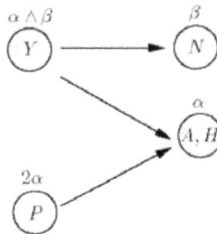

למעשה, זוהי טבלא זהה לטבלא 5ב. הפתרון עבור הפעולות הוא:

כסף: (2,0)

חופה: (0,1)

ביאה: (1,1)

אנו רואים שיורד ערך 1 מהפרמטר α בכל הפעולות. המשמעות של הדבר היא שיש פרמטר משותף שקיים בכסף וביאה אך לא בחופה, והוא שמחיל את

האירוסין. זו בדיוק האינטואיציה של הפירכא כפי שהסברנו אותה כאן למעלה.

כדי לבדוק אם ההיסק תקף, עלינו להשוות בין שני המילויים. המימד בשני המקרים הוא 2, הערכיות במילוי 1 היא 3 ובמילוי 0 היא 2. הקשירות בשני המקרים היא 1. מספר הנקודות הכולל הוא 5 במילוי 1, ו-4 במילוי 0. לעומת זאת, מספר שינויי הכיוון בדיאגרמה 6א הוא 1 ובדיאגרמה 6ב הוא 2 (מ-P ל-N, כשחוצים את H. בדיוק כמו בדיאגרמה 5ב).

אם כן, מילוי 1 הוא עדיף מבחינת שינויי כיוון, ונחות מבחינת מספר הנקודות והערכיות. לכן אין אפשרות להכריע מי מהמילויים הוא עדיף, ואנחנו נותרים במצב של פירכא. אם כן, גם פירכא על הצד השווה מתאשרת במודל שלנו:

	צד שווה בניין אב וקו"ח		צד שווה משני בנייני אב		צד שווה משני קו"ח		פירכא על צד שווה מבניין אב וקו"ח	
דיאגרמה	5א	5ב	5.1א	5.1ב	5.2א	5.2ב	6א	6ב
מילוי	1	0	1	0	1	0	1	0
מימד	2	2	2	2	3	3	2	2
שינוי כיוון	1	2	1	1	1	1	1	2
קשירות	1	1	1	1	1	2	1	1
מס' נקי ב"ת	4	4	3	4	4	4	5	4
ערכיות	3	2	2	3	2	2	3	2
תוצאה	1 עדיף		1 עדיף		1 עדיף		שקול	

טבלת סיכום 2

138

סיכום

לסיכום דברינו בפרק זה, נציג כאן בטבלא לעיל את רשימת ההיסקים שנדונו כאן, ואת המסקנות העולות מהמודל שלנו לגבי העדיפויות באינדקסים השונים לגביהם :

פרק חמישי: היסקים מורכבים יותר

מבוא

בפרק זה נעסוק בטבלאות ודיאגרמות היסק מורכבות יותר, ונייש את המודל שפיתחנו על המקרים הללו. לצורך כך נמשיך לעקוב אחר השלבים הבאים במהלך סוגיית קידושין.

הצד השווה המורכב

את שלב 7 בסוגיא אין טעם לתאר בפירוט, שכן זהו היסק רגיל של בניין אב משטר, והוא זהה בדיוק למה שעשינו בשלב 3. גם הפירכא עליו מגירושין (ששטר מחיל גירושין וחופה לא), שנעשית בשלב 8 בסוגיא, שקולה למה שנעשה בשלב 4. לכן ברור ששני ההיסקים הללו ניתנים לתיאור וייצאו תקפים גם במודל שלנו. על כן אנחנו עוברים מייד לשלב 9, שבו הסוגיא מרכיבה היסק של צד שווה מורכב.

זהו היסק הצד השווה, שמבוסס על שני תת-היסקים שמרכיבים אותו: צד שווה (קו״ח מכסף ובניין אב מביאה) מורכב עם בניין האב משטר. בעצם יש כאן סוג רביעי של צד שווה, שבו אחד המלמדים הבסיסיים הוא צמד שמלמד בעצמו באמצעות צד שווה.

לאחר הצגת שתי עמודות עבור הפירכות (הנאה על הצד השווה הפשוט מכסף וביאה, וגירושין על בניין אב משטר) והצגת שורות עבור כל המלמדים (=הפעולות), טבלת הנתונים שמתקבלת במקרה זה מופיעה בעמוד הבא (טבלא 7):

140

G	H	Y	P	A	N	
0	1	0	1	1	0	m
0	0	0	0	?	1	h
0	1	1	0	1	1	b
1	0	0	0	1	0	w

טבלא 7 (הצד השווה המורכב)

נמצא כעת את המודלים האופטימליים עבור שני המילויים למשבצת הלאקונה :

מודל אופטימלי עבור דיאגרמה 7א - צד שווה מורכב במילוי 1

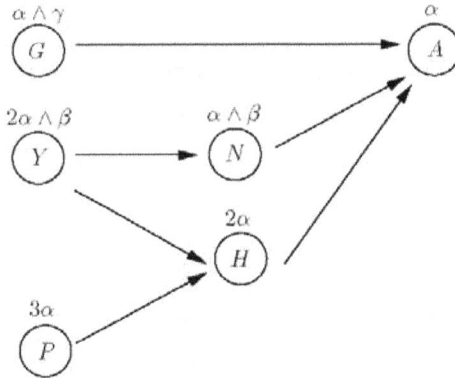

הפתרון עבור הפעולות הוא :
כסף : (3,0,0)
חופה : (1,1,0)
ביאה : (2,1,0)
שטר : (1,0,1)

מודל אופטימלי עבור דיאגרמה 7ב - צד שווה מורכב במילוי 0

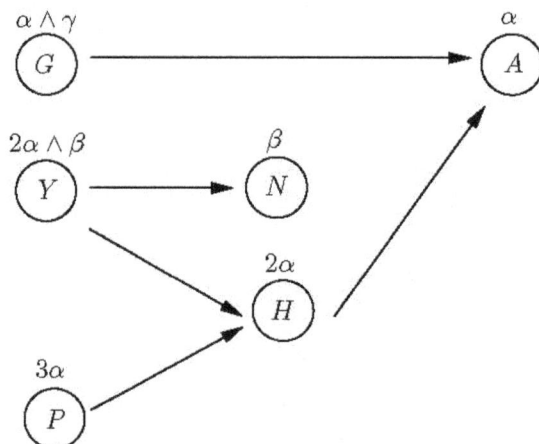

הפתרון עבור הפעולות הוא:

כסף: (3,0,0)

חופה: (0,1,0)

ביאה: (2,1,0)

שטר: (1,0,1)

כדי לראות האם ההיסק תקף, נשווה כעת את שני המילויים. בשניהם המימד הוא 3, וגם הערכיות 3. בשניהם הקשירות היא 1, ומספר הנקודות בדיאגרמה הוא 6. ההבדל הוא רק במספר שינויי הכיוון: במילוי 1 יש רק שינוי כיוון אחד ובמילוי 0 יש שניים (שוב, מ-P ל-N). לכן ההיסק הזה הוא תקף בגלל עדיפות למילוי 1 מבחינת אינדקס שינויי כיוון.

נציין שמצב זה זהה בדיוק לאופי העדיפות שמצאנו למילוי 1 בהיסק של הצד השווה הפשוט כששני המלמדים הם בניין אב וקו"ח (הצד השווה משלב 5). מסתבר שאותם ויכוחים שהזכרנו בין מפרשי התלמוד לגבי מעמדו של צד שווה כזה (האם הוא חזק כמו קו"ח או חלש כמו בניין אב), יהיו קיימים גם לגבי ההיסק הזה.

פירכא על צד שווה מורכב

בשלב 10 בסוגיא מוצגת פירכא על הצד השווה המורכב. הפירכא היא שכל
המלמדים פועלים בנסיבות מסויימות בעל-כורחה של האישה, מה שאין כן
חופה. זהו יתרון שמבטא עוצמה שיש להם, ולכן הוא פורך את ההיסק מהם
לחופה (שבה אין את החומרא/העוצמה הזו). האינטואיציה כאן מאד דומה
לזו שבפריכת הצד השווה הפשוט, יעויין בדברינו שם.

טבלת הנתונים למקרה זה מכילה עוד עמודה, ובה הפירכא:

K	G	H	Y	P	A	N	
1	0	1	0	1	1	0	**m**
0	0	0	0	0	?	1	**h**
1	0	1	1	0	1	1	**b**
1	1	0	0	0	1	0	**w**

טבלא 8 (פירכא על הצד השווה המורכב)

נציג כעת את שני המודלים האופטימליים, עבור שני המילויים:

מודל אופטימלי עבור דיאגרמה 8א, פירכא על הצד השווה המורכב במילוי 1

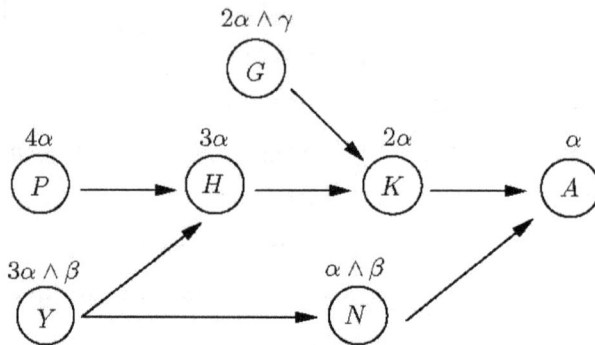

הפתרון עבור הפעולות הוא :

כסף : (4,0,0)

חופה : (1,1,0)

ביאה : (3,1,0)

שטר : (2,0,1)

מודל אופטימלי עבור דיאגרמה 8ב – פירכא על הצד השווה המורכב במילוי 0

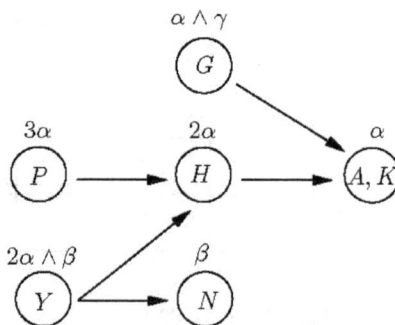

הפתרון עבור הפעולות הוא :

כסף : (3,0,0)

חופה : (0,1,0)

ביאה: (2,1,0)

שטר: (1,0,1)

בכדי לאשר את קיומה של הפירכא, עלינו להשוות את שני המילויים. המימד בשני המקרים הוא 3, והקשירות בשניהם היא 1. הערכיות היא 4 במילוי 1 ו-3 במילוי 0. מספר הנקודות הכולל בגרף הוא 7 במילוי 1 ו-6 במילוי 0. ומספר שינויי הכיוון הוא 1 במילוי 1 ו-2 במילוי 0.

אם כן, המילוי 0 עדיף מבחינת האינדקסים של ערכיות ומספר נקודות כולל, והמילוי 1 עדיף מבחינת אינדקס שינויי הכיוון. יש כאן עדיפויות לשני הכיוונים, ולכן לפי כלל 10 זוהי פירכא. אם כן, גם הפירכא הזו מתאשרת במודל שלנו.

ההיסק הסופי

בשלב 11 בסוגיא התלמוד מעמיד את עמדת רב הונא מחדש, בטענה שלדעתו כסף אינו קונה בכפייה (בניגוד למה שסובר בעל הפירכא). עבור מצב זה אנחנו מקבלים טבלת נתונים זהה לזו שהצגנו עבור שלב 10, פרט למשבצת אחת (שכן כעת ההנחה היא שכסף אינו פועל בכפייה):

K	G	H	Y	P	A	N	
0	0	1	0	1	1	0	m
0	0	0	0	0	?	1	h
1	0	1	1	0	1	1	b
1	1	0	0	0	1	0	w

טבלא 9 (תיקוף מחודש של הצד השווה המורכב)

נבחן כעת את שני המודלים עבור שני המילויים:

מודל אופטימלי עבור דיאגרמה 9א – תיקוף מחודש של הצד השווה המורכב במילוי 1

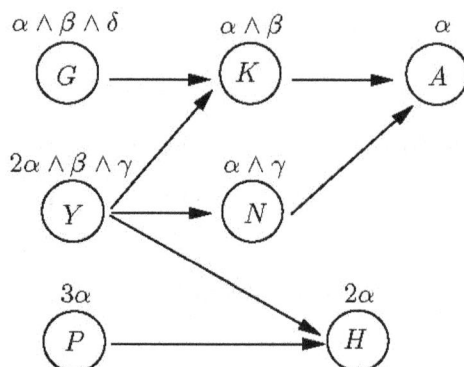

הפתרון עבור הפעולות הוא :
כסף : (3,0,0,0)
חופה : (1,0,1,0)
ביאה : (2,1,1,0)
שטר : (1,1,0,1)

מודל אופטימלי עבור דיאגרמה 9ב – תיקוף מחודש של הצד השווה המורכב במילוי 0

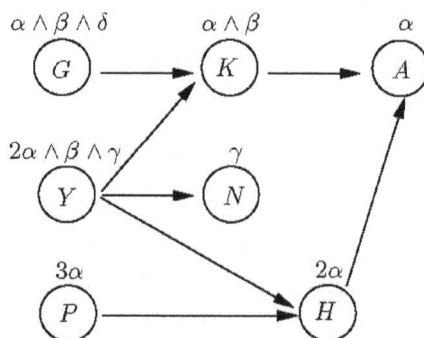

הפתרון עבור הפעולות הוא:

כסף: (3,0,0,0)

חופה: (0,0,1,0)

ביאה: (2,1,1,0)

שטר: (1,1,0,1)

ושוב, בכדי לאשר את תקפות ההיסק, עלינו להשוות את המילויים. בשני המילויים המימד הוא 4, והערכיות היא 3. הקשירות בשניהם היא 1, ומספר הנקודות הכולל בשניהם הוא 7. ההבדל הוא רק ביחס לשינויי הכיוון, שבמילוי 1 יש רק 1 ובמילוי 0 יש 2 (בין P ל-N או בין G ל-N).

ההיסק הוא תקף, ושוב בגלל עדיפות באינדקס שינויי הכיוון, כמו בשני היסקי הצד השווה (הפשוט והמורכב). אם כן, המשמעות של שינוי הנתון לגבי כסף בכפייה הוא שתיקפנו את הצד השווה המורכב, וכפי שראינו אם הוא תקף, אז הוא חוזר ומתקף את הצד השווה הפשוט. נעיר כי העדיפות שלו היא מוחלטת, כלומר אין כאן אפילו קיזוז של ערכיות. להלן נראה שיש לכך השלכות הלכתיות, לפחות לדעת התנא ר' יהודה.

סיכום

לסיכום דברינו בפרק זה, נציג כאן בטבלא את רשימת ההיסקים שנדונו כאן, ואת המסקנות העולות מהמודל שלנו לגבי העדיפויות באינדקסים השונים לגביהם:

	צד שווה מורכב		פירכא על צד שווה מורכב		תיקוף מחדש של צד שווה מורכב	
דיאגרמה	7א	7ב	8א	8ב	9א	9ב
מילוי	1	0	1	0	1	0
מימד	3	3	3	3	4	4
שינוי כיוון	1	2	1	2	1	2
קשירות	1	1	1	1	1	1
מסי נקי ב״ת	6	6	7	6	7	7
ערכיות	3	3	4	3	3	3
תוצאה	1 עדיף		שקול		1 עדיף	

טבלת סיכום 3

פרק שישי: פירכות במישור המיקרוסקופי

מבוא

עד כאן עסקנו בהתדיינות שנערכה כולה במישור הפנומנלי, כלומר בתחום
ההלכתי. עיון בהלכות שונות נתן לנו אינדיקציות לגבי ההרכב המיקרוסקופי
של הפעולות והתוצאות ההלכתיות, כלומר לגבי הפרמטרים שמאפיינים כל
אחת מהן, ולגבי הקשר בין הפרמטרים הללו. כפי שכבר הערנו, זהו תהליך
מקביל למה שנעשה בתחום המדעי, שגם בו אנחנו צופים בתופעות מדעיות
ומסיקים מהן מסקנות תיאורטיות לגבי יישים תיאורטיים וקשרים ביניהם.
אולם כפי שכבר הערנו בתחילת הדברים, ישנו גם סוג נוסף של התדיינות,
שעוסק ישירות בתחום המיקרוסקופי-תיאורטי, ולא בתחום הפנומנלי (מה
שכינינו 'פירכא אפריורית', בניגוד ל'פירכא אמפירית'). בפרק זה נעסוק בשתי
תופעות כאלו: פירכת צד חמור, ופירכות אילוץ.

פירכת צד חמור: לעצם הבעייה

ישנן כמה סוגיות (לדוגמא: מכות ד ע״א, כתובות לג ע״א, ומקבילות) שבהן
נחלקים חכמים לגבי ההיסק של הצד השווה. יש מהם (ר׳ יהודה) שפורכים
אותו ב'פירכת צד חמור', ויש שאינם מקבלים את קיומה של פירכא כזו.
'פירכת צד חמור' מערערת על היסק של הצד השווה, בטענה שבשני המלמדים
יש צד חמור, בעוד שבלמד אין צד כזה. בדוגמא הפיסיקלית שהבאנו: אין
ללמוד משולחן וכדור לספר, שכן בכל אחד משני המלמדים יש צד חמור
שאין בלמד: בשולחן יש צד שיש לו רגליים ובכדור יש צד שהוא עגול. לכן לא
ניתן ללמוד משניהם שגם ספר ייפול לכדור הארץ.
נדגיש כי הפירכא הזו שונה במהותה מהפירכא שפגשנו בשלב 6 בסוגיית
קידושין, שכן הפירכא שם הציגה צד חמור שהוא זהה בשני המלמדים (בכסף
ובביאה יש הנאה, מה שאין כן בחופה). פירכא כזו אכן פורכת את הכללת

הצד השווה, שכן היא מציעה לתלות את התוצאה (החלת האירוסין) בצד החמור הזה (=הפרמטר המיקרוסקופי) שלא קיים בחופה. כפי שראינו, הן אינטואיטיבית והן פורמלית, זוהי אלטרנטיבה שקולה לצד השווה, ולכן יש כאן פירכא. לעומת זאת, פירכת צד חמור שבה אנחנו דנים כאן היא שונה, שכן היא נסמכת על שני צדדים חמורים שונים שיש בשני המלמדים. הטענה היא שבשני המלמדים יש צד חמור (אמנם בכל אחד צד שונה מזה שבחברו), ולכן אין ללמוד מהם על הלמד. אם נקבל פירכא כזו, הדבר מערער את אפשרות קיומו של היסק ההכללה בכלל, שהרי לעולם לא נוכל להכליל משתי דוגמאות פרטיות לחוק כללי. כפי שראינו למעלה (בדיון על האוניברסליות של טבלא 5), כל היסק הכללה מבוסס על שתי דוגמאות שכל אחת מהן היא בעלת מאפיין ייחודי, ואם קיומם של צדדים כאלה הוא פירכא לגיטימית, אזי ביטלנו כליל את אפשרותם של היסקים מן הסוג הזה.

עוד נעיר כי ברוב מוחלט של סוגיות הש"ס, כאשר מובא היסק של צד שווה, לא עולה פירכא כזו, ומוסכם שיש אפשרות ללמוד מהצד השווה של שני המלמדים ולא מהצדדים השונים שלהם. גם ההיגיון הכללי מכליל כל העת מדוגמאות שונות לכלל חוק כללי, כלומר אנו לא משתמשים בפירכות צד חמור. זוהי אבן יסוד של החשיבה שלנו, וקשה להאמין שמישהו מערער עליה ברמה הפרקטית (מעבר לערעורים פילוסופיים שונים, נוסח המתקפות של דייויד יום – ראה **שתי עגלות**).
מסתבר שיש משהו מיוחד באותן סוגיות שבהן עולה פירכת צד חמור, ובגלל זה בדרך כלל באמת לא מוצגת פירכא כזו, למעט אותם מקומות. מה מייחד את אותם מקומות? ראשית, נסביר זאת במישור האינטואיטיבי, ולאחר מכן ננתח זאת במודל הפורמלי שלנו.

פירכת צד חמור: הסבר אינטואיטיבי[4]

כפי שהסברנו, במישור האינטואיטיבי הכללת צד שווה מבוססת על התער של אוקאם. עדיפה האפשרות שישנו צד שווה במלמדים ובלמד שגורם לתוצאה

---

[4] ראה **מידה טובה**, פ' שמות, תשס"ו.

ההלכתית, מאשר האפשרות שכל אחת משתי התכונות הייחודיות של המלמדים יכולה לחולל את התוצאה ההלכתית. העדיפות מתבססת על כך שהיעדרה של התכונה הייחודית של המלמד האחד בחברו, מלמדת אותנו שלא היא התכונה הרלוונטית שמחוללת את התוצאה ההלכתית, וכך גם לגבי התכונה הייחודית של המלמד השני.

לדוגמא, העובדה שכסף פודה מעשר וביאה לא, על אף ששניהם מחילים אירוסין, מלמדת שלא התכונה שגורמת לפדיון המעשר היא המחילה את האירוסין. וכך גם לגבי הפרמטר המיקרוסקופי שאחראי על הקנייה ביבמה, שכן הוא לא קיים בכסף (שאינו קונה ביבמה). מכאן אנחנו מוכיחים שישנו פרמטר מיקרוסקופי שלישי, משותף לכולם, שהוא המחיל את האירוסין.

פירכת צד חמור טוענת שאמנם יש שתי תופעות הלכתיות שונות בכסף ובביאה, אולם ייתכן ששתיהן נגרמות מפרמטר מיקרוסקופי אחד (תכונה משותפת שיש לכסף ולביאה ואין לחופה), ולכן גם כאן עולה הצעה של צד שווה, והאלטרנטיבה הזו שקולה לאלטרנטיבה של צד שווה לשלושת הפעולות, שכן בשני המקרים יש רק גורם אחד לתוצאה ההלכתית. כך תופס זאת ר' יהודה.

אולם מה קורה כאשר התכונות הייחודיות הללו הן בעצמן פרמטרים מיקרוסקופיים? לדוגמא, לביאה יש תכונה שהיא אקט פיסי בין בני הזוג, ולכסף יש תכונה שהוא כרוך בנתינת שווי מידו לידה. חופה, לעומת זאת, אין בה לא את זה ולא את זה. אלו אינן תכונות הלכתיות (כמו שכסף פודה מעשר שני וחופה לא), שכן הן אינן עוסקות במישור הפנומנלי. אלו תכונות שקשורות לפרמטרים המיקרוסקופיים שמאפיינים את הפעולות ההלכתיות הנדונות עצמן.

ניתן לראות מייד שבמקרה כזה ודאי אי אפשר לפרוך פירכת צד חמור, שכן מדובר כאן על הפרמטרים המיקרוסקופיים עצמם, וכאן אנחנו רואים בעליל שמדובר בשני פרמטרים שונים. כלומר כאן אין בסיס לטענה שיש אפשרות

לקיומו של פרמטר משותף לכסף וביאה, שהוא המחולל את האירוסין, שהרי גם במסגרת הפירכא עצמה אנחנו מצביעים על שתי תכונות (מיקרוסקופיות) שונות שלהם כמחוללות את האירוסין. מסיבה זו, במקרים כאלו אי אפשר להעלות פירכת צד חמור.

ואכן בכל הסוגיות התלמודיות בהן עולה פירכא מהטיפוס הזה, תמיד מדובר במאפיינים הלכתיים של המלמדים, ולא בפרמטרים מיקרוסקופיים שלהם. בסוגיות שהמאפיינים הייחודיים הם מיקרוסקופיים כלל לא עולה פירכת צד חמור. בסוגיות כמו סוגיית קידושין בה אנחנו עוסקים, ישנם מצבים שהמאפיינים הייחודיים הם הלכתיים (ואצלנו: פדיון מעשר – בכסף, וקנייה ביבמה - בביאה), ולכן בסוגיות כאלו לכאורה יש מקום להעלות פירכת צד חמור. מדוע, אם כן, ברוב הסוגיות הללו היא אינה עולה? כדי להבין זאת יש לזכור שאנו פוסקים להלכה כדעת רבנן, נגד ר׳ יהודה, ולכן גם במקרים אלו סתמא דתלמוד אינו מעלה פירכא כזו. לדעת רבנן אין מקום לפירכת צד חמור בשום מקרה. החילוק אותו עשינו בין פירכות מיקרוסקופיות (אפריוריות) לבין פירכות הלכתיות (אמפיריות) קיים אך ורק בשיטת ר׳ יהודה.

נעיר כי בהקשרים המדעיים ניתן לעשות את אותה הבחנה. אם נביא תופעות פיסיקליות-אמפיריות ייחודיות שמאפיינות את הכדור ואת השולחן (כגון תגובות שונות שלהם לכוחות פיסיקליים שונים), נוכל לתלות את התכונות הללו בפרמטר תיאורטי יחיד, ולהציע שהוא שגורם לנפילה לכדור הארץ, ולכן תהיה כאן פירכא על ההכללה. אולם אם נצביע על מאפיינים מיקרוסקופיים-תיאורטיים שונים שיש להם (כגון, שזה עשוי מעור וזה מעץ), כאן לא נוכל לטעון שיש פרמטר מיקרוסקופי יחיד שמאפיין את שניהם, שהרי שני המאפיינים הללו הם עצמם מאפיינים מיקרוסקופיים, ולא סביר לתלות אותם במאפיין מיקרוסקופי יחיד שהוא שונה משניהם. לכן במקרה זה ההכללה היא מוסכמת וחזקה הרבה יותר.

התיאור הזה מצביע בצורה מאד ברורה על הצורך החיוני להתייחס למודל המיקרוסקופי שעומד ברקע ההיסק. התבוננות בהיסק שמתעלמת מהרקע המיקרוסקופי שבתשתיתו אינה מאפשרת לנו הבחנה בין מאפיינים עובדתיים

(שהם הפרמטרים המיקרוסקופיים שעליהם אנחנו מדברים: אלו הפרמטרים שהם תכונות של הפעולות ההלכתיות, והם שגורמים להחלת התוצאות) לבין תוצאות הלכתיות (=המאפיינים ההלכתיים של הפעולות). אי יכולת להבחין בין שני אלו גורמת לאי הבחנה בין שני המקרים של היסקי הכללה, ולכן גם לאי יכולת להבין את המושג 'פירכת צד חמור' והיכן ליישם אותו. הסתירות בין הסוגיות לגבי פירכת צד חמור מבוססת על התעלמות מהמישור המיקרוסקופי. ההבחנה אותה הצענו בדעת ר' יהודה היא אינדיקציה נוספת לחשיבות המודל שלוקח בחשבון את קיומם של הפרמטרים המיקרוסקופיים בתשתית ההיסקים הללו.

פירכת צד חמור: הסבר פורמלי

כאשר אנחנו עוסקים בפירכת צד חמור, לא נוסף שום נתון חדש לתמונה. הטענה של ר' יהודה היא שבנתונים של טבלא 5, המסקנה אינה שהמילוי 1 עדיף, אלא זהו מצב שקול (=ההיסק אינו תקף). ר' יהודה טוען שבהיסק בשלב 5 אין הוכחה שהמילוי הנכון הוא 1. כפי שראינו שם, העדיפות של המילוי 1 היא בכך שיש בו פחות שינויי כיוון, אך מאידך יש לו נחיתות מבחינת הערכיות.

אם כן, ניתן כעת להציע פשר לדעת ר' יהודה, והוא שלדעתו הערכיות שקולה כנגד שאר האינדקסים. לשון אחר: הוא אינו מקבל את כללים 6 ו-9 שלנו (בדבר חולשתו של אינדקס הערכיות). ההתנגשות בין העדיפויות של אינדקס הערכיות ואינדקס שינויי הכיוון מוליכה אותו למסקנה שהצד השווה אינו היסק תקף, ולכן שני הצדדים שקולים. הבעייה נותרת פתוחה.

אם הצעתנו נכונה, אזי היסק צד שווה שמבוסס על שני קו"ח (היסק 5.2) הוא יוצא דופן, שכן שם ישנה עדיפות חד משמעית של המילוי 1, בלי קיזוז של אינדקס הערכיות. אם כן, היינו מצפים שר' יהודה יחלוק על רבנן רק בהיסקים 5 ו-5.1, אך לא בהיסק 5.2. מבדיקה של הסוגיות שבהן ר' יהודה חולק, עולה שהיסקי ההכללה שמופיעים שם הם אכן משני הסוגים הללו

(כלומר יש לפחות בניין אב אחד בין שני ההיסקים הבסיסיים שמרכיבים את הצד השווה. ראה מכות ד ע"ב וכתובות לג ע"א ועוד). גם לגבי ההיסקים המורכבים יותר, ניתן להסיק שר' יהודה מסכים להם אם המשקל של המילוי העדיף אינו מקוזז על ידי נחיתות בערכיות. כך, למשל, קורה בהיסק הסופי של רב הונא (טבלא 9). יש לבדוק זאת בכל היסק לגופו.

<u>תוצאה 5</u>: לפי ר' יהודה פירכת צד חמור היא קבילה, אך זה נכון רק לגבי היסקי צד שווה שבהם לפחות אחד משני ההיסקים הבסיסיים הוא בניין אב. גם ר' יהודה מסכים שהיסק צד שווה אשר מבוסס על שני קו"ח הוא תקף. עניין זה טעון בירור מול תוצאה 4 דלעיל.

יש להעיר עוד שבתלמוד מקובל שעל היסקי הצד השווה פורכים 'פירכא כל דהו', כלומר פירכא חלשה שאינה מצביעה בהכרח על יחסי קולא וחומרא.[5] מסתבר שפירכות כאלו פורכות רק היסק צד שווה שמעמדו הוא כמו בניין אב, שכן זהו היסק חלש יותר (ראה תוצאות 2 ו-3). היסק צד שווה משני קו"ח הוא היסק שמעמדו חזק יותר, ואנחנו מצפים שלגביו לא יהיה נכון הכלל שפורכים פירכא כל דהו. במובן זה הוא יהיה דומה לקו"ח.[6]

<u>תוצאה 6</u>: פירכא כל דהו על הצד השווה נאמרת רק על שני הסוגים החלשים יותר (אלו שמבוססים על היסקים בסיסיים שבהם יש בניין אב אחד לפחות). ושוב, יש לבחון זאת מול תוצאה 4.

לאור ההסבר האינטואיטיבי, מה שנותר לנו לבחון הוא האם אכן כאשר הפירכות על שני המלמדים (= התכונות היי חודיות שלהם) נוגעות ישירות

---

[5] ראה **אנציקלופדיה תלמודית**, ע' 'בנין אב', סביב הערה 67-70. ראה גם ב**מידה טובה**, פ' שופטים, תשס"ו.

[6] בסוגיית חולין קטו ע"ב, עולה פירכא כל דהו על הצד השווה שאחד המלמדים שלו הוא קו"ח (ערלה) והשני לא (כלאי הכרם).

לפרמטרים המיקרוסקופיים, ר' יהודה מסכים גם לשיקולי צד שווה שכוללים בניין אב. לשם כך עלינו להציג את היישום של המודל שלנו לפירכות מהטיפוס הזה, ולאחר מכן נבדוק האם ניתן לערער גם על ההכרעה בהן על סמך אינדקס הערכיות. אנחנו מצפים שלא, כלומר שר' יהודה לא יחלוק על רבנן באשר לתקפות ההיסקים הללו.

כפי שנראה מייד, יש לנו דוגמא דומה בסוגיית קידושין עצמה. התבוננות שנייה מעלה כי פירכת ההנאה על הצד השווה הפשוט (שלב 6) אינה באמת פירכת עמודה כפי שהצגנו אותה, אלא פירכא מיקרוסקופית. על כן נצטרך כעת לבדוק את המודל שלנו גם לגביה.[7]

ההנאה כפירכא מיקרוסקופית: פתרון טבלאות עם אילוץ

כאמור, הטענה שבכסף וביאה יש הנאה ובחופה לא, אינה טענה הלכתית אלא עובדתית. ככזו, מדובר בפירכא מיקרוסקופית ולא בפירכת עמודה רגילה. פירכת עמודה רגילה צריכה להכיל תוצאה הלכתית נוספת שרלוונטית לכסף וביאה ולא לחופה, ובדרך כלל הסוגיות מביאות פירכא כזו. מסיבה זו, בפרקים הקודמים המשכנו את הניתוח כאילו היתה כאן פירכת עמודה, שכן רצינו לפתח את המודל הפורמלי שלנו עבור פירכות רגילות על הצד השווה (שמופיעות כעמודה נוספת, כפי שהצגנו את הפירכא מהנאה). כעת נמשיך את הסוגיא כפי שהיא באמת, ונתייחס להנאה כפירכא מיקרוסקופית.

פירכא כזו אינה מוסיפה עמודה לטבלא, אלא מטילה אילוץ על המודל המיקרוסקופי. כשהגמרא אומרת שבכסף וביאה יש הנאה ובחופה לא, פירוש הדבר הוא שיש פרמטר מיקרוסקופי, ההנאה, שקיים רק בכסף וביאה ולא בחופה, ואולי הדין תלוי דווקא בו. לכן אין ללמוד משני המלמדים אל הלמד. זוהי פירכא אפריורית, שכן העובדה שיש בשתי הפעולות הללו הנאה ובחופה

---

[7] אמנם התכונות הייחודיות של כסף וביאה הן הלכתיות (פדיון מעשר שני וקנייה ביבמה), ולכן בסוגייתנו ודאי ר' יהודה יחלוק על רבנן, ויפרוך פירכת צד חמור על היסק הצד השווה, כפי שהסברנו לעיל.

לא, אינה נובעת מעיון בנתון הלכתי כלשהו, אלא מעיון (אפריורי, כלומר קודם לעיון ההלכתי האמפירי) בהן עצמן.

הדרך למצוא את המודל שפותר את המקרה הזה היא להתייחס לטבלא ללא ההנאה (טבלא 5, הצד השווה בלי הפירכא), ולחפש מודל עבור הדיאגרמה שנוצרת ממנה, תחת האילוץ שאחד הפרמטרים המיקרוסקופיים קיים רק בכסף וביאה ולא בחופה. מכאן והלאה נמשיך לאורך שלבי הסוגיא הבאים, ונתעלם מעמודת ההנאה בשרטוט הדיאגרמה. העובדה שיש הנאה בכסף וביאה תבוא לידי ביטוי בכך שאנחנו נחפש פתרון לכל מודל, עבור כל טבלא, בכל שלב, תחת האילוץ הנ״ל.[8] אם כן, פירכא מיקרוסקופית כזו אינה נכנסת כעמודה אלא כאילוץ אפריורי על הפתרון, והאילוץ הזה מלווה אותנו בכל השלבים עד לסוף הסוגיא.

פירכא מיקרוסקופית על הצד השווה

כעת אנחנו שבים לשלב 6 בסוגיא, הפירכא על הצד השווה. כאמור, הטבלא בה אנחנו עוסקים היא טבלא 5 מלמעלה:

	N	A	P	Y
m	0	1	1	0
h	1	?	0	0
b	1	1	0	1

טבלא 6.1 (פירכא מיקרוסקופית על הצד השווה)

[8] אנחנו נמספר את המודלים והטבלאות שנפתרים תחת האילוץ הזה, במספרים מקבילים לאלו שניתנו להם כשהתייחסנו להנאה כעמודה נפרדת. טבלא 6 שייצגה את הפירכא על צד שווה, כעת תסומן טבלא 6.1, וכן 7.1 במקום 7, וכן הלאה. זהו מהלך מקביל לגמרי למה שעשינו עד כה, ומטרתנו לבדוק עקביות של המודל לפירכות אפריוריות.

מובן שגם את הדיאגרמות עבור שני המילויים ניתן לקחת מהדיאגרמות 5 :

דיאגרמה 6.1א – פירכא על הצד השווה במילוי 1

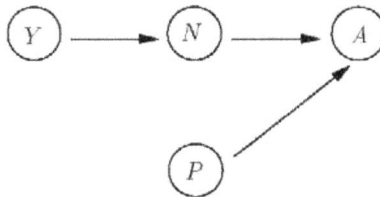

את הפתרון אנחנו מחפשים תחת האילוץ שבכסף וביאה יש פרמטר γ שלא
קיים בחופה. מהתבוננות בטבלא עולה כי לשם כך עלינו להטיל אילוץ שב-P
וב-Y יהיה פרמטר γ שלא יהיה ב-N (כי חופה מחילה את N). אם נתחיל
מהצמדת הפרמטר α ל-A, נקבל את הפתרון הבא :

אילוצים ומבנה של מודל אופטימלי עבור דיאגרמה 6.1א – פירכא על הצד
השווה במילוי 1

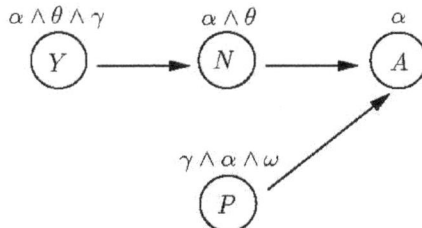

כאשר θ ו-ω הם משתנים שאנחנו צריכים לקבוע אותם תחת האילוצים שלנו.

הפתרון עבור הפעולות הוא:

כסף: γ, α, ω

חופה: θ, α

ביאה: θ, γ, α

מהתבוננות על הפתרון לפעולות, ברור שחייב כאן להתקיים: $\omega \neq \theta$; $\omega, \theta \neq 0$; $\theta \neq \gamma$.

תחת האילוצים הללו, ובהנחה שיש רק שני פרמטרים, עולה בהכרח הפתרון:

$$\omega = \gamma ;\theta = \alpha$$

אלא שבמקרה זה אנחנו מקבלים שהערכיות עולה בשני פרמטרים שונים, וזה עומד בניגוד לעיקרון 2. מצב זה מאלץ אותנו לעלות למודל ממימד 3, כלומר להוסיף פרמטר מיקרוסקופי נוסף, ולבחור את הפתרון:

$$\omega = \beta ;\theta = \alpha$$

אם כן, המודל האופטימלי שמתקבל לשלב הזה הוא:

<u>מודל אופטימלי עבור דיאגרמה 6.1א – פירכא על הצד השווה במילוי 1</u>

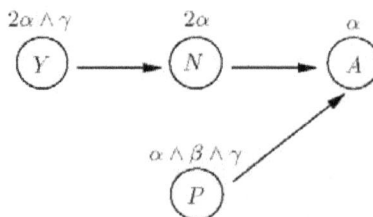

תוצאת המודל עבור הפעולות מתקבלת מן הטבלא, והיא:

כסף : (1,1,1)

חופה : (2,0,0)

ביאה : (2,0,1)

פתרון זה מקיים את האילוצים, והוא אופטימלי לדיאגרמה הזו. יש לשים לב שההנאה (γ) אכן מופיעה בכסף וביאה ולא בחופה, והיא אינה מחילה את הנישואין (וגם לא את האירוסין, כי במילוי 1 מי שמחיל אותם הוא הצד השווה - α).

נעבור כעת לדיאגרמה של מילוי 0 :

<u>מודל אופטימלי עבור דיאגרמה 26.1ב – פירכא מיקרוסקופית על הצד השווה במילוי 0</u>

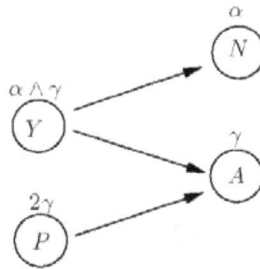

הפתרון עבור הפעולות הוא :

כסף : (0,2)

חופה : (1,0)

ביאה : (1,1)

כאן אנחנו מוצאים שההנאה (γ) אכן מופיעה בכסף וביאה (במינונים שונים : יש יותר הנאה בכסף מאשר בביאה – מעניין!) ולא בחופה. אבל באלטרנטיבה של מילוי 0, כצפוי, היא האחראית להחלת אירוסין (לכן חופה לא מצליחה להחיל אירוסין).

אלו בדיוק שתי האלטרנטיבות שאותן מציעה הפירכא כשקולות זו מול זו (ראה בהסבר האינטואיטיבי שהובא למעלה). כדי לבדוק האם אכן יש כאן פירכא, עלינו להשוות את שני המודלים מבחינת חמשת האינדקסים של העדיפות. מילוי 1 עדיף מבחינת שינויי כיוון (בדיוק כמו בדיאגרמה 5), והעדיפות של מילוי 0 בערכיות ירדה (במקרה שלנו הערכיות של שני המילויים שקולה). אבל כעת מתברר שבעקבות הפירכא מילוי 0 נעשה עדיף מבחינת המימד.

המסקנה היא שהיסק הצד השווה (טבלא 5) נמצא עדיף מבחינת אינדקס שינוי הכיוון (בקיזוז הערכיות, ולכן ר' יהודה חולק על כך. הוא יטען כאן לפירכת צד חמור, בדיוק כפי שראינו בפיסקה הקודמת כשניתחנו את התוצאות שקיבלנו), אבל האילוץ המיקרוסקופי מביא לאיזון של העדיפות הזו בכך שהוא מאלץ הוספת מימד עבור הדיאגרמה במילוי 1.

הצד השווה המורכב

כעת נעבור לדון בשלב 9 של הסוגיא, ונדון בו ללא עמודת הנאה. כעת ההנאה היא אילוץ על הפתרונות. הטבלא במקרה זה היא הבאה:

	N	A	P	Y	G
m	0	1	1	0	0
h	1	?	0	0	0
b	1	1	0	1	0
w	0	1	0	0	1

טבלא 7.1 (הצד השווה המורכב עם אילוץ מיקרוסקופי)

הדיאגרמות שמתקבלות לשני המילויים הן:

מודל אופטימלי עבור דיאגרמה 7.1א - צד שווה מורכב עם אילוץ מיקרוסקופי במילוי 1

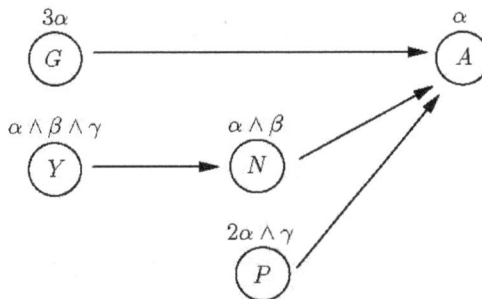

הפתרון למודל כאן הניח את האילוצים הנ"ל (שיש פרמטר γ שקיים בכסף וביאה ולא בחופה, אך כאן יש להניח שגם בשטר אין הנאה!, ובנוסף הוא גם לא מופיע ב-N). אנו פותרים באותה צורה כמו למעלה, ומקבלים את מה שרשום על הדיאגרמה.

הפתרון עבור הפעולות הוא:

כסף: (2,0,1)

חופה: (1,1,0)

ביאה: (1,1,1)

שטר: (3,0,0)

כצפוי, ההנאה מופיעה בכסף וביאה ולא בחופה, ולא היא שמחילה את האירוסין. בדיוק כמו בשלב הקודם.

מודל אופטימלי עבור דיאגרמה 7.1ב - צד שווה מורכב עם אילוץ מיקרוסקופי במילוי 0

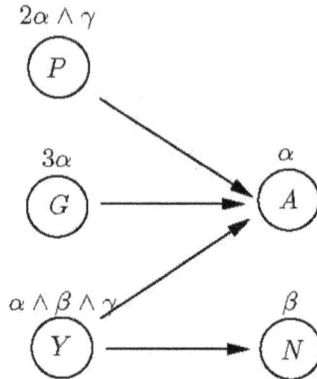

הפתרון עבור הפעולות הוא :

כסף : (2,0,1)

חופה : (0,1,0)

ביאה : (1,1,1)

שטר : (3,1,0)

ההנאה אכן מופיעה בכסף וביאה ולא בחופה ושטר, אמנם כאן היא לא מחילה את האירוסין (כי גם שטר מחיל אירוסין, ואין בו הנאה). בכך זה שונה מהשלבים הקודמים.

כדי לבחון האם יש כאן היסק תקף, עלינו להשוות את שני המילויים. בשתי הדיאגרמות המימד הוא 3 והקשירות היא 1, ומספר הנקודות הכולל הוא 5, והערכיות היא 3. אבל אינדקס מספר שינויי כיוון הוא לטובת המילוי 1 (במילוי 0 יש שני שינויי כיוון : מ-G ל-N כשחוצים את A ו-Y). אם כן, ההיסק הוא תקף, והמילוי 1 הוא עדיף.

פירכא על הצד השווה המורכב

כעת נעבור לשלב 10 בסוגיא, ושוב עם אילוצים מיקרוסקופיים. הטבלא המתקבלת כאן היא הבאה :

K	G	Y	P	A	N	
1	0	0	1	1	0	**m**
0	0	0	0	?	1	**h**
1	0	1	0	1	1	**b**
1	1	0	0	1	0	**w**

טבלא 8.1 (פירכא על הצד השווה המורכב עם אילוץ מיקרוסקופי)

נציג כעת את שני המודלים האופטימליים, עבור שני המילויים :

<u>מודל אופטימלי עבור דיאגרמה 8.1א – פירכא על הצד השווה המורכב עם</u> <u>אילוץ מיקרוסקופי במילוי 1</u>

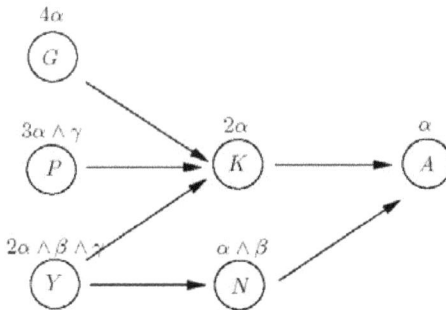

הפתרון עבור הפעולות הוא :

כסף : (3,0,1)

חופה : (1,1,0)

ביאה : (2,1,1)

שטר : (4,0,0)

מודל אופטימלי עבור דיאגרמה 8.1ב – פירכא על הצד השווה המורכב עם אילוץ מיקרוסקופי במילוי 0

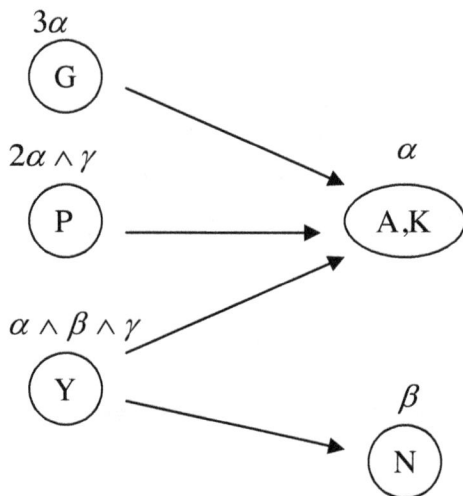

הגרף הזה הוא זהה לגרף 7.1ב, ולכן ניתן לקחת משם את הפתרונות.
הפתרון עבור הפעולות הוא:

כסף: (2,0,1)

חופה: (0,1,0)

ביאה: (1,1,1)

שטר: (3,0,0)

כדי לבחון האם אכן יש כאן פירכא, נשווה את שני המילויים. בשני המקרים
המימד הוא 3, והקשירות היא 1. יש הבדל בערכיות לטובת המילוי 0, שינויי
כיוון לטובת המילוי 1 (יש שני שינויי כיוון במילוי 0. מ-P ל-N, כשחוצים את
Y ו-K). מספר הנקודות של המילוי 0 קטן יותר (5, לעומת 6 במילוי 1). אם
כן, יש כאן שינוי כיוון נגד מספר הנקודות והערכיות, ולכן זוהי אכן פירכא.

תיקוף מחודש של הצד השווה המורכב עם אילוץ מיקרוסקופי

הגענו לסוף המהלך, בשלב 11 בסוגיא. נבדוק כעת את התיקוף מחדש, אלא
שהפעם עם אילוץ מיקרוסקופי. הטבלא למקרה זה היא:

K	G	Y	P	A	N	
0	0	0	1	1	0	**m**
0	0	0	0	?	1	**h**
1	0	1	0	1	1	**b**
1	1	0	0	1	0	**w**

טבלא 9.1 (תיקוף מחודש של הצד השווה המורכב עם אילוץ מיקרוסקופי)

נבחן כעת את שני המודלים עבור שני המילויים, והפעם נתחיל עם מילוי 0:[9]

<u>אילוצים עבור דיאגרמה 9.1ב – תיקוף מחודש של הצד השווה המורכב עם אילוץ מיקרוסקופי במילוי 0</u>

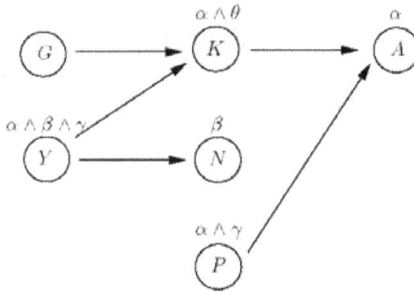

הפרמטרים הרשומים על גבי הדיאגרמה הם תוצאה של האילוצים הנ"ל. כעת עלינו לחשוב האם ניתן למלא את המודל כולו באמצעות שלושה פרמטרים, או לא. נוכיח כעת שלא.

9 אנחנו מתחילים עם מילוי 0, מפני שאם נוכיח ששם צריך ארבעה פרמטרים, אזי ברור שיש עדיפות ל-1, בין אם המילוי 1 הוא תלת מימדי או ארבע-מימדי.

θ הוא משתנה, והוא לא יכול להיות β או כפולות שלה, שכן במקרה כזה יהיה יחס סדר בין K ל-N. הוא גם לא יכול להיות γ או כפולות שלה, כי אז יהיה יחס סדר בין K ל-P. הוא גם לא יכול להיות α כי אז יחס הסדר בין K לבין Y יתהפך. ואם נגדיל את עוצמת α של Y, אזי נוצר יחס סדר בינו לבין P. ואם מונעים זאת על ידי העלאת עוצמת α של P, אזי ייווצר יחס סדר בין P לבין K.

על כן θ לא יכול להיות אף אחד משלושת הפרמטרים, הללו, ועל כורחנו יש להוסיף פרמטר רביעי למודל. כעת הפתרון יכול להיות הבא:

מודל אופטימלי עבור דיאגרמה 9.1ב – תיקוף מחודש של הצד השווה המורכב עם אילוץ מיקרוסקופי במילוי 0

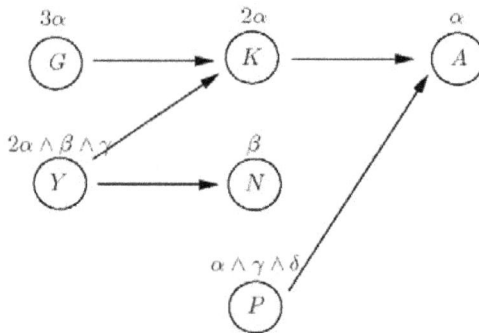

הפתרון עבור הפעולות הוא:

כסף : (1,0,1,1)

חופה : (0,1,0,0)

ביאה : (2,1,1,0)

שטר : (3,1,0,0)

אמנם לכאורה ניתן היה למחוק כאן את γ, והפרמטר α הוא הפרמטר שמצוי בכסף וביאה ולא בחופה, וכן לגבי התוצאות (הוא מצוי ב-P וב-Y אבל לא ב-N). אם כן, המילוי 0 הוא תלת-מימדי, ויש לו יתרון. אך במבט נוסף ברור שזה אינו פתרון אפשרי, שכן יש אילוץ נוסף שהפרמטר המשותף לכסף וביאה (=שאנו מזהים אותו כהנאה) לא יהיה גם בשטר. אך הפרמטר α קיים גם בשטר, ולכן אי אפשר לזהות אותו עם ההנאה, ובהכרח עלינו להוסיף את הפרמטר γ. נעיר כי הדבר מתיישב גם עם ההנחה הכללית שלנו, לפיה הפרמטר α מגדיר את יחסי העוצמה במודל, ונדרשים פרמטרים שיגדירו את האיכויות השונות (ראה בדיון למעלה על הדרישה שיהיה שינוי ערכיות רק בפרמטר אחד בלבד).

מודל אופטימלי עבור דיאגרמה 9.1א – תיקוף מחודש של הצד השווה המורכב עם אילוץ מיקרוסקופי במילוי 1

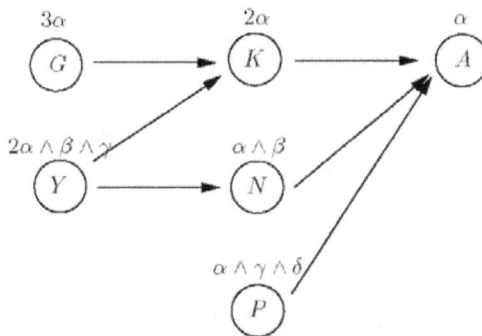

הפתרון עבור הפעולות הוא:

כסף : (1,0,1,1)

חופה : (1,1,0,0)

ביאה : (2,1,1,0)

שטר : (3,1,0,0)

כדי לבחון האם יש כאן היסק תקף עלינו להשוות בין המודלים לשני המילויים. בשניהם המימד הוא 4, הקשירות היא 1, הערכיות היא 3 ומספר הנקודות בגרף הוא 6. ההכרעה היא לטובת מילוי 1 בגלל שינויי הכיוון. במילוי 1 יש שינוי כיוון אחד ובמילוי 0 יש שני שינויי כיוון (בין G ל-N, כשחוצים את K ו-Y).

אם כן, גם ההיסק הזה מאושר במודל שלנו.

סיכום

לסיכום דברינו בפרק זה, נציג כאן בטבלא את רשימת ההיסקים שנדונו כאן, כולם באילוץ מיקרוסקופי, ואת המסקנות העולות מהמודל שלנו לגבי העדיפויות באינדקסים השונים לגביהם :

	פירכא על צד שווה פשוט		צד שווה מורכב		פירכא על צד שווה מורכב		תיקוף מחודש	
דיאגרמה	6.1א	6.1ב	7.1א	7.1ב	8.1א	8.1ב	9.1א	9.1ב
מילוי	1	0	1	0	1	0	1	0
מימד	3	2	3	3	3	3	4	4
שינוי כיוון	1	2	1	2	1	2	1	2
קשירות	1	1	1	1	1	1	1	1
מס׳ נקי׳ ב״ת	4	4	5	5	6	5	6	6
ערכיות	2	2	3	3	3	2	3	3
תוצאה	שקול		1 עדיף		שקול		1 עדיף	

טבלת סיכום 4

חלק שלישי: מקרים מיוחדים של קו"ח ופירכות

לאחר שפיתחנו את המודל הכללי נעבור כעת לטפל בכמה מקרים מיוחדים שמופיעים בספרות התלמודית. מקרים אלו יראו לנו את חשיבותו ומשמעותו של המודל שלנו, ואף יהוו אינדיקציה לתקפותו.

אנו נטפל כאן בכמה מקרים:

1. טענות קיזוז כנגד פירכות (סוגיית ב"מ מא ע"ב: "קרנא בלא שבועה עדיפא מכפילא בשבועה"). 2. הבלעת פירכות בקו"ח (תוס' ב"ק). 3. פרמטרים לא בינאריים: א. סיבוב קו"ח (משנת ב"ק כד). ב. דיני 'דיו' והויכוח עליהם. 4. פרמטרים שפועלים במצטבר (סוף הסוגיא שלנו: חופה אחרי כסף). 5. בעיות עם משבצות לאקונה מרובות ('ילמד מן הלמד', ופירכא כפולה).

פרק ראשון: טענת קיזוז כנגד פירכות[1]

הקו"ח הבסיסי

סוגיית ב"מ מא ע"ב דנה בדין שליחות יד בשומרים:

לא תאמר שליחות יד בשומר שכר, ותיתי משומר חנם: ומה שומר חנם שפטור בגנבה ואבדה - שלח בה יד חייב, שומר שכר שחייב בגנבה ואבידה - לא כל שכן. למאי הלכתא כתבינהו רחמנא - לומר לך: שליחות יד אינה צריכה חסרון. ואני אומר: אינה משונה, כרבי אלעזר, דאמר דא ודא אחת היא. - מאי דא ודא אחת? משום דאיכא למפרך: מה לשומר חנם - שכן משלם תשלומי כפל בטוען טענת גנב. - ומאן דלא פריך, סבר: קרנא בלא שבועה עדיפא מכפילא בשבועה.

בתחילה, הגמרא מציעה ללמוד את דין שליחות יד בשומר שכר (=ש"ש) בקו"ח משומר חינם (=ש"ח): ש"ח פטור בגניבה ובכל זאת חייב בשליחות יד, אז ש"ש שחייב גם בגניבה כל שכן שיהיה חייב גם בשליחות יד. מבנה טבלת הנתונים של הקו"ח הזה הוא בדיוק כמו בטבלא 1 למעלה. בדוגמא שלנו, ידועים לנו הנתונים הבאים:

1. נתון א: ש"ח פטור בגניבה.
2. נתון ב: ש"ח חייב בשליחות יד.
3. נתון ג: ש"ש חייב בגניבה.
4. הלכה לא ידועה: האם ש"ש חייב בשליחות יד?

---

[1] ראה **מידה טובה**, פ' דברים תשסה, שם נדונה דוגמא ממדרש אגדה, והיא מושווית לתופעה ההלכתית. על תופעה נוספת של קיזוז, ראה בנספח C למאמר באנגלית, שם נדון הפרדוכס של האגרגציה בשיפוט.

לצורך הדיון בהמשך, הפעולות ההלכתיות הן שמירת שכר ושמירת חינם, והתוצאות הן חיוב על שליחות יד וחיוב על רשלנות בשמירה כנגד גניבה. נציג את התמונה בטבלא:

	רשלנות גניבה	שליחות יד
ש״ח	0	1
ש״ש	1	?

טבלא 10.1 (קו״ח)

במקרה זה אנחנו ממלאים את משבצת הלאקונה בדיוק באותה צורה כמו שעשינו בדיאגרמה 1.

הפירכא: הצגה ראשונה – פירכת עמודה

מייד לאחר מכן עולה פירכא על הקו״ח הזה. על פניה היא נראית פירכת עמודה: ש״ח חייב בטוען טענת גנב (=טוט״ג). על כן, באופן אחד נניח כי זוהי אכן פירכת עמודה שמוסיפה עוד תוצאה הלכתית, ולכן כעת הטבלא היא הבאה:

	רשלנות גניבה G	שליחות יד S	טוט״ג T
ש״ח	0	1	1
ש״ש	1	?	0

טבלא 10.2 (פירכת עמודה על קו״ח של פעולות)

גם הפירכא הזו כבר נדונה אצלנו למעלה, והסברנו מדוע במצב כזה אפשרויות המילוי הן שקולות. הדיאגרמות המתקבלות הן:

<u>מודל עבור דיאגרמה 10.2א – פירכא על קו"ח במילוי 1</u>

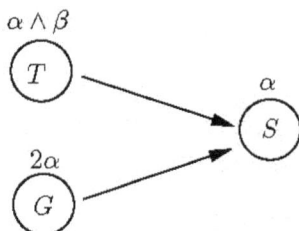

<u>מודל עבור דיאגרמה 10.2ב – פירכא על קו"ח במילוי 0</u>

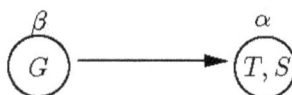

כפי שראינו, המילוי 1 עדיף מבחינת הקישוריות, אבל המילוי 0 עדיף מבחינת מספר הנקודות בגרף, הערכיות ושינויי הכיוון. לכן שניהם שקולים, ויש כאן פירכא.

הפירכא: הצגה שנייה – פירכת אלטרנטיבה

אך ניתן לראות את הויכוח כאן גם באופן אחר. הקו"ח הראשוני הוא כמו שראינו לעיל (טבלא 1). אבל כנגדו עולה אפשרות אחרת להתבונן על חיוב גניבה. כלומר הטענה שש"ח שטוט"ג חייב כפל, מצביעה על כך שהטבלא 10.1 אינה נכונה, שכן גם בגניבה רגילה ש"ח חמור מש"ש, שהרי כשהוא יטען טענת גנב הוא יתחייב כפל, בעוד שש"ש שטוען זאת אינו חייב כפל. אם כן, הטבלא הנכונה היא הבאה:

	חיוב כפל בטוט"ג K	שליחות יד S
ש"ח	1	1
ש"ש	0	?

טבלא 10.3 (פירכת אלטרנטיבה על קו"ח)

הפירכא כאן מציעה לראות את נתוני הטבלא באופן שונה ממה שמציע הקו"ח, ומה שמתקבל הוא טבלת בניין אב, אלא שהיא שונה מזו שראינו בטבלא 2. שם ההשוואה יכולה לפעול לשני הכיוונים, ואילו כאן ההשוואה היא רק בין תוצאות ולא בין פעולות.[2] בכל אופן, מסתבר שגם כאן התוצאה תהיה 0. הדיאגרמות הן הבאות:

דיאגרמה 10.3א – פירכת אלטרנטיבה על קו"ח במילוי 1

דיאגרמה 10.3ב – פירכת אלטרנטיבה על קו"ח במילוי 0

[2] טבלא כזו מציגה השוואה מהסוג שהופיע בהקדמה בתחילת החלק הראשון, כאשר השווינו בין קו"ח לבניין אב. הדוגמא בה השתמשנו היתה ההיסק שאם ראובן הצליח במשפטים יותר מאשר בפיסיקה, ניתן להסיק מכך שגם שמעון יצליח במשפטים יותר מאשר בפיסיקה. כבר שם עמדנו על כך שטיעון כזה מצוי בתווך, בין קו"ח לבניין אב.

העדיפות נוטה באופן ברור למילוי 0. כלומר כאן זו אינה פירכא, אלא הוכחה לכיוון ההפוך, כלומר למילוי 0. הפירכא מתקבלת כאשר אנחנו שואלים באיזה משתי הטבלאות עלינו להשתמש? זה מה שכינינו כאן 'פירכת אלטרנטיבה'. מכיון שישנם שיקולים לטובת שימוש בכל אחת משתי הטבלאות, וכל אחת מהן נותנת מילוי אחר, המצב נותר פתוח, ולכן יש כאן פירכא.

טענת הקיזוז

והנה כעת הגמרא דוחה את הפירכא, ומעלה את הטענה (לפחות לפי דעה תלמודית אחת) שיש קיזוז בחומרת הפירכא. החיוב של ש"ח בטוט"ג אינו מעיד על חומרתם של חיובי ש"ח, מפני שהחיוב כרוך בכך שהוא גם נשבע (לשקר). זה מפחית את משמעות הפירכא.

בהצגה השנייה של הפירכא (פירכת אלטרנטיבה), ניתן להבין שהטענה הזו אומרת לנו להשתמש בניסוח הראשון (טבלא 10.1) ולא השני (טבלא 10.3). הסיבה לכך היא שההלכה של טוט"ג מצביעה על חומרא פחותה של ש"ח, ולכן היא פחות משמעותית, ועדיף להשתמש בטבלא הראשונה (10.1).

בהצגה הראשונה של הפירכא (פירכת עמודה, ראה טבלא 10.2), נראה שהטענה שקרנא בלא שבועה עדיפא מכפילא בשבועה פירושה שיש לעדכן את הטבלא, ולהציב מחיר שונה לש"ח שטוען טענת גנב. זה יבטא את העובדה שהחיוב שלו הוא על מעשה חמור יותר (שכולל שבועת שקר), שכן יש כאן עונש חמור יותר (כפל). מכאן עולה שהחיוב שלו על עצם הגניבה הוא דווקא קל יותר, שכן רק בסיוע השבועה הוא מתחייב בכפל.

אם נציב את הסכומים בטבלת הנתונים, הם ישקפו לנו את השיקול הזה. הטבלא המתקבלת היא הבאה:

T	S	G	
2	1	0	ש״ח
1	?	1	ש״ש

טבלא 10.4 (פירכת עמודה מקוזזת על קו״ח)

נצייר כעת את הדיאגרמות ונמצא את המודל:

<u>מודל אופטימלי עבור דיאגרמה 10.4א– פירכת עמודה מקוזזת על קו״ח במילוי 1</u>

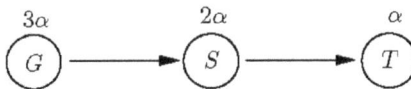

<u>מודל אופטימלי עבור דיאגרמה 10.4ב – פירכת עמודה מקוזזת על קו״ח במילוי 0</u>

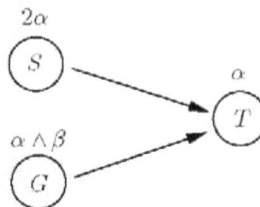

השוואה בין שני המודלים נותנת שהמילוי 1 עדיף בשינוי כיוון (אין בו שינויי כיוון), ובמימד (יש במודל פרמטר אחד, ואילו המילוי 0 הוא דו-מימדי), בעוד

שמילוי 0 עדיף רק בערכיות. וכבר ראינו בכלל 9 שהערכיות אינה משנה עדיפות שקיימת באינדקסים האחרים. אם כן, לאחר טענת הקיזוז אכן עולה שהמילוי 1 הוא עדיף, והקו"ח אכן חוזר ונעשה תקף.

סיכום: טענת קיזוז נגד פירכות

ראינו שתי הצגות של הפירכא בסוגיא: א. פירכת עמודה. ב. פירכת אלטרנטיבה. בכל אחד משני הניסוחים ראינו כיצד יש להכניס את הקיזוז, ושהוא אכן חוזר ומתקף את הקו"ח המקורי. ההבדל בין הניסוחים הוא בשאלה האם ניתן להעלות טענת קיזוז כנגד פירכא שאינה פירכת אלטרנטיבה (כלומר כנגד פירכת עמודה רגילה). לדוגמא, במקרה של חופה וכסף, ביחס לאירוסין, נישואין ופדיון, האם ניתן לטעון שהעובדה שכסף מועיל לפדיון אינה מעידה על חשיבות גבוהה, והיא פחות משמעותית מאשר העובדה שהוא לא מועיל לנישואין, ולכן בסה"כ הוא פחות חזק מחופה. לפי ההצגה השנייה כאן אין להעלות טענות כאלה כנגד פירכות עמודה, ואכן אנחנו לא מוצאים בש"ס טענות קיזוז כנגד פירכות עמודה. טענת קיזוז עולה דווקא ביחס לפירכת הקו"ח שבכאן, שהיא פירכת אלטרנטיבה.

**תוצאה 7**: עקרונית לא ניתן לטעון טענת קיזוז כנגד פירכא, אלא במקום שבו הפירכא נמצאת על אותו ציר חומרא כמו אחד הנתונים, וכתוצאה מכך ניתן להתייחס לנתונים בטבלא כתלת-ערכיים. במצב כזה, טענת הקיזוז באה לידי ביטוי בנתונים תלת-ערכיים, והמילוי 1 שנלמד מהקו"ח הבסיסי חוזר ונעשה עדיף.

פרק שני: הבלעת פירכות בקו"ח

מבוא

הבלעת פירכות הוא תהליך שלא נעשה בתלמוד עצמו, אך הראשונים (ובעיקר בעלי התוס') עושים זאת בכמה וכמה מקומות. כאן נדון בדוגמא אחת, כדי לראות כיצד המכניזם הזה משתלב גם הוא במודל שלנו. לצורך העניין נעקוב אחר מהלך הדיון בתוס' בב"ק, ונראה שם כמה תופעות חדשות ומעניינות.

הקו"ח הבסיסי

המשנה בב"ק כה ע"א מביאה היסק של קו"ח:

ומה במקום שהקל על השן ועל הרגל ברה"ר - החמיר בקרן, מקום שהחמיר על השן ועל הרגל ברשות הניזק - אינו דין שנחמיר בקרן!

יש כאן קו"ח עם שלושה נתונים:[3]

1. בהמה שהזיקה בשן (=אכלה משהו) ורגל (דרכה על משהו תוך כדי הילוכה) ברה"ר, הבעלים פטור מתשלום.
2. בהמה שהזיקה בקרן (=נגחה בכוונה להזיק) ברה"ר, הבעלים חייב בתשלום.
3. בהמה שהזיקה בשן ורגל (=שו"ר) ברשות הניזק (=רה"נ), הבעלים חייב לשלם.
4. הלכה לא ידועה (=משבצת לאקונה): מה דין קרן ברשות הניזק?

טבלת הנתונים כאן היא הבאה:

---

[3] להלן נראה שהנתונים סבוכים יותר ממה שהצגנו כאן, שכן יש כמה רמות תשלום. כעת אנחנו מתעלמים מההיבט הזה לצורך הפשטות.

	רה"ר R	רה"נ N
שו"ר	0	1
קרן	1	?

טבלא 11.1 (קו"ח)

הדיאגרמות למקרה זה הן הבאות :

מודל אופטימלי עבור דיאגרמה 11.1א – קו"ח במילוי 1

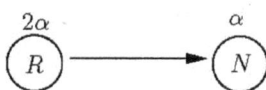

הפתרון עבור הפעולות ההלכתיות הוא :

שו"ר : α

קרן : 2α

מודל עבור דיאגרמה 11.1ב – קו"ח במילוי 0

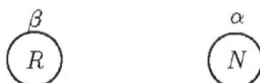

ולגבי הפעולות, נקבל :

שו"ר : $(1,0)$

קרן : $(0,1)$

תחילת התוס': פירכא מיקרוסקופית על קו"ח

בתוד"ה 'אני לא אדון', שם, הקשה מדוע לא פורכים את הקו"ח הזה באופן הבא:

וא"ת מה לשן ורגל שכן הזיקן מצוי תאמר בקרן שאין הזיקו מצוי כ"כ דבחזקת שימור קיימי למ"ד פלגא נזקא קנסא?

תוס' מציע פירכא ששן ורגל יש להם תכונה ייחודית, שהיזקן מצוי (בניגוד לקרן שהוא היזק חריג). נעיר כי זוהי פירכא מיקרוסקופית על קו"ח, דבר שעדיין לא פגשנו עד עתה (אך בהחלט נמצא בכמה מקומות בתלמוד). אין כאן תוספת עמודה, כלומר תוצאה הלכתית אחרת, אלא יש כאן התייחסות למאפיינים המיקרוסקופיים של שן ורגל שמביאים ליתר חומרא לעומת קרן.

כפי שכבר ראינו, פירכא מיקרוסקופית נדונה בצורה שונה מאשר פירכת עמודה. טבלת הנתונים נותרת כמו שהיתה ללא הפירכא, והפירכא רק מזהה יחס בין הפרמטרים, ובכך מציבה אילוץ על המודל והפתרונות לדיאגרמה הנתונה. אם כן, טבלת הנתונים והדיאגרמות למקרה זה הם בדיוק כמו בסעיף הקודם, אלא שהפעם יש אילוץ על המודלים. האילוץ הוא שיש פרמטר אחד, שמבחינתו שו"ר יותר חמורים מאשר קרן. את שאר הפרמטרים יש לקבוע לפי הדיאגרמות, תחת האילוץ הזה.

הפתרונות שמתקבלים הם בדיוק כמו אלו שקיבלנו למעלה. אלא שבמילוי 1 עלינו להוסיף פרמטר נוסף β שקיים בשו"ר ולא בקרן. מהתבוננות בטבלא עולה כי הפרמטר הזה כלל אינו משפיע על התוצאות, שהרי הדיאגרמה ממשיכה להראות שרה"ר קשה יותר לחיוב מאשר רה"נ. המסקנה היא שבמילוי 1 נוצר מודל של שני פרמטרים, אבל הפרמטר השני אינו משפיע על התוצאות אלא רק מצוי בפעולות. ובמילוי 0 הפרמטר הזה הוא פשוט אחד הפרמטרים שמופיעים בפתרון. כלומר האילוץ רק מזהה את אחד הפרמטרים שהתקבלו בפתרון הקודם, ותו לא.

אם כן, במילוי 1 הפתרון עבור התוצאות לא משתנה, והפתרון עבור הפעולות ההלכתיות הוא:

שו״ר : (1,1)

קרן : (2,0)

רואים שיש כאן פרמטר אחד (β) שבו באמת שו״ר הוא חמור יותר, אבל הוא אינו משפיע על חיוב ברה״ר וברה״נ. אמנם ישנו גם פרמטר אחר (α) שבו נותרת הקרן חמורה יותר. זוהי כנראה הכוונה להזיק, שחז״ל מזהים אותה כחומרא המיוחדת שיש בקרן. זוהי החומרא שמשפיעה על החיוב ברה״ר וברה״נ.

עבור מילוי 0 שום דבר לא משתנה בעקבות האילוץ. הפתרון הוא אותו פתרון, הן לתוצאות והן לפעולות. האילוץ רק מזהה את החומרא שיש בשו״ר ולא בקרן (β) כהיזק מצוי.

כאן המקום להעיר כי המקרה של נזקי ממון הוא ייחודי, מפני שהתלמוד עצמו מזהה את הפרמטרים המיקרוסקופיים במפורש (יש מאפיינים ייחודיים לכל אב נזק שכתוב בתורה). אנחנו מגיעים לכך שקיימים פרמטרים כאלה מתוך עיון אמפירי בהיבט הפנומנלי (=התופעות ההלכתיות). במקרה של אירוסין ונישואין באמת הגענו אפריורי למבנה של ארבעה פרמטרים מיקרוסקופיים, והלומד צריך לזהות אותם מסברתו בעצמו. כאן התלמוד אינו עושה זאת עבורנו, ולכן המתודה שלנו יכולה לכוין את הלומדים לזהות ולאפיין את הפרמטרים הללו. זוהי הדגמה לתועלת הרבה שיש במודל המיקרוסקופי, שהתוצאות שלו יכולות לכוין את הלומד לזהות את הרכיבים הבסיסיים שעומדים ביסוד הסוגיות התלמודיות.

אם כן, במקרה שלנו התחרות בין מילוי 1 לבין מילוי 0 היא בשאלה מהם הפרמטרים המשפיעים על החיוב בנזקי ממון. השאלה היא האם הפרמטר הנוסף (היזק מצוי) משפיע על התוצאות או שרק הפרמטר של כוונה להזיק משפיע עליהן. באלטרנטיבה של מילוי 0 יוצא שנפוצות ההיזק הוא הפרמטר המשפיע על חיוב ברה״נ, ובאלטרנטיבה של מילוי 1 יוצא שהוא אינו משפיע כלל. הכוונה להזיק משפיעה בשני המילויים, השאלה היא האם רק על חיוב ברה״ר או שגם על החיוב ברה״נ.

כעת עלינו לבחון כיצד יש כאן פירכא. לשם כך עלינו להשוות את האינדקסים של שני המילויים. הדיאגרמות נותרות כמו בקו״ח, ולכן העדיפות של מילוי 1 היא במימד ובקשירות, והוא נחות בערכיות. כעת נותר לנו רק להוסיף שבגלל האילוץ המודלים עבור שני המילויים הם אולי בעלי אותו מימד (אם בכלל)[4]. נותרנו עם יתרון למילוי 1 בגלל הקשירות (ואולי גם בגלל המימד). אמנם היתרון הזה הוא נגד הערכיות, אלא שלפי כלל 9 הערכיות אינה פוגעת בעדיפות שנקבעת על ידי האינדקסים האחרים. אם כן, המילוי 1 נותר עדיף גם לאחר הפירכא.

לכאורה אנחנו בבעייה. תוס׳ מעלה פירכא, והמודל שלנו אינו מצליח לשקף אותה. אולם אל לנו לשכוח שתוס׳ מקשה על הגמרא, ובאמת הגמרא עצמה אינה מתחשבת בפירכא הזו. מה שקיבלנו כאן הוא שבאמת ההתעלמות הזו היא מוצדקת, וקושיית התוס׳ אינה נכונה. להלן נראה שכנראה זה גופא מה שתוס׳ מתרץ על הקושיא. בכל אופן, ה׳כישלון׳ הזה הוא בעצם הצלחה גדולה של המודל שלנו, שכן הוא מראה לנו מייד שפירכא כזו אינה פורכת את ההיסק. במודל שלנו קושיית התוס׳ כלל אינה עולה.

שלילת סיבוב הקו״ח

בהמשך דבריו, תוס׳ מעלה אפשרות לסובב את הקו״ח, ובכך להימלט מהפירכא:

> ***ואין לומר מרשות לרשות גמרינן ומה רה״ר שהקיל בה לענין שן ורגל החמיר בה לענין קרן רשות הניזק לא כל שכן דמ״מ שייך למפרך שפיר כדמשמע לקמן דבעי למילף כופר שלם בתם בחצר הניזק מנזקין דרגל ופריך מה לנזקי׳ דרגל שכן ישנן באש.***

---

4 כרגע ההנחה שלנו היא שאם יש פרמטר נוסף שמופיע בפעולות, גם אם הוא אינו משפיע על התוצאות, הוא משתתף בקביעת המימד. אם נחליט שגם המימד לא משתנה בגלל האילוץ, היתרון של המילוי 1 הוא גדול יותר, ודברינו למעלה נותרים על כנם.

הוא מוכיח מהמשך הסוגיא שסיבוב אינו מנטרל פירכות, מה שמתאים היטב למסקנותינו עד כה. אם היסק כלשהו הוא תקף, אזי הוא תקף בשני ההיבטים שלו (מצד הפעולות ומצד התוצאות), ואם היסק אינו תקף אז הוא לא תקף בשניהם. הכל תלוי בהשוואת המילויים, ובקיומה של עדיפות של אחד מהם על חברו.

להלן נדון בסיבוב הקו״ח, ונראה באלו מקרים וכיצד הוא בכל זאת יכול להיות רלוונטי.

המכניזם של הבלעת פירכא

תוס׳ מיישב את הקושי בצורה הבאה:

> ***וי״ל דלאו פירכא היא דאין חומרא זו מועלת לחייבו ברה״ר והכי דיינינן ק״ו ומה שן ורגל שאין חומרות מועילות לחייבו ברה״ר נ״ש כו׳***

תוס׳ מסביר שהפירכא הזו אינה פורכת את ההיסק, אלא מובלעת בתוכו. טענתו היא ששו״ר חמורים יותר מקרן בגלל שהיזקם מצוי, ובכל זאת הם פטורים ברה״ר. אם כן, קרן חמורה משו״ר, על אף שבשו״ר יש את החומרא ההיא. כנראה שבקרן יש חומרא אחרת שגוברת עליה (כך באמת ראינו למעלה, שהחומרא היא שכוונתה להזיק, ויש לה פרמטר אחר מהחומרא של היזק מצוי שמאפיינת רק את שו״ר). אם כן, גם ברה״נ ניתן להסיק שאם שו״ר חייבים, אז קרן שחמורה מהם (על אף החומרא שיש בהם) ודאי תהיה גם היא חייבת שם. זהו המכניזם של ׳הבלעת פירכא׳.

כיצד הוא בא לידי ביטוי במודל שלנו? נראה שזוהי בדיוק המשמעות של התוצאה שקיבלנו למעלה: ש׳פירכא׳ מן הסוג הזה כלל אינה פורכת את ההיסק. היא מותירה את המילוי 1 עדיף. משמעות העניין במישור האינטואיטיבי היא שיש פרמטר חומרא אחר בקרן, שגובר על החומרא שיש בשו״ר, ומותיר את ההיסק תקף. פירכא כזו כלל אינה פירכא, וזו רק אשלייה של החשיבה האינטואיטיבית. במודל שלנו זה יוצא באופן טבעי (מהמילוי 1 למעלה), שלקרן יש חומרא מיוחדת (2α) שלא קיימת בשו״ר, והיא גוברת על

182

החומרא שבשו״ר. לכן הפירכא הזו היא טעות בעלמא. לא פלא שבמסגרת המודל שלנו כלל לא ניתן היה להסביר את קושיית התוס׳ (שחשבו שפירכא כזו פורכת את הקו״ח). כאשר חושבים על ההיסקים הללו אינטואיטיבית יכולה לעלות שאלה כזאת, אבל במסגרת המודל שלנו היא כלל אינה מתעוררת. זוהי הדגמה מצוינת לכוחה של הפורמליזציה אותה אנו מציעים.

הבלעת פירכא הלכתית

בעלי הכללים כותבים עיקרון שאין להבליע פירכא שכתובה בתורה. מקור הדברים הוא בהמשך דברי התוס׳ כאן. הם מקשים על המכניזם של הבלעת פירכא, את הקושיא הבאה:

ובפ״ק דזבחים (דף י.) גבי שוחט לשמה לזרוק דמה שלא לשמה דפסול מק״ו דשוחט חוץ לזמנו דכשר ופריך מה לחוץ לזמנו שכן כרת אע״פ שאין חומרא זו מועלת לחוץ לזמנו לפסול חומרא שהחמירה תורה שאני דכיון שהחמירה תורה חומרא זו החמירה חומרא אחרת.

תוס׳ מביאים מסוגיית זבחים ששם לא מבליעים פירכא בקו״ח. כדי ליישב את הקושי, תוס׳ מנסחים כלל נוסף: לא מבליעים פירכות שכתובות בתורה. נראה שכוונתם לא היתה לחלק בין מעמדן של פירכות מסברא למעמדן של פירכות שכתובות בתורה, אלא לומר שמבליעים רק פירכות מיקרוסקופיות (שנוגעות למאפיינים של הפעולות השונות) ולא פירכות הלכתיות (שעוסקות במאפיינים הלכתיים.

פירכות שעוסקות במאפיינים הלכתיים הן בעצם פירכות עמודה רגילות, ולכן ברור שאין מקום להבליע אותן, שהרי ראינו שפירכא כזו באמת פורכת את היסק הקו״ח.

בשולי הדברים נאמר כי לא לגמרי ברור מדוע תוס׳ מביא דווקא את סוגיית זבחים, ולא כל פירכת עמודה אחרת בש״ס. נראה שהוא חשב שאולי שם ישנה פירכא הלכתית שונה, שדומה לפירכא המיקרוסקופית שנדונה כאן.

ייתכן שזה מפני שעונש הכרת אינו מאפיין הלכתי נוסף (עוד עמודה, כמו פדיון מעשר והקדש), אלא תכונה כללית (אמנם הלכתית, ולא עובדתית) של דין חוץ לזמנו בשחיטת קדשים. כאשר שוחטים על מנת לזרוק חוץ לזמנו, יש לכך שתי נפקויות הלכתיות: יש עונש כרת והקרבן נפסל. אם כן, זו אינה עוד עמודת נתונים בלתי תלויה, אלא תכונה של הפעולות שנדונות בטבלת הנתונים הבסיסית. במובן זה יש כאן דמיון לקו"ח שלנו שעוסק בתכונות עובדתיות של הנתונים הבסיסיים.

אך, כאמור, מסקנת התוס' היא שגם פירכא כזו היא למעשה פירכת עמודה רגילה, ולכן היא כן פורכת את הקו"ח ולא ניתן להבליע אותה.

תוצאה 8: הבלעת פירכא.

א. **_הבלעת פירכא בקו"ח נעשית רק כאשר הפירכא מציגה מאפיין מיקרוסקופי שרלוונטי לשורה או עמודה שלימה. במצב כזה, התפיסה האינטואיטיבית של הקו"ח עלולה לראות קושי בפירכא כזו, אך במסגרת המודל שלנו כלל לא עולה האפשרות להציג פירכא כזו._**

ב. **_עוד ראינו מהמודל שלנו שכאשר המאפיין הוא הלכתי אין הבלעה של הפירכא, כפי שכותבים הראשונים ובעלי הכללים._**

פרק שלישי: פרמטרים לא בינאריים: סיבוב קו״ח והויכוח על ה׳דיו׳

מבוא

עד עתה הנחנו שהערכים שממולאים בטבלת הנתונים הם בינאריים: 0 או 1. ראינו רק מקרה יוצא דופן אחד, בדיון על טענות קיזוז, שבו היה גם נתון 2 באחת המשבצות. כעת נדון במקרים אלו ביתר פירוט. החשיבות העיקרית של מקרים אלו, שהם נדירים מאד, היא שמשום מה דווקא במקרים אלו אנו מוצאים שהתלמוד עצמו מנסה ׳לסובב׳ את הקו״ח. במקרים אלו עצמם גם מתעוררת שאלת ה׳דיו׳, לשני סוגיו, ובכך עוסק פרק זה.

הסוגיא העיקרית שבה מופיע מקרה כזה היא משנת ב״ק, שם מופיע קו״ח עם טבלת נתונים רב-ערכית, ושם המשנה עצמה מבצעת ׳סיבוב׳ של הקו״ח. שם גם עולה לדיון מפורט שאלת ה׳דיו׳ מראש דינא ומסוף דינא.

מהלך המשנה

המשנה בב״ק כד ע״ב עוסקת בנזקי ממון. למעלה, בדיון על הבלעת פירכא, ראינו היסק שלומד חיוב נזקי קרן ברה״נ. כבר שם הערנו שאנחנו מציגים תמונה מפושטת של המהלך, שהספיקה לצרכינו שם. כעת נעבור לתמונה המלאה. זו לשון המשנה:

> ***מתני׳. שור המזיק ברשות הניזק כיצד? נגח, נגף, נשך, רבץ, בעט, ברשות הרבים - משלם חצי נזק, ברשות הניזק - רבי טרפון אומר: נזק שלם, וחכמים אומרים: חצי נזק. אמר להם רבי טרפון: ומה במקום שהקל על השן ועל הרגל ברשות הרבים שהוא פטור, החמיר עליהן ברשות הניזק לשלם נזק שלם, מקום שהחמיר על הקרן ברה״ר לשלם חצי נזק, אינו דין שנחמיר עליו ברשות הניזק לשלם***

נזק שלם! אמרו לו: דיו לבא מן הדין להיות כנדון, מה ברה״ר - חצי נזק, אף ברשות הניזק - חצי נזק. אמר להם: אף אני לא אדון קרן מקרן, אני אדון קרן מרגל, ומה במקום שהקל על השן ועל הרגל ברה״ר - החמיר בקרן, מקום שהחמיר על השן ועל הרגל ברשות הניזק - אינו דין שנחמיר בקרן! אמרו לו: דיו לבא מן הדין להיות כנדון, מה ברה״ר - חצי נזק, אף ברשות הניזק - חצי נזק.

המשנה עוסקת בדין קרן ברה״נ. הנתונים הם הבאים:

1. קרן (**k**) ברה״ר משלמת חצי נזק.
2. שו״ר (**sr**) ברה״ר פטורים.
3. שו״ר ברה״נ חייבים נזק שלם.
4. דין קרן ברה״נ לא ידוע.

טבלת הנתונים למקרה זה היא הבאה:

N	R	
1	0	**sr**
?	½	**k**

טבלא 12.1 (קו״ח)

לכאורה ניתן לנתח את הטבלא הזו בדיוק כמו קו״ח רגיל. אך כאן ישנה תחושה שצריך להיות הבדל בין הכיוונים שבהם מיישמים את הקו״ח. קו״ח של פעולות מסיק מתוך ההלכות ברה״ר (שתי המשבצות בעמודה הימנית) שקרן חמורה משו״ר, ולכן גם ברה״נ קרן צריכה לחייב יותר משו״ר, כלומר לפחות 1. אבל בקו״ח של התוצאות אנו מסיקים מתוך ההלכות של שו״ר (שתי המשבצות בשורה העליונה) שרה״נ חמורה מרה״ר. ולכן גם בקרן רה״נ

186

צריכה לחייב יותר מרה"ר, כלומר לפחות ½. אם כן, במקרה זה שני כיווני הקו"ח נותנים תוצאות שונות לחיוב קרן ברה"נ.

כאשר מתבוננים במשנה רואים שר' טרפון פוסק שקרן חייבת נזק שלם, כלומר על פניו נראה שהוא לומד את הקו"ח בכיוון של הפעולות, ואילו חכמים לומדים את הקו"ח בכיוון של התוצאות. אמנם במהלך המשנה נראה ששני הצדדים מוכנים לעמוד אחרי מסקנתם לפי שני כיווני ההיסק של הקו"ח. לשם כך חכמים נזקקים להגיע ל'דיו' מסוף דינא, שהוא עיקרון שנראה תמוה. לכאורה נראה שדווקא ר"ט צודק, שהרי די לנו בניסוח אחד של קו"ח כדי להוכיח שכאן חייבים נזק שלם, ובקו"ח של הפעולות זה לכאורה מה שיוצא. ה'דיו' אינו יכול לעצור את השיקול של הפעולות, ולכן מההיסק של הפעולות יש להסיק שהמזיק בקרן ברה"נ חייב נזק שלם.

אמנם למסקנת הגמרא נראה שבאמת אף אחד מהתנאים אינו מסובב את הקו"ח, ושניהם לומדים את ההיסק משני הצדדים גם יחד ולא מוכנים לתלות את מסקנתם בלימוד מצד התוצאות או הפעולות. במובן זה, נראה שעדיין מסקנתנו שאכן יש כאן רק היסק אחד, עומדת בעינה.

ועדיין עלינו להבין מה המחלוקת בין חכמים לר"ט? כאמור, המחלוקת אינה נסובה על שאלת הסיבוב, או על איזה משני ההיסקים לעשות, אלא על השאלה מה למלא במשבצת הלאקונה בהינתן הטבלא הנדונה, בלי תלות בכיוון ההיסק. כדי להבין זאת, נבחן כעת מה נותן המודל שלנו לגבי טבלא כזו. עלינו לבדוק את הדיאגרמות עבור שלושת סוגי המילוי האפשריים. עלינו לבדוק את עקרונות העדיפות לגבי שלוש אפשרויות מילוי של משבצת הלאקונה: 0, ½, ו-1.

'דיו אראש דינא' ו'דיו אסוף דינא'

גם שאלת ה'דיו' שעולה בדיון כאן אינה ברורה. אפשר בהחלט להבין את השיקול של 'דיו' כאשר אנחנו עושים קו"ח של תוצאות (=רשויות), שכן במקרה זה ההיסק הסופי לומד את דין קרן ברה"נ מדין קרן ברה"ר. אם

רה״נ חמורה מרה״ר, אז תשלומי קרן ברה״נ צריכים להיות גדולים או שווים לתשלומי קרן ברה״ר, כלומר ל-1/2. ומכיון שאין לנו אינדיקציה בכמה לעלות מעל 1/2 , סביר לקבוע שהחיוב הוא ½ בדיוק. אמנם במקרה זה לא ברורה שיטת ר״ט, שגם ביחס לשיקול הזה מחייב נזק שלם.

אבל הצד השני של הקו״ח, שמשווה בין פעולות (=אבות נזק), לומד את דין קרן ברה״נ מדין שו״ר ברה״נ. מאותו היגיון כאן היה צריך לצאת שהחיוב הוא נזק שלם, ואין מקום לשיקול של 'דיו'. והנה חכמים במשנה קובעים שגם ביחס להיסק הזה עושים 'דיו', והחיוב עומד על ½. לשם כך הם מגדירים 'דיו' נוסף, ומבחינים בין 'דיו אראש דינא' ו'דיו אסוף דנא'. הראשונים מסבירים את שני סוגי ה'דיו' הללו, אבל בשורה התחתונה ברמה האינטואיטיבית זה נותר לגמרי לא ברור.

במודל שלנו כל העניין צריך ביאור. כפי שכבר ראינו, המודל שלנו אינו מבחין בין כיווני ההיסק (פעולות או תוצאות), וממילא גם אינו צפוי להסביר לנו את המכניזמים של 'דיו אראש דינא' ו'דיו אסוף דינא'. מאידך, אם נצליח להראות את שיטת חכמים ואת שיטת ר״ט לגבי הטבלא כפי שהיא, אזי ממילא ייצא לנו העיקרון של ה'דיו' לשני הכיוונים. המסקנה תהיה שבטבלא כזו התוצאה היא 1 או ½, וזה מה שנקרא במישור האינטואיטיבי 'דיו'. זה יהיה הסבר מכללא לשני סוגי ה'דיו'.

בדיקת ההיסק במתודה שלנו: ה'דיו'

הטבלא עבור קו״ח רב ערכי מהטיפוס הזה היא הבאה:

N	R	
1	0	sr
?	½	k

טבלא 12.1 (קו״ח בטבלא רב-ערכית)

הדיאגרמות למקרה זה הן הבאות :

מודל אופטימלי עבור דיאגרמה 12.1א – קו״ח רב ערכי במילוי 1

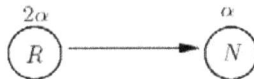

הפתרון עבור הפעולות ההלכתיות הוא :

שו״ר : α

קרן : 2α

מודל אופטימלי עבור דיאגרמה 12.1ב – קו״ח במילוי 0

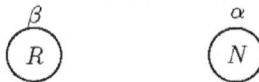

ולגבי הפעולות, נקבל :

שו״ר : (1,0)

קרן : (0,1)

<u>מודל אופטימלי עבור דיאגרמה 12.1ג – קו"ח רב-ערכי במילוי ½</u>

הפתרון עבור הפעולות ההלכתיות הוא:

שו"ר: α

קרן: 2α

הפתרון הוא בדיוק כמו שקיבלנו עבור מילוי 1. מחלוקת חכמים ור"ט נסובה בדיוק על השאלה כיצד עלינו להכריע איזה סוג מילוי עדיף במקרה זה.
לפי חכמים הפתרון נראה פשוט. מכיון ששני הגרפים עבור מילוי 1 ומילוי ½ נותנים את אותה תוצאה (שניהם עדיפים על מילוי 0, ושקולים ביניהם), אזי עלינו לבחור את הקטן ביניהם. זוהי בדיוק משמעותו של עקרון ה'דיו'. כל עוד אין לנו הוכחה שהמילוי חייב להיות יותר מ-1/2 אנחנו מעמידים אותו על ½. מי שרוצה להגדיל אותו יותר, חובת הראיה היא עליו.
לשון אחר: המתודה הכללית לפי חכמים לטבלא רב ערכית היא הבאה: יש להתחיל מהמילוי הנמוך ביותר האפשרי, ולהעלות את ערכו לאט לאט למעלה. כאשר אנחנו מגיעים למילוי המועדף, עלינו לעצור. כל המילויים בערכים הגבוהים יותר שנותנים אותה רמת עדיפות, הם שקולים למילוי הזה, ועלינו לבחור את הנמוך ביותר מביניהם. כך אנחנו מגיעים כאן לפי חכמים להכרעה שהמילוי הנכון הוא ½.
לאור דברינו למעלה, יש לשים לב שבכך הסברנו את שני סוגי ה'דיו'. הסיבה שחכמים עושים 'דיו' כנגד שני סוגי ההיסק היא שלדעתם בטבלא הנתונה הזו התוצאה למילוי במשבצת הלאקונה היא 1/2, וזה לא משנה באיזה כיוון

היסק אנו תוקפים זאת. לכן במישור האינטואיטיבי צריכים לחדש שני סוגי 'דיו', אבל מבחינתנו זה יוצא מאליו. בטבלא כזו התוצאה היא 1/2, איך שלא נקרא לזה.

תוצאה 9: _שני סוגי ה'דיו' יוצאים באופן טבעי מהמודל שלנו. למעשה, אין בכלל שני סוגי 'דיו', וטיעוני 'דיו אראש דינא' ו'דיו אסוף דינא' אינם אלא שיקוף של העובדה שהמודל האופטימלי עבור טבלת הנתונים הוא במילוי המתאים ל'דיו'._

שיטת ר"ט: 'סיבוב' הקו"ח

ר"ט אינו מקבל את עקרון ה'דיו', וכפי שהערנו הוא אינו מקבל זאת ביחס לשתי דרכי ההיסק. נראה שאפשר להבין את שיטתו כך: ללא עקרון ה'דיו' רמת האופטימליות של שני המילויים (1 או 1/2) היא שקולה, ולכן אין דרך להכריע איזו מביניהם לבחור. במקרה זה נראה שניתן לבחור את הערך המועדף על ידי הסתכלות בפעולות (=שורות) במקום בתוצאות (=עמודות). אם נתבונן בטבלא למעלה נראה שיחס הסדר בין הפעולות הוא הבא:

מודל אופטימלי עבור דיאגרמה 12.2ג – קו"ח רב-ערכי לפי פעולות במילוי ½

תיארנו את הפתרון לפי השיטה בה פעלנו על התוצאות. אבל אם נחשוב כעת מה הפתרון עבור הרשויות, כך שהוא יסביר את נתוני הטבלא, עלינו להגדיר מודל שבו אפשר להסביר באופן שיטתי תוצאה של 1/2. כאן נציע את המודל הבא: אם פעולה כלשהי יש לה חצי מתוך העוצמה הדרושה לחיוב ברשות הנדונה, אזי התוצאה היא 1/2. במקרה זה, הפתרון לדיאגרמה הוא מסובך יותר (הפתרון שמצמיד פרמטר אחד לכל נקודה בדיאגרמה לא יצליח להציע

מודל עבור התוצאות שיסביר את כל נתוני הטבלא). לכן עלינו לבחור מודל
מורכב יותר (אם כי, עדיין דו-מימדי), ומה שמתקבל הוא הפתרון הבא:

$$k \qquad\qquad sr$$

$$\alpha \wedge \beta \qquad\qquad 2\alpha$$

גם כאן יש שני מימדים ואי תלות בין הפעולות (למעט הערכיות).
כדי לקבל את התוצאות בטבלא, נגדיר את הפתרון עבור הרשויות כך:
$\text{N} : (2,0)$
$\text{R} : (2,1)$

יש לשים לב שהפתרון הזה מקיים גם את היחס בין העמודות (המתואר
בתיאור הקודם של הקו"ח).

מודל אופטימלי עבור דיאגרמה 12.2ב – קו"ח רב-ערכי לפי פעולות במילוי 0

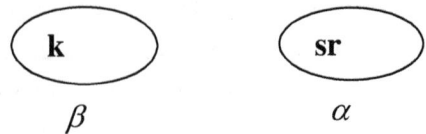

$$k \qquad\qquad sr$$

$$\beta \qquad\qquad \alpha$$

לגבי התוצאות, נקבל:
רה"ינ : $(1,0)$
רה"יר : $(0,2)$
גם כאן התוצאה 1/2 מוסברת באותה צורה עצמה.

מודל אופטימלי עבור דיאגרמה 12.2א – קו"ח רב-ערכי לפי פעולות במילוי 1

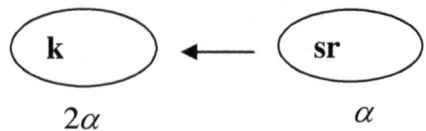

$$k \longleftarrow sr$$

$$2\alpha \qquad\qquad \alpha$$

במקרה זה החץ מקשר בין פעולות ולא בין תוצאות, ולכן ברור שהפתרון הוא
הפוך, כלומר שהפעולה k מקבלת ערכים גבוהים יותר מהפעולה sr. הפתרון
ממימד 1 אינו פועל, וצריך להכניס עוד פרמטר מיקרוסקופי.

לכן נכתוב את הפתרון כך:

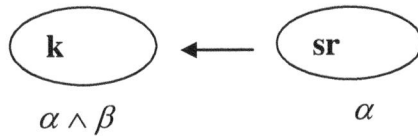

ולגבי הרשויות, נקבל:

רה״נ: (1,0)

רה״ר: (2,1)

במקרה זה שלושת המודלים הם דו-מימדיים, אבל יש הבדל טופולוגי לטובת המילוי 1 (הקישוריות). שני המודלים עבור מילוי 0 ו-1/2 הם שקולים, ושניהם נחותים לעומת המילוי 1. לכן לפי ר״ט עדיף המילוי 1, וכך אכן הוא פוסק.

הערה על כיוון ההיסק: מחלוקת ר״ט וחכמים

חשוב להבין שהמודל אותו מצאנו היה מתקבל גם אם היינו מציירים את הדיאגראמות עבור הרשויות ולא עבור הפעולות, שכן בסופו של דבר המודל אמור להסביר את טבלת הנתונים. אז מהו ההבדל בין ניתוח לפי פעולות או לפי רשויות? ההבדל הוא רק מבחינת האינדקסים הטופולוגיים. הקשירות ואי הקשירות מתייחסת ליחס בין השורות (הפעולות) ולא ליחס בין העמודות (הרשויות). לכן על אף הזהות מבחינת המודל המתקבל (המימד והערכיות), התוצאה של העדיפות עשויה להיות שונה (כפי שאכן ראינו שקורה).

אם כן, ישנו כאן סוג של סיבוב של הקו״ח. אמנם זה לא סיבוב במובן האינטואיטיבי, כלומר אין כאן היסק שונה של שורות או עמודות. אבל יש שתי צורות להציג ניתוח לוגי של ההיסק, כאשר אחת היא באוריינטציה של שורות והשנייה באוריינטציה של עמודות. אם כן, הציפייה שבטבלא אסימטרית תהיה משמעות לכיוון ההיסק יש בה ממש. שני ניתוחים שונים עשויים להוליך לשתי תוצאות שונות.

במצב כזה בדיוק מתעוררת מחלוקת חכמים ור״ט. דעת ר״ט כעת היא ברורה. מבחינת המודל, כל המילויים הם במימד 2, ולכן הם שקולים. ההכרעה נעשית על בסיס טופולוגי. השאלה באיזה בסיס טופולוגי לבצע את

הניתוח, האם בזה של הפעולות או בזה של הרשויות. לפי ר״ט מנתחים לפי הפעולות, ולפי חכמים מנתחים לפי התוצאות.

ייתכן שהניסוח הנכון הוא הבא: לפי חכמים כדי שהתוצאה תהיה 1, היא צריכה להתקבל משני הכיוונים (ולא דווקא מהתוצאות). אם יש הבדל בתוצאה, אנו בוחרים את התוצאה הנמוכה יותר (=זהו בדיוק עקרון ה׳דיו׳ שלהם). ואילו ר״ט שאינו מקבל את ה׳דיו׳ במקרה זה, סובר שדי לנו בכך שיש הוכחה אחת לכך שהתוצאה היא 1 כדי שזו תהיה התוצאה. העובדה שניתוח שני מוליך לתוצאה של 1/2 אינה חשובה. במובן הזה, המחלוקת אכן דומה להופעה האינטואיטיבית שלה (שלפי ר״ט די בהוכחה אחת לכך שהתוצאה היא 1, ולחכמים נדרשת הוכחה כפולה).

_תוצאה 10__: סיבוב של קו״ח לא קיים במסגרת המודל. אמנם ניתן להביא אותו לידי ביטוי במישור של בחירת שיקול העדיפות (עמודות או שורות). ר״ט משתמש ב׳סיבוב׳ כזה בשיקול העדיפות שלו, כפי שמשתמע מלשון המשנה. דבר זה אינו סותר את העובדה שבכל הקו״ח בש״ס לא עולה האפשרות ׳לסובב׳ קו״ח כדי להימלט מפירכא. הדבר נעשה רק כאשר נתוני הטבלא הם תלת-ערכיים._

סיכום

המסקנה היא שהתוצאות הללו מסבירות גם את שאלת ה׳דיו׳ במודל שלנו, וגם את שאלת ה׳סיבוב׳ שלכאורה לא יכולה לעלות בו, ובכל זאת נכנסת בדלת האחורית. ה׳דיו׳ מתפרש ממש במו בחשיבה האינטואיטיבית. לפי חכמים לוקחים את הערך הנמוך ביותר מבין הערכים הקבילים, שכן כל ערך גבוה יותר מחייב הוכחה. ׳סיבוב׳ הקו״ח במודל שלנו מופיע רק בנימוק של ר״ט, ומשמעותו היא לא היסק שונה, אלא ניתוח שמבוסס על יחס סדר בין שורות במקום יחס הסדר בין העמודות (בדיוק מפני שהוא שולל את ה׳דיו׳). המסקנה העקבית שלנו נותרת על מכונה: אין להפריד בין כיווני ההיסק בשום קו״ח, וגם במקרה אסימטרי ההבחנה בין שני סוגי ה׳דיו׳ כלל אינה עולה.

פרק רביעי: פרמטרים שפועלים במצטבר

דחיית השיקול של רב הונא: הסבר אינטואיטיבי

לאחר שהגמרא בסוגיית קידושין מגיעה בשלב 11 למסקנת רב הונא שחופה קונה באירוסין (מהשיקול של תיקוף הצד השווה המורכב, עליו עמדנו לעיל), רבא חולק עליו וסובר שחופה אינה קונה. הוא מעלה נגדו את הטענה:

ועוד, כלום חופה גומרת אלא ע״י קידושין, וכי גמרי' חופה שלא ע״י קידושין מחופה שע״י קידושין?

כלומר אי אפשר ללמוד חופה לגבי אירוסין מחופה לגבי נישואין, שהרי חופה מועילה בנישואין רק בגלל שהיא מגיעה אחרי שכבר נעשו האירוסין.

ראשית, עלינו לשים לב שכעת הדיון בסוגיא חוזר לשלב הראשון: הקו״ח הפשוט של רב הונא. הגמרא מניחה שאחרי כל המהלך הסבוך שעברנו, בסופו של דבר חזרנו ותיקפנו את הקו״ח הראשוני. מקורו של רב הונא לכך שחופה עושה אירוסין הוא הקו״ח הראשוני מכסף, וכל הפירכות נדחו במהלך הלוגי שאחריו עקבנו בפרקים הראשונים של החלק הראשון.

כעת רבא מעלה פירכא על הקו״ח של רב הונא. טענתו היא שיצירת הקשר הזוגי היא תהליך שמורכב משני שלבים: האירוסין והנישואין. כל חלק בתהליך הזה דורש משהו שיחיל אותו, והחלת החלק השני נעשית בעזרת העובדה שכבר הוחל החלק הראשון.

הסבר במונחי המודל שלנו

אחרי שהחלנו את האירוסין עם הכסף כעת החופה משלימה את התהליך ומחילה גם את הנישואין. אבל הפעולה שעושה החופה נעשית בעזרת הכסף שכבר ניתן בשלב הקודם. הסיבה שהחופה מצליחה להחיל נישואין אינה אומרת שהרכיב המיקרוסקופי שנמצא בה הוא חזק יותר מהרכיב שנמצא בכסף. הרכיב שנמצא בכסף כבר פועל, שכן הוא נוצר בשלב האירוסין שבו

הכסף ניתן לאישה, והוא ממשיך לפעול אחרי האירוסין ומסייע לרכיב שנמצא בחופה כדי להשלים את התהליך ולהחיל את הנישואין. החופה פועלת בעזרת הכסף ולא לבדה, ולכן אין למדוד אותה לחוד מול עוצמתו של הכסף. אם הכסף לא היה ניתן קודם לחופה החופה לבדה לא היתה מצליחה להחיל את הנישואין. מכאן טוען רבא שאם חופה מצליחה להחיל נישואין אחרי אירוסין, זה לא אומר שהיא צריכה בהכרח להצליח להחיל את האירוסין עצמם.

בשפה שלנו נאמר זאת כך: מהקו"ח של רב הונא (בו המילוי 1 הוא העדיף, ולכן אנחנו מניחים שהוא הנכון) יוצא שלהחלת אירוסין נדרש הפרמטר α, שישנו בכסף. להחלת הנישואין נדרשת עוצמה גבוהה יותר של הפרמטר: 2α, וזה מה שיש בחופה. לכן ברור שאם חופה מחילה נישואין אז ודאי שהיא יכולה להחיל גם אירוסין. ועל כך טוען רבא, שבהחלט ישנה עדיין אפשרות שבחופה יש עוצמה נמוכה יותר, כמו למשל $½\alpha$, והיא מצליחה בכל זאת להחיל את הנישואין בעזרת העוצמה שהכסף כבר הכניס לעניין. ביחד עם העוצמה שניתנה על ידי הכסף יש כאן $1½\alpha$, ולכן הנישואין חלים על ידי החופה. אך מכאן אין ללמוד שהעוצמת ה-α שיש בחופה לבדה גבוהה מזו שיש בכסף. לכן השאלה האם חופה יכולה להחיל אירוסין (שדורשים α) נותרת פתוחה.

זה עדיין לא מסביר את העניין במונחי המודל שלנו, אלא רק מנסח את הפירכא של רבא במונחי עוצמות יחסיות של פרמטר מיקרוסקופי.

'סיבוב' הקו"ח

נבדוק כעת האם טיעונו של רבא פורך את שני היסקי הקו"ח. הקו"ח של הפעולות, שמניח כי חופה חזקה מכסף (מעיון בעמודת הנישואין), אכן נפרך. החופה מצליחה להחיל נישואין רק בעזרת הכסף שניתן קודם לטובת האירוסין. לעומת זאת, הקו"ח של התוצאות, שמניח שנישואין קשים להחלה יותר מאשר אירוסין (מעיון בשורת הכסף), לא נפרך כלל. העובדה שהנישואין מוחלים רק אחרי האירוסין אינה תוקפת את ההנחה הזו. להיפך, עובדה זו

מוליכה לכך שנישואין קלים להחלה שהרי חלות האירוסין מסייעת להחלתם. ובכל זאת, כסף לא מחיל נישואין וכן מחיל אירוסין.
אביי בסיום הסוגיא עונה לו:

א״ל אביי...ודקאמרת: כלום חופה גומרת אלא ע״י קידושין, רב הונא נמי ה״ק: ומה כסף שאינו גומר אחר כסף - קונה, חופה שגומרת אחר כסף - אינו דין שתקנה.

יש לשים לב שהוא לא מסובב את הקו״ח, כפי שהיינו מצפים. בתירוצו הוא מציל גם את תקפותו של הקו״ח של הפעולות, ולא נזקק לסיבוב. הוא טוען שניתן להשוות את חופה לכסף ולהסיק שחופה ברוטו, עם התוספת של כסף האירוסין, חזקה מכסף ברוטו (עם תוספת כסף האירוסין).
נעיר כי גישה זו מתאימה בהחלט למסקנתנו כאן, שסיבוב של קו״ח אינו מציל אותו משום פירכא. כדי לתקף קו״ח יש לתקף את שני ההיסקים גם יחד. אם אחד מהם נפרך אזי שניהם לא תקפים.
הצעתו של אביי משתמשת במכניזם שראינו למעלה, של בליעת הפירכא של רבא בקו״ח. הפירכא שהכסף מסייע לחופה נבלעת בקו״ח ומותירה את יחסי הקולא וחומרא בעינם אחרי בליעת הפירכא: חופה נטו (בנטרול תוספת העוצמה שמתקבלת מכסף האירוסין) חזקה מכסף, שכן אחרי מתן כסף לאירוסין חופה מצליחה לפעול את הנישואין וכסף לא. כלומר כסף האירוסין לא מועיל לכסף נישואין לפעול, אבל לחופה הוא כן מועיל.

טבלא תלת-ערכית

עד כאן אמרנו את הדברים במילים, אבל במודל הפורמלי עצמו נראה שלא ניתן להכניס זאת, שכן אין לנו כלי מתמטי שמבטא שרשרת של פעולות הלכתיות עוקבות, שפועלות בזו אחר זו. החשבון שלנו נערך כולו בשלב אחד של התהליך. אמנם ייתכן שההסבר המילולי מספק, שכן ניתן להגדיר את המודל כפרוסות עוקבות שבכל אחת מהן אנחנו עושים את החישוב שהוגדר עד כאן. לפעמים התהליך אינו מרקובי (=יש לו 'זיכרון'), ולכן יכולה להיות

שארית של השלב הקודם שנוטלת חלק בשלב הנוכחי (כמו שכסף האירוסין מסייע לחופה להחיל את הנישואין).

מאידך, העובדה שסיבוב הקו״ח יכול היה להועיל לרב הונא ולאביי כנגד מתקפתו של רבא, מרמזת לנו שכנראה יש כאן קו״ח תלת-ערכי, כמו שראינו למעלה לגבי משנת ב״ק. ואכן, בהסתכלות נוספת נראה שגם כאן יש שלוש רמות של ערכים עבור נתונים בטבלא: עושה אירוסין, עושה נישואין אחרי אירוסין, עושה את שניהם יחד (או את נישואין ישירות, בלי שקדמו לכך אירוסין), בדיוק כמו בסוגיית ב״ק. יתר על כן, גם טבלת הנתונים נראית מאד דומה:

A	N	
1	0	m
?	½	h

טבלא 13.1 (קו״ח של פרמטרים מצטברים)

משמעות הערך ½ היא שחופה לא מצליחה להחיל נישואין ממש לבדה, אלא רק חלק מתהליך הנישואין (אחרי שכבר חלו אירוסין).

כעת ניתן ליישם את כל מה שראינו למעלה במחלוקת ר״ט וחכמים. לפי חכמים בטבלא כזו המסקנה היא ½. כלומר לא ניתן להסיק שחופה אכן מחילה אירוסין (שהרי אין משהו שמסייע לחופה להחיל אירוסין. הדיון הוא האם היא מצליחה לעשות זאת לבדה). ולפי ר״ט המסקנה היא 1, כלומר שניתן להסיק שחופה מחילה אירוסין.

ראינו שבסוגיית ב"ק ההלכה נפסקת כחכמים, נגד ר"ט. אם כן, ברור שגם במקרה שלנו ההלכה תיפסק כרבא, שבאמת חופה לא יכולה להחיל אירוסין. ואכן כך נפסק להלכה.[5]

<u>תוצאה 11</u>: אישרנו שוב שסיבוב של קו"ח עולה רק במצב שנתוני הטבלא הם תלת-ערכיים. פירכא על מצב מצטבר פירושה הוא שנתוני הטבלא דה-פקטו הם תלת-ערכיים.

מתודה כללית

אמנם במקרה הכללי ביותר, קשה לראות כיצד תפעל המתודה הזו. מה יקרה אם ידוע לנו שפעולה כלשהי (m) מצליחה להחיל תוצאה כלשהי (X) רק אחרי שבוצעה פעולה אחרת (n), או אחרי שהושגה כבר תוצאה אחרת (Y). ואולי במקרה כללי יותר, ידוע לנו שהפעולה גם מצליחה להחיל תוצאה אחרת (Y), רק אחרי שבוצעה הפעולה n, וכן הלאה.

במקרים אלו, נראה שעלינו לבנות את המודל לדיאגרמות תחת אילוצים. אנו נחפש מודל לדיאגרמה בכל אחד משני המילויים (שהם עדיין בינאריים, 0 או 1), כאשר לרכיבים המיקרוסקופיים שישנם בפעולה m נוספים גם הרכיבים שמצויים בפעולה n. בדוגמא שלנו, חופה מחילה נישואין בגלל שבנוסף לרכיב α שמצוי בה, פועל גם הרכיב β שמצוי בכסף.

ניטול כדוגמא את הקו"ח שלנו. הטבלא היא הבאה:

---

[5] וקצ"ע האם אביי פוסק כר"ט, או שהוא לא הבין כך את חכמים. בכל אופן, להלכה הצגה זו של הבעייה נותרת עקבית.

A	N	
1	0	**m**
?	1	**h**

טבלא 13.2 (קו״ח - מתודה כללית)

כעת אנו מניחים שהחופה בשעת הנישואין פועלת בסיועו של הכסף. אם כן, המודל למילוי 1 הוא בדיוק כמו בקו״ח הרגיל:

אירוסין: α

נישואין: 2α

ואם נעבור לפעולות נוכל להציע כאן (וזה כבר שונה מהקו״ח הרגיל):

כסף: α

חופה: α

כאמור, חופה מחילה את הנישואין רק בגלל שהיא מסתייעת בכסף, ולכן בסך הכל יש לה עוצמה דה-פקטו של 2α. כבר מהמודל עבור מילוי 1 ניתן לראות שלא עולה מכאן המסקנה שחופה חזקה יותר מכסף.

כעת נבחן את המילוי 0. אם נתבונן בדיאגרמה למקרה זה, מדובר על שתי נקודות נפרדות. במקרה הרגיל הפתרון הוא שני פרמטרים שונים. אך כאן הדבר עלול להטעות. אנו נבנה את המודל מתוך הטבלא ולא מהדיאגרמה. התוצאות המתקבלות הן:

אירוסין: 2α

נישואין: 3α

ועבור הפעולות:

כסף: 2α

חופה: α

אם נצייר כעת את הדיאגרמות הרלוונטיות, נראה שגם במילוי 0, היכן שמהטבלא עולה תמונה של שתי נקודות נפרדות, מתקבלת דיאגרמה שונה,

שדומה לחלוטין למילוי 1. הפתרון הזה מראה שגם במילוי 0 יוצא שאירוסין חזק יותר מנישואין, ויש כאן חץ פשוט יחיד.

במקרה שהדיאגרמה זהה, כל האינדקסים הטופולוגיים שווים, ולכן נותר לנו להשוות רק את המימד והערכיות. המימד הוא 1 בשני המקרים, ולגבי הערכיות המצב קצת בעייתי. התבוננות על התוצאות מעלה שבשני המקרים יש שני ערכים של הפרמטר, אך התבוננות על הפעולות מראה ערכיות שונה למילוי 0. כלומר מילוי 0 נותק בנחיתות כלשהי, אך כבר ראינו שהערכיות לבדה אינה מספיקה להכריע עדיפות של מילוי. לכן המסקנה היא ששני המילויים הללו הם שקולים, ואי אפשר להכריע מי משניהם עדיף. בזאת הוכחנו שזוהי אכן פירכא.

ישנם מקרים שבהם התלות תהיה לא בפעולה אלא בתוצאה. לדוגמא, ייתכן שרבא, אשר טוען כנגד אביי שיש להשוות את חופה אחרי כסף (שמועילה להחיל נישואין) לכסף אחרי כסף (שלא מועיל להחיל נישואין), בעצם אומר שלא הכסף הוא שעזר לחופה להחיל את הנישואין אלא עצם העובדה שיש אירוסין. גם אם האירוסין הוחלו על ידי שטר או ביאה, החופה תוכל להחיל אחריהם נישואין, וכסף לא יוכל לעשות זאת. כאן כבר ברור שכל הדיון הוא על החלת חופה אחרי אירוסין, וההשוואה בין חופה לכסף נותרת בעינה, ולכן ראייה כזו מצילה את הקו"ח של רב הונא.

במקרים אלו, יהיה עלינו למצוא פתרון לטבלא הנתונה תחת אילוץ שבעת הפעלת הפעולה עומדים לרשותנו כל הרכיבים המיקרוסקופיים שנצברו בעת החלת התוצאה הקודמת (האירוסין), ולאו דווקא הרכיבים של פעולה אחרת (כמו כסף).

במקרה הכללי ביותר מדובר על פתרון עם אילוצים שמוסיפים פרמטרים לאלו שנמצאים בפעולה הנדונה ומסייעים לה להחיל את התוצאה. לפעמים זה יהיה טור שלם, ויהיה מדובר על פתרון מורכב למדיי. בכל אופן, בכל המקרים הללו ניתן למצוא פתרון מתוך הטבלא בדרכים שונות. במקרה שאין אילוצים כאלה הדיאגרמה היא הדרך למצוא את הפתרון מתוך הטבלא.

במקרים עם האילוצים, מוטל עלינו למצוא פתרון מהטבלא (בלי עזרת דיאגרמה, כפי שראינו בדוגמת הקו״ח למעלה), ורק אחר כך ליצור דיאגרמה מתוך הפתרון שהתקבל (כדי להגדיר את האינדקסים הטופולוגיים הדרושים לצורך קביעת המילוי המועדף). בכל אופן, עדיין הכל נותר במסגרת המודל שלנו.[6]

---

[6] לניסוח המתמטי הכללי של הבעייה, ראה במאמר באנגלית.

פרק חמישי: 'למד מן הלמד'

בעיות של לאקונות מרובות

לאחר ששרטטנו את המודל כולו ואת יישומיו השונים, נותרה לנו עוד בעייה חשובה ויסודית. עד כאן הנחנו שבכל טבלת נתונים ניתן להוציא את כל הנתונים ההלכתיים מן המקרא, למעט אחד. הבעייה היתה כיצד למלא את משבצת הלאקונה לאור הנתונים האחרים. מה יקרה אם יש לנו טבלא שיש בה יותר ממשבצת לאקונה אחת?

'למד מן הלמד'

לכאורה, כאשר יש שתי משבצות לאקונה, אנחנו יכולים למלא את האחת במתודה שפותחה כאן, ומתוכה למלא את השנייה. הצעה זו נוגעת למה שמכונה בספרות התלמודית הבעייה של 'למד מן הלמד', כלומר לעשות היסק מדרשי על בסיס היסק מדרשי אחר. ישנן כאן שרשראות של היסקים מדרשיים: קו"ח על בסיס בניין אב, או הצד השווה על בסיס קו"ח וכדו'.

ההנחה של חז"ל היא שאין כל מניעה לעשות זאת, וכל שרשרת כזו היא תקפה. זה עצמו דורש התייחסות במודל שלנו. לכאורה במודל שלנו אם תהיינה שתי משבצות לאקונה, יהיה עלינו לבדוק ארבע אפשרויות מילוי (שתיים עבור כל משבצת). ואז נצטרך לשקול את המילויים השונים זה מול זה, ולבחור את העדיף ביותר. צריך לבדוק האם ניתן להוכיח משפט שאם כל שלב לחוד הוא תקף אז הצירוף שלהם יהיה גם הוא בהכרח תקף?

זה בעצם מקביל ליחס בין הסתברות מותנה להסתברות מוחלטת. בהנחה שהמילוי למשבצת הראשונה הוא 1, אנחנו יודעים שגם המילוי העדיף למשבצת השנייה הוא 1. השאלה היא האם מכאן נכון גם להסיק את המסקנה הלא-מותנה שהמילוי 1,1 הוא המועדף עבור הטבלא הכוללת.

בסוגיית זבחים (סביב דף נ) הגמרא עוסקת בצירופים אלו בהרחבה. המסקנה היא שתחום הקודשים הוא חריג, ושם ישנה מגבלה לגבי 'למד מן הלמד'.
בתחום הקודשים ישנם צירופים אפשריים ויש צירופים שאינם אפשריים, בעוד שבתחום החולין כל הצירופים אפשריים.
השערתנו היא שהצירופים האפשריים בקודשים הם צירופים שניתן להוכיח עדיפות חד משמעית שלהם. לעומת זאת, הצירופים שאינם אפשריים בקודשים הם כנראה צירופים שהתקפות שלהם היא בעייתית, או מיוחדת במובן מסויים. והמובן הזה הוא לגיטימי ביחס לחולין אך לא ביחס לקודשים. לדוגמא, אולי ערכיות נחשבת בתחום הקודשים לאינדקס בעל משקל שווה לאחרים (כמו שראינו בדעת ר' יהודה, לגבי 'פירכת צד חמור'), ולכן כל צירופי ההיסקים שמבוססים על עדיפות של אינדקס אחד כנגד הערכיות, מה שהיה קביל בעינינו עד כה, בתחום הקודשים אינו קביל. לעומת זאת, הצירופים שהם אפשריים גם בקודשים הם צירופים שיחס העדיפות שלהם הוא חד משמעי. צירופים כאלה הם כמובן תקפים בכל תחומי ההלכה.
אפשרות נוספת היא שאינדקס כמו שינויי כיוון אינו משמעותי בתחום הקודשים, וכל יחסי העדיפות שמבוססים עליהם אינם תקפים שם. אמנם השערה זו היא פחות סבירה, שכן אם אכן אין עדיפות שמבוססת על שינויי כיוון אזי עלינו לוותר גם על חלק ניכר מההיסקים הבסיסיים (שאינם 'למד מן הלמד'), בהם עסקנו עד כה, ביחס לתחום הקודשים. אבל לכך אין כל עדות בספרות התלמודית. על כן סביר יותר שההשערה הקודמת (לגבי הערכיות), או משהו דומה לה, עומדת בבסיס ההבחנה בין התחומים.
לצורך בדיקת ההשערות הללו, יש למיין את הצירופים האפשריים ושאינם כאלה בתחום הקודשים, מתוך עיון בסוגיית זבחים, ולבחון את יחסי העדיפות בכל המקרים הללו. כאמור, אנחנו עוסקים רק בצירופים של שני סוגי בניין האב והקו"ח זה על גבי זה. היחס לשאר המידות אינו עניין אלינו כעת.

הנתונים מהסוגיא

מעבר על הסוגיא בזבחים מט ע״ב – נא ע״א, מעלה שהיא עוסקת אך ורק בארבע מידות הדרש הבאות: היקש (שכלל לא מופיע אצל ר״ש), גזירה שוה, קו״ח ובניין אב. יתר על כן, הסוגיא אינה מבחינה בין שני סוגי בניין האב (פרט לקטע אחד בדף נ ע״א, שם נשללת האפשרות ללמוד מכתוב אחד ומעלים את האפשרות ללמוד משני מלמדים), ונראה שהיא מתייחסת רק לאנלוגיה הפשוטה. מכאן עולה שישנם ארבעה צירופים רלוונטיים שבהם עלינו לדון:

1. בניין אב מבניין אב. זו בעייה פתוחה (נא ע״א).
2. בניין אב מקו״ח. הגמרא מסיקה שזה תקף (נא ע״א).
3. קו״ח מבניין אב. בעייה פתוחה (נא ע״א).
4. קו״ח מקו״ח. תקף (נ ע״ב).

כעת עלינו לבחון את הדברים לאור המודל שלנו.

קו״ח מקו״ח

כאמור, הגמרא מסיקה שקו״ח מקו״ח מועיל גם בקודשים. השאלה היא כיצד בכלל אפשרית סיטואציה שבה עולה השאלה האם ללמוד קו״ח מקו״ח? טבלא של קו״ח היא כזו:

	A	B
א	0	1
ב	1	?

טבלא 14.1

הקו״ח הראשון ממלא את משבצת הלאקונה ב-1. כעת אנחנו רוצים ללמוד ממנו עוד דין בקו״ח אחר. מה בכלל יכולה להיות הסיטואציה? הוספת עמודה

משמאל או שורה מתחת לא יוצרת מצב של קו״ח, שכן זה מוסיף עוד שתי משבצות סמוכות, ואיך שלא נמלא אותן הן לא ייצרו תת-טבלא של קו״ח, כאשר הן עומדות בסמוך לשורת/עמודת 1-ים. לדוגמא, טבלא שבה אנחנו מנסים ללמוד קו״ח מהקו״ח הזה מתקבלת אם נוסיף פעולה נוספת לבעייה, באופן הבא:

	A	B
א	0	1
ב	1	1
ג		

טבלא 14.2

איך שלא נמלא את המשבצות בשורה השלישית (אחת מהן היא משבצת לאקונה נוספת), לא ייווצר כאן מצב שמאפשר למלא אותה בשיקול של קו״ח שמתבסס על המילוי הקודם. באף צורה לא נוצר כאן מבנה כמו בטבלא 14.1 סביב משבצת הלאקונה. בדיוק באותה צורה ברור שהדבר לא ייתכן גם אם נוסיף עמודה עם תוצאה נוספת (במקום השורה).

כדי לבדוק כיצד בכל זאת נוצר מצב של לימוד קו״ח מקו״ח, עלינו לחזור לסוגיא עצמה ולראות מהי הדוגמא שמובאת בה. הסוגיא אינה מביאה דוגמאות לקו״ח מקו״ח, ולכן קשה למצוא דוגמא לנתח. אך מתברר שהסוגיא מבררת את השאלות של למד מן הלמד באמצעות היסקים שמצויים כולם במישור המתודולוגי, המטא-הלכתי. כלומר שיקולי קו״ח מקו״ח שמובאים כאן נוגעים לעצם הדיון האם ללמוד קו״ח מקו״ח וכדו׳. אם כן, ממהלך הגמרא עולה טיעון קו״ח מקו״ח שאותו נוכל לנתח.

זו לשון הגמרא שם, נ ע״ב:

דבר הלמד בקל וחומר מהו שילמד בקל וחומר? ק"ו: ומה גזירה שוה שאינה למידה בהיקש מדר' יוחנן, מלמד בק"ו כדאמרן, ק"ו הלמד מהיקש מדתנא דבי רבי ישמעאל, אינו דין שילמד בקל וחומר. וזהו ק"ו בן ק"ו. בן בנו של ק"ו הוא! אלא ק"ו: ומה היקש שאינו למד בהיקש, אי מדרבא אי מדרבינא, מלמד בק"ו מדתנא דבי רבי ישמעאל, ק"ו הלמד מהיקש מדתני דבי רבי ישמעאל, אינו דין שילמד בק"ו. וזהו ק"ו בן קל וחומר.

כלומר השיקול האם היסק של קו"ח מקו"ח הוא תקף, נלמד בעצמו בהיסק של קו"ח. עולות כאן שתי אפשרויות ללמוד זאת:

1. גז"ש אינה מלמדת אחרי היקש, ומלמדת בקו"ח. אז קו"ח שמלמד אחרי היקש כ"ש שמלמד בקו"ח.
2. היקש אינו מלמד אחרי היקש, ובכל זאת חוזר ומלמד בקו"ח. אזי קו"ח שמלמד אחרי היקש כ"ש שמלמד בקו"ח.

הטבלאות הרלוונטיות הן הבאות:

היסק 1 (בן בנו של קו"ח)

	למד מהיקש	מלמד בקו"ח
גז"ש	0	1
קו"ח	1	1

טבלא 14.3

היסק 2

	למד מהיקש	מלמד בקו״ח
היקש	0	1
קו״ח	1	1

טבלא 14.4

הגמרא דוחה את הטבלא הראשונה מפני שהיא מעגלית. הטבלא הזו עצמה מבוססת על קו״ח מקו״ח (שזו גופא הבעיה אותה אנחנו באים לבחון). למסקנה, הגמרא לומדת שקו״ח מקו״ח הוא תקף מההיסק שבטבלא 14.4.

אבל אנחנו מעוניינים בדוגמא שבה מופיע היסק של קו״ח מקו״ח. כאן בתחילת הסוגיא באופן מקרי יש לנו דוגמא כזו, שכן הגמרא לומדת את דין קו״ח מקו״ח באמצעות היסק שהוא עצמו קו״ח מקו״ח. לכן לצרכינו נבחן דווקא את טבלא 14.3.

לצורך כך, עלינו לשאול את עצמנו מנין נלמד הדין שגז״ש מלמדת בקו״ח. לעיל מינא באותה סוגיא (נ ע״ב) נאמר שדין זה נלמד גם הוא בעצמו מקו״ח:

> ***דבר הלמד בגזירה שוה מהו שילמד בק״ו? ק״ו: ומה היקש שאינו מלמד בהיקש, אי מדרבא אי מדרבינא, מלמד בקל וחומר מדתנא דבי רבי ישמעאל, גז״ש המלמדת בהיקש מדרב פפא, אינו דין שתלמד בק״ו. הניחא למאן דאית ליה דרב פפא, אלא למאן דלית ליה דרב פפא מאי איכא למימר? אלא קל וחומר: ומה היקש שאין מלמד בהיקש, אי מדרבא אי מדרבינא, מלמד בק״ו מדתנא דבי רבי ישמעאל, גזירה שוה המלמדת בגז״ש חבירתה מדרמי בר חמא, אינו דין שתלמד בק״ו.***

הטבלאות עבור שני ההיסקים הללו הן הבאות:

היסק 3 (למאן דאית ליה דר״פ שגז״ש מלמדת בהיקש)

	מלמד בהיקש	מלמד בקו״ח
היקש	0	1
גז״ש	1	1

טבלא 14.5

היסק 4 (למאן דלית ליה דר״פ)

	מוכפל (= מלמד פעמיים)	מלמד בקו״ח
היקש	0	1
גז״ש	1	1

טבלא 14.6

המשבצת השמאלית-עליונה בטבלא 14.3, מתמלאת מכוח הקו״ח שבטבלאות
14.5 ו-14.6. המבנה המתמטי הוא בדיוק אותו דבר, ולכן נעשה ניתוח אחד
לשני המקרים. הסתכלות על צירוף הטבלאות מעלה שלצורך הצגת התמונה
במלואה עלינו להציג טבלת נתונים של 3X3, שבה יש שלוש שורות של פעולות
(היקש, גז״ש וקו״ח), ושלוש עמודות של תוצאות (מלמד בהיקש (או מוכפל),
למד מהיקש, ומלמד בקו״ח). טבלת הנתונים למקרה זה יש בה שתי משבצות
לאקונה, והיא נראית כך :

קו"ח מקו"ח (לפי ר"פ) (מילוי 1 במשבצת ימנית תחתונה)

	מלמד בהיקש A	מלמד בקו"ח B	למד בהיקש C
היקש	0	1	0
גז"ש	1	x	0
קו"ח	1	y	1

טבלא 14.7

רואים שבטבלא זו יש שתי משבצות לאקונה, ולאחר שממלאים את x מכוח קו"ח בתת-הטבלא הימנית עליונה, ניתן לחזור ולמלא את y בקו"ח מכוח תת-הטבלא השמאלית-תחתונה.

כיצד הגענו לשאר הנתונים בטבלא? היקש לא למד בהיקש (משבצת שמאלית-עליונה) מורה לנו שהיקש לא נלמד מהיקש (משבצת ימנית-עליונה). זהו אותו דין עצמו. לגבי השאלה האם קו"ח מלמד בהיקש יש ספק בסוגיא (נ ע"ב). הגמרא מביאה לכך ראיה (מדר"פ), ואח"כ דוחים אותה (למאן דלית ליה דר"פ) ונותרים בתיקו. אם כן, בכדי להראות שניתן ללמוד קו"ח מקו"ח, יש לעשות זאת בשתי הנחות שונות:

א. לפי ר"פ עלינו למלא במשבצת הזו 1 (וללמוד מטבלא 3, שמתאימה לשיטתו). הטבלא שיוצאת היא זו שלמעלה.

ב. ולמאן דלית ליה דר"פ, המילוי של המשבצת הזו הוא 0 או 1 (כי לשיטתו קו"ח לא בהכרח מלמד בהיקש – זה סלקא בתיקו), אבל הטבלא בה אנחנו משתמשים כאן אינה 3 אלא טבלא 4 (כי טבלא 3 הולכת בשיטת ר"פ), ולכן בטבלא הרלוונטית שנוצרת עבורו אין בכלל התייחסות לשאלה האם קו"ח מלמד בהיקש (אלא האם הוא מוכפל). במקרה הזה הנתון במשבצת הזו הוא קו"ח מוכפל, כלומר קו"ח מקו"ח. אך זוהי בדיוק השאלה אותה אנחנו מבררים כעת. לכן עלינו להשאיר את המשבצת הזו כלאקונה, ולהטיל אילוץ שעליה להיות זהה למשבצת

הלאקונה שלשמאלה (שהרי גם היא שואלת האם לומדים קו״ח מקו״ח).
הטבלא שמתקבלת היא הבאה:

קו״ח מקו״ח (למאן דלית ליה דר״פ) (לאקונה מאולצת במשבצת ימנית תחתונה)

| | מוכפל | מלמד בקו״ח | למד בהיקש |
	A	B	C
היקש	0	1	0
גז״ש	1	x	0
קו״ח	y	y	1

טבלא 14.8

נעבור כעת לראות שבשתי הטבלאות של קו״ח מקו״ח שהובאו למעלה, באמת
לפי המודל שלנו מתקבלת ההכרעה הנכונה. בחינה של טבלא שבה יש שתי
משבצות לאקונה, צריכה להיעשות על ידי השוואה של ארבע דיאגרמות
שמתקבלות מארבעת אפשרויות המילוי השונות. בכל משבצת בטבלא מופיע
בצד הימני העליון וקטור המילוי (הנתון השמאלי בווקטור הוא המילוי
שנבדק עבור x ובמקום הימני מצוי המילוי עבור y):

דיאגרמות 14.7

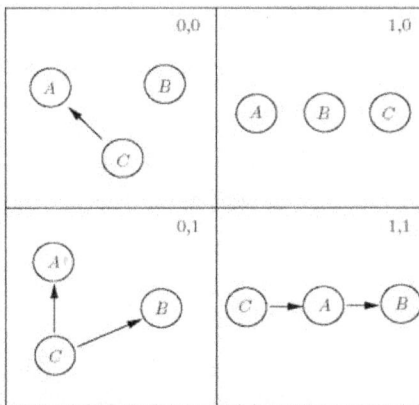

מהסתכלות ברור שהמילוי (1,1) הוא המועדף, ופירוש הדבר הוא שבמקרה זה היסק קו״ח מקו״ח הוא תקף גם בהסתכלות ישירה על שתי משבצות הלאקונה.

כעת נעבור לבחינת טבלא 14.8 (עם האילוץ על הלאקונה) :

דיאגרמות 14.8

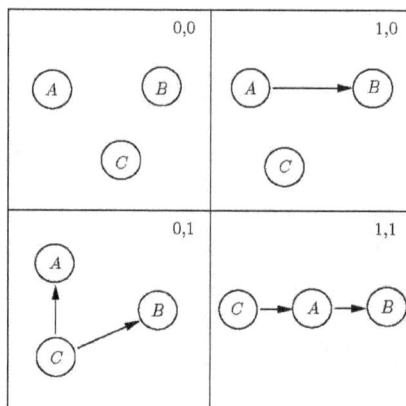

גם כאן רואים מייד שהמילוי (1,1) הוא המועדף גם בהסתכלות ישירה על שתי משבצות הלאקונה.

תוצאה 12: _קו״ח מקו״ח הוא טיעון תקף לשתי הדעות, בהתאמה מלאה למסקנת הגמרא בזבחים._

הערה על הכיוון

לשם השלמת התמונה, נתבונן על טבלא שבה שתי המשבצות למילוי של קו״ח מקו״ח הן במאוזן ולא במאונך :

קו"ח מקו"ח בכיוון המאוזן

	A	B	C
היקש	0	1	0
גז"ש	1	x	y
קו"ח	1	0	1

טבלא 14.9

לכאורה גם כאן יש קו"ח מקו"ח: ראשית, ממלאים את המשבצת x ב-1 מכוח קו"ח מימין למעלה. ולאחר מכן ממלאים את y ב-1 מכוח קו"ח משמאל למטה. כאן שני השיקולים עובדים כל אחד לחוד. אולם כשנבחן את הדיאגרמות המתאימות נראה שהשיקול הישיר אינו תקף כאן:

דיאגרמות 14.9

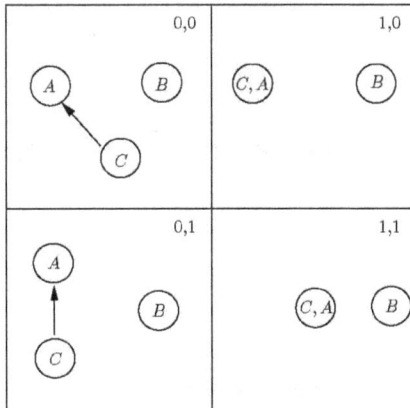

כאן כל הדיאגרמות מפוצלות (קשירות = 2), אבל המילויים 1,0 ו-1,1 הם מועדפים בגלל זהות של נקודות בדיאגרמה. כלומר ניתן להוכיח שהמילוי השמאלי (y) הוא 1, אבל המילוי הימני (x) הוא פתוח.

גם כאן ניתן לראות זאת מהתבוננות בטבלא, שכן מילוי של 1 במשבצת x נפרך על ידי שתי המשבצות הימניות בשורה השלישית. לחילופין, מילוי 1 במשבצת y נפרך על ידי שתי המשבצות השמאליות בשורה העליונה (אלא אם הוא אינו קו״ח, אלא היסק אחר, כפי שאכן ראינו. שהרי המשבצת x אינה בהכרח במילוי 1).

הערה לגבי מילוי 0: אין משפט כללי על קו״ח מקו״ח

נעיר כי מילוי 0 במשבצת של קו״ח שמלמד בהיקש, מוביל למצב שבו אין עדיפות למילוי (1,1). זאת על אף שכל אחד משני הקו״ח הבסיסיים נותר תקף. זוהי דוגמא נוספת לכך שאין משפט כללי שתמיד ניתן לעשות קו״ח מקו״ח, בדיוק כמו שראינו במקרה 14.9.

הטבלא המתקבלת היא הבאה:

קו״ח מקו״ח (למאן דלית ליה דר״פ) (מילוי 0 במשבצת ימנית תחתונה)

	מלמד בהיקש A	מלמד בקו״ח B	למד בהיקש C
היקש	0	1	0
גז״ש	1	x	0
קו״ח	0	y	1

טבלא 14.10

214

הדיאגרמות שמתקבלות למקרה זה הן (המילוי מסומן בווקטור שהמספר הראשון משמאל הוא המילוי עבור y, והשני עבור x):

דיאגרמות 14.10

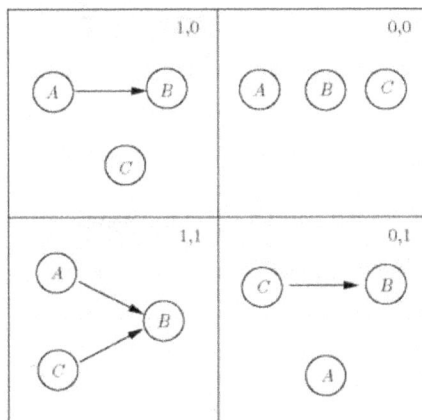

רואים שהמילוי (1,1) אינו מועדף (יש שם שינוי כיוון, לעומת הנחיתות של הפיצולים בשאר הדיאגרמות).

אמנם קל מאד גם לראות זאת מהתבוננות בטבלא. אם אכן אנחנו ממלאים (1,1), אזי הקו"ח הראשון ממלא את המשבצת גז"ש בקו"ח במילוי 1, אבל מילוי נוסף של 1 במשבצת הבאה ייצור פירכת שורה (כמו פירכת עמודה, אלא שכאן מוסיפים שורה עם ציר חומרא הפוך למבוקש) על הקו"ח הראשון.

תוצאה 13: _לפחות במקרים אותם בדקנו, כאשר מילוי של הטבלא פורך קו"ח שנמצא בה, גם הניתוח שלנו מעלה את אותה תוצאה._

תוצאה 14: _אין משפט כללי לגבי קו"ח מקו"ח. הדבר תלוי בשאר נתוני הטבלא (3X 3) שבתוכה נעשים ההיסקים._

בניין אב מקו"ח

נעבור כעת לבחון את שאר שלושת ההיסקים של למד מן הלמד. בטבלא של
קו"ח השורה/עמודה החיצונית היא (1,1), וזה מה שעורר את הבעייתיות
להצמיד אליה עוד קו"ח. אבל הצמדת בניין אב למבנה כזה היא פשוטה. מה
שמתקבל הוא טבלא כמו זו :

בניין אב מקו"ח

C	B	A	
1	1	0	**a**
y	x	1	**b**

טבלא 14.11

את המשבצת x אנחנו ממלאים ב-1 מתוך קו"ח מימין, וממנה אנחנו
ממשיכים למלא את y במילוי 1, מבניין אב. אפשרות אחרת היא הוספת
שורה דומה למטה (במקום עמודה C). זהו היסק תקף בבירור (המילוי (1,1)
עדיף בעליל), וזה מתאים בהחלט לדברי הגמ' בזבחים דף נ' סוע"ב.

בניין אב מבניין אב

והטבלא של בניין אב מבניין אב, גם היא נראית כמעט זהה (למעט Aa) :

בניין אב מבניין אב

C	B	A	
1	1	1	**a**
y	x	1	**b**

טבלא 14.12

כאן המילוי של x נעשה מבניין אב ולא מקו״ח, וכך גם ההמשך. בשני המקרים גם ברור שהמילוי (1,1) יוצא עדיף. אמנם בגמרא זה לא נפשט במפורש (אלא כאפשרות מתוך כמה – ראה בדף נ״א ע״א).

קו״ח מבניין אב

ההיסק המורכב השני שיכול לעורר בעייה הוא קו״ח מבניין אב. הטבלא במקרה זה חייבת להיות 3x3, שכן אין אפשרות להצמיד קו״ח לבניין אב מהצד הזה (בדיוק כמו קו״ח מקו״ח). הטבלא המתקבלת היא:

קו״ח מבניין אב

C	B	A	
0	1	1	**a**
0	x	1	**b**
1	y	0	**c**

טבלא 14.13

כאן העתקנו את הטבלא של קו״ח מקו״ח (14.7-8). המשבצת Aa משתנה להיות 1, מפני שכאן זהו קו״ח מבניין אב. המשבצת Ac יכולה להיות 0 או 1, וכך גם לגבי Ca (שאותה לקחנו מהטבלאות הנ״ל). כאשר Ac היא במילוי 1, נראה ברור שהמילוי (1,1) הוא העדיף (כי הוא מזהה את שתי העמודות הימניות), ולכן רשמנו כאן מילוי 0. כעת אנחנו מקבלים את הדיאגרמות הבאות:

דיאגרמות 14.13

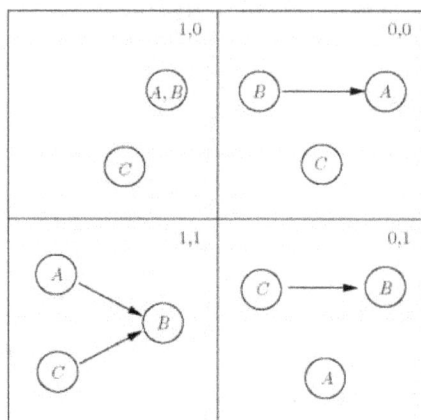

(0,1) היא תוצאה עדיפה לעומת (1,1) בגלל שינוי כיוון ובגלל נקודה אחת פחות, אבל מבחינת הקשירות דווקא (1,1) הוא המילוי העדיף. המסקנה היא שיש כאן היסק לא תקף, והשאלה נותרת פתוחה. ובאמת עיון בסוגיא מעלה שקו"ח מבניין אב אינו בהכרח תקף (גם הוא נפשט כאחת האפשרויות בדף נא ע"א).

תוצאה 15: _ההיסקים של למד מן הלמד כפי שמתקבל מהמודל שלנו: קו"ח מקו"ח יוצא היסק תקף, כמו במסקנת הגמרא. קו"ח מבניין אב יוצא לא תקף (ובגמרא אין פשיטות חד משמעית לשאלה זו). בניין אב מבניין אב הוא תקף (וגם לזה בגמרא אין פשיטות חד משמעית). ובניין אב מקו"ח יוצא תקף כמו שהגמרא מוכיחה. בשורה התחתונה ניתן לומר שאין סתירה מהגמרא לתוצאות שלנו, אמנם אנחנו מגיעים למסקנות שבגמרא נותרו פתוחות._

פירכא כפולה

למעלה, כאשר תיארנו את האינטואיציה שמאחורי הקו״ח עמדנו על כך שיש מאחוריו שני היסקים שונים (קו״ח של פעולות וקו״ח של תוצאות). במישור האינטואיטיבי היה נראה שעל כל אחד מההיסקים הללו פועלת פירכא מטיפוס שונה: על הקו״ח של הפעולות יש לפרוך פירכת עמודה, שבה מוסיפים עמודה נוספת משמאל לטבלא (ראה טבלא 2). על הקו״ח של התוצאות פועלת פירכא אחרת, שמתקבלת על ידי הוספת שורה למטה (בלי פירכת העמודה משמאל. ראה טבלא 2.1). במודל שלנו מצאנו הסבר מדוע חז״ל לא מבחינים בין שני סוגי הפירכות הללו, ולמעשה גם לא בין שני סוגי ההיסק הללו. הקו״ח הוא היסק אחד, שכל אחת מהפירכות הללו פורכת אותו.

כעת ניתן לשאול מה קורה אם בכל זאת תוקפים את הקו״ח בשתי הפירכות הללו במקביל? מצב כזה נוצר כאשר אנחנו מוצאים עוד תוצאה רלוונטית ועוד פעולה רלוונטית, ובשתיהן ההיררכיה בין הנתונים היא הפוכה למבוקש בקו״ח. הטבלא שמתקבלת במקרה זה היא הבאה (ראה למעלה בטבלא 2.2, והדיון שסביבה):

פירכא כפולה (ראה טבלא 2.2)

	A	B	C
a	0	1	1
b	1	x	0
c	1	0	y

טבלא 14.14

הנתון במשבצת Cc אינו קבוע. אמנם בחלק מהמקרים אולי ניתן יהיה לחלץ את הנתון עבורה מעיון במקרא או בהלכה, אבל עקרונית במקרים שונים יכול להופיע שם כל אחד משני המילויים. לכן לא היינו מצפים שהתוצאה תהיה תלויה בערך של הנתון במשבצת הזו.

כאשר עושים ניתוח של טבלא כזו מקבלים תוצאה מעניינת מאד. גם כאן זהו מצב של לאקונה כפולה, שכן יש שתי משבצות לאקונה. נגדיר גם כאן את המילוי כווקטור שבו המספר השמאלי הוא המילוי של המשבצת x, והמספר השני הוא המילוי של המשבצת y. הדיאגרמות שמתקבלות הן הבאות:

<u>דיאגרמות 14.14</u>

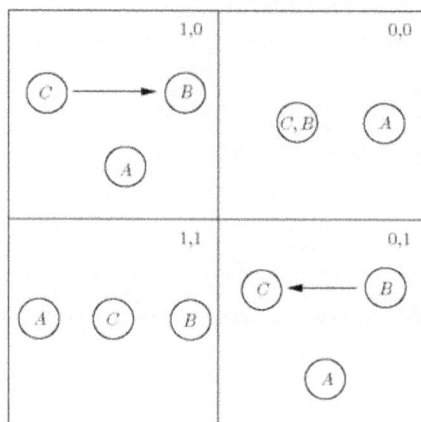

מה שמתקבל הוא שהמילוי (0,0) הוא העדיף ביותר, והמילוי (1,1) הוא הנחות ביותר. כאמור, המשבצת המעניינת מבחינתנו היא x, והמסקנה היא שהמילוי שלה הוא 0, בלי תלות במילוי של המשבצת y. לשון אחר: בלי קשר לנתון החסר (שאותו יש למלא בכל מקרה לחוד מעיון במקרא או בהלכה), תמיד ישנה עדיפות למילוי 0 במשבצת הלאקונה.

220

משמעות התוצאה הזו היא שפירכא כפולה עושה פעולה חזקה יותר מאשר כל אחת מהפירכות לחוד : כל אחת מהפירכות לחוד, מותירה את השאלה פתוחה (כך הגדרנו לכל אורך דברינו את המונח 'פירכא'). אחרי הצגת פירכא רגילה, המילוי של משבצת הלאקונה יכול להיות 0 או 1 באופן שקול. לעומת זאת, פירכא כפולה מוכיחה שהמילוי הוא דווקא 0. אם כן, זו לא רק פירכא, אלא הוכחה פוזיטיבית לכיוון הנגדי, או הוכחה נגדית.

המסקנה היא שאמנם אין חשיבות לשאלה איזו פירכא העלינו כנגד הקו״ח, פירכת שורה או עמודה. אבל אם העלינו שתי פירכות כאלו בו-זמנית, התוצאה היא בהחלט שונה, חזקה יותר.

תוצאה 16: ***פירכא כפולה כנגד קו״ח אינה פירכא אלא הוכחה נגדית.***

סיכום: משמעותו של המודל כלוגיקה של החשיבה המדעית

בתחילת הדרך הצגנו את תורת הארגומנטציה הלוגית, שמטפלת בויכוחים שונים דרך מתקפות ומתקפות נגד. ראינו שהיא אינה מספיקה כדי לתאר באופן אפקטיבי את הויכוח וההיסק המדעי וההלכתי.

האלטרנטיבה אותה הצענו מבוססת על התובנה שביסוד ההיסקים, הן האנלוגיים והן האינדוקטיביים, עומדת מערכת של פרמטרים מיקרוסקופיים, או תכונות דמיון רלוונטיות, שההיסקים מתבססים עליה. המערכת הזו היא ה'תיאוריה' שעומדת בבסיס ההיסק, על אף שלא תמיד היא מודעת למי שמבצע את ההיסק.

בחלק השני הצענו דרך שמוליכה אותנו מן העובדות הידועות אל התמונה התיאורטית, ומהתמונה הזו אל מסקנה עובדתית אותה חיפשנו. פיתחנו את המודל דרך אבני הבניין היסודיות של ההיסק הלא-דדוקטיבי, אותן נטלנו מן ההלכה. לאחר מכן ראינו שניתן ליישם את המתודה הזו גם על מבנים מורכבים מאד, שבנויים על אותן אבני בניין, כמו גם אחרות.

עוצמתו של המודל אותו הצענו, נובעת מכך שהוא כלל אינו מבחין בין דרכי ההיסק השונות. הוא רואה את כולן כביטויים שונים של אותה צורת חשיבה. מבחינת צורת ההסתכלות אותה הצענו, אין כל חשיבות לסדר הצגת העובדות ולהיסקי הביניים. עלינו לשים בטבלא את מכלול העובדות הרלוונטיות הידועות, ומתוך כך נוכל למלא את המשבצת הריקה, כלומר להגיע למסקנה המבוקשת.

בחלק השלישי בדקנו את המודל אותו פיתחנו על מבנים שבהם יש שתי משבצות ריקות, ועל פירכות מסוגים שונים. נראה שהוא עומד בכל המבחנים הללו בהצלחה רבה. הוא מסביר תופעות רבות בעולם הדרש ההלכתי, שחלק

מהן נראות בלתי מובנות לחלוטין בחשיבה האנטואיטיבית (כמו אדישות הפירכות להיפוך כיווני הקו"ח, קיזוז פירכות, הקשר בין סיבוב קו"ח לבין 'דיו' ועוד).

כפי שכבר הערנו לא פעם, היסקים מדעיים מבוצעים באותה צורה בדיוק. גם שם ישנן תכונות דמיון רלוונטיות בבסיס ההיסק, ולכן המודל שלנו ישים בהחלט גם לתחומי המדע השונים, כמו גם לכל תחום בו מתנהלת הסקה לא-דדוקטיבית.

השורה התחתונה היא שהמודל שלנו אכן מראה כי ביסוד ההיסקים הלא-דדוקטיביים עומדת 'תיאוריה', כלומר מבנה תיאורטי מובלע, שמכיל פרמטרים מיקרוסקופיים (=יישים תיאורטיים). החידוש הגדול הוא שכדי לבחון את ההיסק אין הכרח לזהות אותם ולהצביע עליהם במפורש. די לנו בסכימה מופשטת שקובעת את מספרם ואת הקשרים ביניהם. הזיהוי שלהם בכל מקרה אינו שייך למישור הלוגי בו עסקנו.

מפת הפרמטרים בכל סוגיא, הלכתית או מדעית, יכולה לתת כלי רב עוצמה בידי החוקר, המדעי או התלמודי-הלכתי, שיוכל לנסות ולזהות את הפרמטרים הללו בכל סוגיא וסוגיא. לדוגמא, בסוגיא של כסף וביאה וחופה, ראינו שיש כך וכך פרמטרים, שזה קיים בחופה אך לא בכסף ובביאה, וחברו נמצא דווקא בביאה ולא בשני האחרים. גם התוצאות ההלכתיות (קידושין, נישואין, פדיון וכדו') קשורות לאותם פרמטרים, שכן הם מושפעות מפעולות הלכתיות שמכילות אותם.

הדבר דומה לתרופות שונות, שכל אחת מועילה למחלה כזו או אחרת. כל תרופה מכילה רכיבים שונים במינונים שונים, ולכל מחלה יש רכיבים פעילים שמשפיעים עליה, ויש רכיבים שאין להם השפעה עליה. לכן ההרכב המיקרוסקופי של התרופה יקבע האם היא תפעל על מחלה כזו או אחרת. הרכיבים הכימיים הללו הם הפרמטרים המיקרוסקופיים שפועלים ברקע תהליכי הריפוי התרופתי. כך גם פעולות הלכתיות, כמו כסף, חופה, או ביאה, מכילים רכיבים פעילים שונים, שפועלים על התוצאות ההלכתיות השונות (קידושין, נישואין, פדיון וכדו'). המתודה אותה הצענו אינה אלא אנליזה

'כימית' של פעולות הלכתיות, או תופעות מדעיות, שמזקקת מתוכן את הרכיבים הפעילים שמצויים בהן, ומסבירה באמצעותם את התופעות (העובדות) הפיסיקליות בהן אנחנו צופים.

המודל נראה ככלי רב עוצמה בשני הכיוונים בהם מתנהל המחקר המדעי והעיון/ההיסק ההלכתי. ראינו שמחקר מדעי יכול להתנהל בשני כיוונים הפוכים: מהעובדות אל התיאוריה (והתכונות, או הפרמטרים), ומעובדות לעובדות אחרות דרך תיאוריה. הכיוון הראשון עוסק בהכללה, כלומר במציאת החוק המדעי הכללי מתוך העובדות הפרטיות. הכיוון השני עוסק במציאת אופן ההתנהלות בסיטואציה ספציפית לא ידועה. הכיוון הראשון הוא הגדרה וניסוח של משוואת שרדינגר בתורת הקוונטים, שהיא המשוואה השולטת על כלל התופעות הקוונטיות. הכיוון השני הוא פתרון של המשוואה למקרה מסויים. המשוואה היא המתווכת בין המקרים הידועים שמתוכם היא נוסחה, לבין המקרה החדש שאותו ברצוננו לפתור ולהבין. זוהי התיאוריה, ששולטת על ההיסקים והקשרים בין העובדות.

המתודה שלנו נותנת בידי החוקר והלומד כלים להגדיר אפריורי כיצד תיראה התיאוריה, עוד לפני שהוא מנסח אותה. זוהי הטבלא המחזורית של הרכיבים הפעילים של הבעייה, אלא שהמודל אינו מזהה אותם ספציפית. הזיהוי הזה הוא עניין למחקר פרטני בתחום הנדון, בעוד המפה התיאורטית המופשטת היא תוצאה של המבנה הלוגי של העובדות בלבד, ללא קשר לתכנים המעורבים בהן. במובן זה יש כאן ממש מבנה לוגי, בדיוק כמו זה של הלוגיקה הקלאסית.

המודל שלנו מהווה לוגיקה של החשיבה הלא-דדוקטיבית, שכן הוא מצביע על המכניזמים והכללים שעומדים בבסיסה של החשיבה הזו. בעולם המדעי אנחנו אוספים עובדות פרטיקולריות, ומנסים להכליל אותן ולחלץ מהן תיאוריה מדעית. התיאוריה הזו מוליכה אותנו לניבויים (פרדיקציות), שיכולים לעמוד למבחן אמפירי עתידי. אישור שלהם יהווה אישוש של התיאוריה ואי הצלחה תהווה הפרכה שלה. אולם מכל אוסף נתון של נתונים יכולות להתקבל אינספור תיאוריות אפשריות שיתאימו לכולם. באיזו מכולן

נבחר? אחד העקרונות החשובים הוא תערו של אוקאם, שקובע כי עלינו לבחור את התיאוריה הפשוטה ביותר שמתאימה למכלול העובדות שבידינו. המודל שלנו מציע מכניזם לוגי ליצור תיאוריה מתוך מכלול של נתונים פרטיקולריים, ואף קריטריון לפיו יש לבחור את התיאוריה הפשוטה ביותר עבורם. מהניתוח שלנו עולה כי הדרך מהנתונים אל התיאוריה אינה חופשית וסובייקטיבית, כפי שמקובל לחשוב. ישנו אלגוריתם דטרמיניסטי שמוליך אותנו מהנתונים אל התיאוריה הפשוטה ביותר, אלא שהוא אינו מזהה את היישים התיאורטיים שמהם בנויה התיאוריה. הזיהוי הזה הוא עניינו של איש המדע. עצם הקונסטרוקציה התיאורטית, שנראית לכאורה כתוצאה של היצירתיות והדמיון המדעיים, מתברר כתוצאה לוגית של הנתונים מהם יצאנו.

יש לשים לב שכיוון החשיבה המדעי הוא הפוך לזה שנקטנו בו במהלך הניתוח שלנו. הניתוח שלנו חיפש הצדקה להיסקים שיוצאים מתוך אוסף של עובדות פרטיקולריות, ומסיקים ממנו עובדה פרטיקולרית נוספת. זהו סוג של אנלוגיה, אמנם לפעמים מורכבת למדי. הפרמטרים המיקרוסקופיים (=התיאוריה) הם רק אמצעים להצדיק את מסקנתו של ההיסק האנלוגי הזה. אולם במחקר המדעי אנו פועלים בדרך הפוכה. יש בידינו אוסף של נתונים פרטיקולריים, ואנחנו מחפשים את התיאוריה שתסביר אותם. כאן זוהי בעייה של אינדוקציה, ולא של אנלוגיה, אולם המודל שלנו רלוונטי גם להיסקים מסוג זה. ניתוח של הנתונים הפרטיקולריים במונחי המודל שלנו, מניב את כל המערכות של פרמטרים תיאורטיים שעשויות להסביר את העובדות הנתונות הללו. לאחר מכן אנחנו מפעילים את קריטריון הפשטות, ובוחרים מביניהן את התיאוריה הפשוטה ביותר. התוצאה היא התיאוריה המדעית שמסבירה את אוסף העובדות הנתונות הללו.

כפילות זו מוליכה אותנו שוב להערתנו למעלה בפרק השני של החלק הראשון, לפיה בבסיס ההיסק האנלוגי עומדת אינדוקציה סמויה. כאשר אנחנו לומדים מצבעה הירוק של צפרדע א' שגם צפרדע ב' היא בעלת צבע ירוק, אנחנו מניחים שיש בצפרדעים פרמטר תיאורטי כלשהו, שאיננו יודעים לזהות אותו,

שהוא הגורם לצבע הירוק שלהן. זה מה שמונח בבסיס האנלוגיה הזו. אולם מסקנה סמויה זו היא היא ההיסק האינדוקטיבי, שכן היא בעצם אומרת שכל בעלי התכונה התיאורטית הזו יהיו בעלי צבע ירוק. אנו רואים שכל אנלוגיה מבוססת על אינדוקציה סמויה. מערכת הפרמטרים המיקרוסקופיים היא תוצאת האינדוקציה, והיא הבסיס לאנלוגיה שאנחנו עושים בכדי למלא את המשבצת הריקה בטבלא.

אם כן, המעבר מהנתונים לתיאוריה המדעית מורכב משני שלבים: 1. שלב לוגי טהור, ובו אנחנו בוחרים מערכת מופשטת של יישים תיאורטיים (עדיין לא מזוהים), וקשרים בינם לבין הנתונים והמצבים הרלוונטיים השונים. 2. זיהוי של הפרמטרים הללו, שהוא שלב מדעי, ולא לוגי.

לאחר בניית התיאוריה, אנחנו מעמידים אותה במבחן אמפירי, כלומר בודקים נתון פרטיקולרי נוסף. אם התוצאה מתאימה לניבויי התיאוריה, אזי אין צורך לשנות בה מאומה. אולם אם התוצאה היא שונה, אזי יש להפעיל את המכניזם שלנו שוב על כל הנתונים (כולל זה החדש), ולבנות תיאוריה שתתאים למערכת הנתונים הזו.

לכאורה שלב הזיהוי של הפרמטרים הוא חיוני כדי להמשיך בבחינה אמפירית של התיאוריה, שכן בלי לזהות את הפרמטרים לא נוכל לקבוע את הניבוי של התיאוריה ביחס למצב החדש. אולם לפעמים ניתן לדלג על שלב הזיהוי, שכן כפי שראינו בניתוח שלנו מתוך מערכת הנתונים הקיימת יש מילוי אחד למשבצת הריקה שהוא האופטימלי. כל זאת במצבים בהם ברור תחום הרלוונטיות של התיאוריה הנבדקת. לדוגמא, בהקשר התלמודי שניתחנו כאן, ברור לנו שמדובר בפעולות שמחילות נישואין, והשאלות הן לגבי יכולתן להחיל אירוסין. כאן כפי שראינו אין צורך לזהות את הפרמטרים המיקרוסקופיים כדי להסיק מסקנות לגבי המשבצות הריקות. אולם אם תבוא לפנינו פעולה חדשה, שאין לנו מידע לגבי יכולתה להחיל אירוסין או נישואין, אזי נוכל לבחון אותה רק אם נזהה את התכונות התיאורטיות של הפעולות שמחילות נישואין או אירוסין, ונראה האם הן קיימות גם בפעולה החדשה הזו או לא.

בדוגמא שהבאנו למעלה, אנו רואים ששדה חשמלי ושדה גרביטציה פועלים על אלקטרון ועל פוזיטרון, ומאיצים אותם בתאוצות מסוימות. כעת אנחנו רוצים לדעת האם הם יעשו זאת גם לכדורגל או לא. בלי לזהות את הפרמטרים התיאורטיים, כלומר המטען החשמלי והמסה, לא נוכל לדעת האם ניסוי לגבי כדורגל הוא ניסוי רלוונטי לבחינת התיאוריה הזו. רק לאחר שזיהינו את הפרמטרים התיאורטיים, נוכל לראות שכדורגל אינו טעון חשמלית, ולכן אין טעם לבחון את השפעת השדה החשמלי עליו. אמנם נכון שגם בלי לזהות את הפרמטרים התיאורטיים היינו יכולים לעשות ניסוי לגבי כדורגל, ולקבל תוצאה שלילית. כעת הטבלא שלנו היתה מכילה שלושה טורים, אלקטרון, פוזיטרון, כדורגל, ושתי שורות (שדה חשמלי ושדה גרביטציוני). וכעת יכולנו לבנות את המודל התיאורטי המופשט, בלי לזהות במפורש את הפרמטרים התיאורטיים, ולראות שיש תכונה מיקרוסקופית שגורמת להשפעה של שדה חשמלי, והיא קיימת באלקטרון ובפוזיטרון, אך לא בכדורגל. ויש תכונה מיקרוסקופית שקיימת בשלושתם שאחראית על היענות להשפעה גרביטציונית.

מעניין לציין כי בטבלא הזו יש פתרון פשוט יותר, ובו רק פרמטר מיקרוסקופי יחיד, שערך נמוך שלו מספיק להשפעה של שדה גרביטציוני, אך להשפעה חשמלית דרוש ערך גבוה יותר שלו. כלומר זו טבלא של קו״ח (אם השדה החשמלי משפיע עליו, קו״ח שישפיע עליו השדה הגרביטציוני). כאשר ננסה לזהות את הפרמטר הזה נקבל שהוא מהווה סכום של מסה ומטען חשמלי. זו תיאוריה לא מוצלחת, שכן אנחנו יודעים שבניסויים נוספים היא תופרך (כי מדובר בשני פרמטרים בלתי תלויים). אולם ניסויים נוספים שנערוך (לדוגמא, על עצמים חסרי מסה, ובעלי מטען חשמלי – פוטונים) יגלו לנו את העובדה הזאת, גם בלי לזהות את הפרמטרים המיקרוסקופיים במפורש (כלומר בלי לדעת שמדובר במסה ומטען חשמלי). מספר הנתונים בטבלא כאן וגיוונם, אינו מספיק כדי להוליך אותנו אל התיאוריה הנכונה.

הניתוח הזה נכון כאשר אנחנו לוקחים בחשבון רק את השאלה האם השדה הפיסיקלי משפיע או לא משפיע על הגוף הנדון. זוהי שאלה בינארית, והיא

קובעת איזה סוג 'מטענים' משחק במגרש הזה (מטען חשמלי, מטען גרביטציוני – מסה). שאלות אלו נשאלות בדרך כלל בתחום של חלקיקים אלמנטריים, שם מנסה הפיסיקאי לאתר אלו סוגי תכונות (='מטענים') משחקים בשדה הזה (צבע, מוזרות, ספין וכדו'). אולם אם נרצה לבחון את התיאוריה המדעית ביתר פירוט, כלומר לגלות ערכים שונים של הפרמטרים המיקרוסקופיים הללו, וכן את ההשפעות של השדות הפיסיקליים בכל אחד מהרכבי הערכים הללו, כאן תידרש תיאוריה מורכבת יותר. יש לשים לב שבמקרה כזה הערכים בטבלא אינם בינאריים, אלא חיוביים ושליליים (השפעה מאיצה ומאיטה של השדה החשמלי), וערכיהם הכמותיים הם רציפים (יש רמות שונות של מטען). לכן ברור שכאן הפרמטרים המיקרוסקופיים בהם מדובר (המטען החשמלי והמסה) לא יהיו בינאריים, אלא יקבלו ערכים רציפים, חיוביים או שליליים.

כדי להרחיב את המודל שלנו בכדי שיוכל לטפל בכל ההכללות המדעיות, על מורכבויותיהן, יש להכליל את המתודה הזו, ולאפשר לה לטפל בפרמטרים לא בינאריים, ובטבלאות שהערכים המופיעים בהן אינם בינאריים. אולם הלוגיקה הבסיסית שלנו נראית נכונה גם למקרים כאלו.

תופעה דומה קיימת ביחס לאנליזה כימית של חומרים שונים. גם כאן ניתן לעשות ניסויים של תגובות של החומרים הללו לריאקציות שונות. הטבלא שתיווצר תגלה לנו את מספר היסודות ובאילו חומרים כל אחד מהם קיים. אולם המינונים (כמות של כל יסוד בכל חומר) דורשים ניתוח רציף ולא בינארי. גם כאן הלוגיקה שלנו נראית רלוונטית, אך דורשת הכללה והרחבה. החשיבה המדעית עניינה הוא בחילוץ תיאוריה מתוך נתונים פרטיקולריים, ובזה עוסק המודל שלנו. מסיבה זו אנו טוענים כי מודל זה והרחבותיו מהווים לוגיקה של החשיבה המדעית, בדיוק כמו שהלוגיקה שמופיעה באורגנון של אריסטו מהווה לוגיקה של החשיבה הדדוקטיבית. החידוש הגדול הוא שהחשיבה המדעית, שנראית לכאורה כפרי של יצירה ודמיון, ולא כתוצר של לוגיקה קפדנית, אינה כולה כזו. יש בה רכיב לוגי טהור, ורק הזיהוי

והאינטרפרטציה של הפרמטרים הלוגיים כרוכים בחשיבה יוצרת ובהפעלת דמיון.

נספח א: הערה על האוניברסליות
והאובייקטיביות של המודל

האוניברסליות של המודל

כפי שראינו במבוא, דרכי החשיבה בהן עסקנו אינן מיוחדות דווקא לספרות התלמודית או למדרש ההלכתי. שלוש המידות הללו הן מידות הגיוניות שמשמשות בני אדם בכל תחומי החשיבה (במדע, בכלכלה, במיון פסיכומטרי, במשפט וכדו'). אם כן, המודל שלנו הוא מודל כללי לחשיבה לא דדוקטיבית, ולא מודל לתחום מסויים דווקא.

הקריטריונים לעדיפות שהוגדרו כאן לא הניחו משהו מיוחד מתוך החשיבה התלמודית. אלו מאפיינים כלליים של האנלוגיה והאינדוקציה, שהם כלי חשיבה כלליים לגמרי. גם הקריטריונים לעדיפות של דיאגרמות נראים כלליים ואוניברסליים. הדרישה לטרנזיטיביות, או התער של אוקאם, הם שעומדים בבסיס האינדקסים שהגדרנו. אלו דרישות שנוהגות בכל תחומי החשיבה, למעט מקרים פתולוגיים.

לעצם הבעייתיות

אם כן, לכאורה אנו מציעים כאן מכניזם אוניברסלי, שמתאר חשיבה אנלוגית ואינדוקטיבית בכלל. יתר על כן, נראה לכאורה שמדובר במודל מכני לגמרי, כלומר מודל שממכן את החשיבה האינדוקטיבית והאנלוגית, מה שנראה בלתי סביר בעליל. מקובל לחשוב שרק חשיבה דדוקטיבית ניתנת למיכון מלא, וכעת נראה לכאורה שניתן למכן גם חשיבה אינדוקטיבית ואנלוגית. האם לא הפכנו בכך את כל החשיבה האנושית למכנית? האם לא נכון הוא שיש מקום ליצירתיות וסובייקטיביות בהסקת מסקנות אינדוקטיביות או אנלוגיות? יתר על כן, המסקנות של היסק שאינו דדוקטיבי אינן הכרחיות, ולכאורה קיומו של מודל קשיח מראה שיש תשובה נכונה הכרחית אחת.

יש בנותן טעם להעיר שכל החוקרים שהוזכרו בהערה 15 בתחילת דברינו עמדו על אופיים הפתוח (open ended), בניגוד לסילוגיזם היווני. לדוגמא, Maccoby שם כותב :

> *We see from this that in a qal va-homer argument there may sometimes be an uncertainty arising from the choice of appropriate terms. This choice of terms may be a matter of intuition, rather than strict logic, and thus one person's valid qal va-homer may be another's fallacy. This does not mean that this method of argument should be condemned as subjective, but only that it belongs to the area of rationality rather than strict logic.*

לעומת זאת, כאן אנחנו רואים שההיסק הזה אינו פתוח כלל וכלל, וניתן להעמיד אותו על מכניזם לוגי קשיח. אמנם הוא מביא שם דברים של היינריך גוגנהיימר :

> *Heinrich Guggenheimer (pp. 181-85) gives a cogent account of the dayyo rule in terms of pure logic, saying that, in virtue of this rule, the qal va-homer argument is 'an admirable solution (the only one known to me) of the problem of making an analogy an exact reasoning'.*

אך עיון בדבריו מעלה שגם הוא לא מתכוין לומר שזה מדויק באותו מובן של הלוגיקה הקלאסית. לדוגמא, שניהם רואים את מחלוקת התנאים במשנת ב״ק לגבי ה׳דיו׳, כאינדיקציה לאופיו הפתוח של ההיסק המדרשי. אולם לפי דברינו מדובר בהנחות יסוד לוגיות שונות. כל אחד מהצדדים כפוי להגיע למסקנתו, מתוך שיטתו הלוגית. יתר על כן, גם בלוגיקה הקלאסית הנחות היסוד הן תוצר של אינטואיציות שונות, ורק ההסקה היא מכנית. לפי המודל שלנו, תיאור כזה נכון באותה מידה גם ביחס לחשיבה הסינתטית (האנלוגיה והאינדוקציה).

כולם גם מצביעים על האפשרות להציג פירכות כאינדיקציה לאופיים הפתוח של ההיסקים הללו. כך גם עשינו אנחנו בתחילת דברינו, במסגרת הביקורת על גישתו של שוורץ שזיהה את הקו״ח עם הסילוגיזם היווני. אולם לאור המסקנות אליהן הגענו, נראה כי אין בכך כדי לומר שמדובר בהיסק פתוח. כפי שראינו, לאחר שלוקחים בחשבון את כל הנתונים הרלוונטיים ישנה רק תשובה נכונה אחת. הפירכות אינן אלא דרך להציג בזה אחר זה את הנתונים הרלוונטיים לבעיה. הטעות שהיתה בהיסק לפני הצגת הפירכא נבעה מכך שלא התחשבנו בכל הנתונים. באופן תיאורטי ניתן להעלות מייד את טבלת הנתונים הרלוונטית, והמסקנה תעלה ממנה בצורה חד ערכית. על טבלא מלאה לעולם לא תהיה פירכא.

נשוב ונדגיש כי אם באמת היינו מדברים רק על תחום מסויים, שבו נוהגות דרכי היסק לא דדוקטיביות מאד מסויימות, ושבמקרה הן ניתנות כאן למיכון, אזי הדבר לא היה כל כך מטריד. אולם האוניברסליות של המודל שלנו, שלכאורה לא מניח מאומה מתוך הנתונים ודרכי החשיבה התלמודיים, נראית מטרידה מאד. כיצד ניתן למכן הכללות מנתונים אמפיריים ולהגיע לחוקים כלליים בדרך שאין בה שום דרגת חופש? האם ההכללות שלנו כפויות עלינו? אם הן כפויות עלינו, הדבר מעורר תמיהה לגבי ההבחנה המקובלת בין חשיבה אנליטית (לוגיקה, או מתמטיקה) לבין חשיבה סינתטית (מדע, משפט וכדו׳).

מעשה לסתור: הדוגמא של מתקפות הדדיות

מה בכל זאת לא הכרחי כאן? מסתבר שבמקרים המיוחדים שבהם נעדיף גרפים (=דיאגרמות) עם מאפיינים שונים, שם שיקולי העדיפות יהיו שונים.

לדוגמא, אם ישנה תורה שבה כל נקודה תוקפת את חברתה, שם הקריטריונים לעדיפות יהיו שונים. לדוגמא, כאשר הדיאגרמה מתארת טענות, שכל אחת תוקפת/סותרת את השנייה, והחץ המחבר את הטענות מצביע על סתירה ביניהן, שם נשאף להפרדה מכסימלית בין חלקי

הדיאגרמה.[7] שם גם לא נדרוש טרנזיטיביות, וגם לא זיהוי בין נקודות שונות בגרף. זיהוי כזה, כמו גם שינוי כיוון (=היעדר טרנזיטיביות) יהיה חיסרון ולא יתרון.

לדוגמא, אם יש לנו מודל שבו כל טענה תוקפת את חברתה, והדיאגרמה נראית כך:

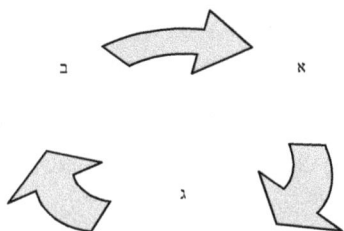

ב׳ תוקף את א׳, א׳ תוקף את ג׳, וג׳ תוקף את ב׳. כל אחת מהטענות א׳ וב׳ אינה תוקפת את עצמה. כעת אנחנו שואלים האם הטענה ג׳ תוקפת את עצמה?

לצורך הפשטות, נבחר טבלת נתונים עבור מקרה פשוט יותר, שמתייחס לשתי טענות, שכל אחת מהן תוקפת את השנייה. טענה א׳ אינה תוקפת את עצמה, והשאלה היא האם טענה ב׳ תוקפת את עצמה? טבלת הנתונים כאן היא הבאה:

	א	ב
א	0	1
ב	1	?

מודל של מתקפות הדדיות

[7] ראה על כך דיון במאמר באנגלית, בשני מקומות: כאשר הצגנו את הקריטריונים לעדיפות, ובסוף הספר כאשר הערנו על הדיאגרמות של דונג.

לכאורה זוהי טבלא של קו"ח, ואם המודל שלנו הוא אוניברסלי היה עלינו למלא כאן 1. אבל ברור שבמקרה זה המצב הוא שונה, שכן כאשר הטענות תוקפות זו את זו, אזי הדרישה מהדיאגרמות היא שהן תהיינה מפוצלות ולא טרזיטיביות, ולכן העדיפות היא לכיוון ההפוך. במקרה זה עלינו להגדיר שיקול עדיפות הפוך, כלומר הדיאגרמה שפחות עדיפה לפי הקריטריון שלנו היא המילוי הנכון במשבצת הלאקונה במקרה זה. המסקנה המתקבלת היא זו הצפויה: טענה ב' גם היא אינה תוקפת את עצמה.

המסקנה היא שישנה דרגת חופש במודל שלנו, והוא לא מכני לגמרי. דרגת החופש נמצאת בבחירת הקריטריונים לעדיפות, והם יכולים להשתנות מתחום לתחום ומבעיה לבעיה.

ובכל זאת בעייה

אך זה לא ממש פותר את הבעייה. ראשית, אנחנו רואים שגם במקרה הפתולוגי שהצגנו כאן, מתוך ההיגיון של הבעיה ניתן להבין מראש שהקריטריונים שלנו אינם רלוונטיים לגביה. שנית, ברור שזהו מקרה פתולוגי. אבל בכל תחומי החשיבה המקובלים, כאשר אנחנו רוצים להסיק מסקנה באנלוגיה או באינדוקציה, באמת שיקול העדיפות לכאורה צריך להיות השיקול אותו הגדרנו כאן.[8] עדיין מטרידה העובדה שאנלוגיה ואינדוקציה, שנראות דרכים לא קשיחות, ושתלויות במידת היצירתיות של האדם המפעיל אותן, תהיינה כפופות למבנה קשיח שניתן למידול מכני. לשון אחר: נראה שמחשב אוטומטי יוכל לעשות אנלוגיות ואינדוקציות בכל תחומי החשיבה, ובעצם גם לפסוק הלכה ולפרש ולדרוש את המקרא עבורנו (לפחות למלא לאקונות הגיוניות). ההצעות שהעלינו, לתלות את דרגת החופש והיצירתיות בבחירת המודל אינן נראות מספיקות, שכן כפי שהערנו זהו מודל

---

[8] ראה דוגמאות שהובאו במאמר באנגלית: לגבי סופות טורנדו, לגבי טבלת נתונים לקניית מסכים ומכשירים אלקטרוניים, לגבי דיאגנוזה רפואית ועוד ועוד.

234

כמעט אוניברסלי, ויוצאי הדופן שלגביהם המודל אינו מתאים הם אזוטריים למדי.

בחירת העמודות

ישנה עוד דרגת חופש במודל, והיא אילו עמודות ושורות יש לבחור לצורך ההיסק. ישנן הרבה מאד אפשרויות לבחור פעולות ותוצאות הלכתיות כבסיס להיסק שלנו. אם כן, ייתכן שבחירת הפעולות והתוצאות היא שמחביאה מאחוריה את החלקים הלא מכניים של ההיסק.

אולם נראה שגם זה אינו פתרון של ממש. ננסה לחשוב, מה יקרה אם באופן תיאורטי נתבונן במכלול המלא של הנתונים ההלכתיים, וניטול את כל מי שיש לו קשר כלשהו לדיון שלנו? לדוגמא, אם אנחנו רוצים לדון בשאלה האם חופה מחילה אירוסין, ניטול את כל מה שחופה עושה בכל מרחבי ההלכה, ונוסיף את כל מה שמחיל אירוסין. מקבוצת הפעולות והתוצאות שקיבלנו, נבחן את כל הפעולות שנוגעות לכל תוצאה ואת כל התוצאות שנוגעות לכל פעולה, ונוסיף גם אותן למאגר. לאחר מכן נמשיך באותה צורה, ונרחיב וניטול את כל מה שמתקשר לפעולות והתוצאות שהוספנו, וכך נמשיך עד שנצבור את כל הנתונים ההלכתיים שנוגעים ברמה כלשהי לבעייה.

לכאורה עד כאן התהליך היה מכני, ואם המודל שלנו אכן עובד, כי אז מכאן והלאה ההכרעה שוב הופכת להיות מכנית לגמרי. אם כן, עדיין מילוי הלאקונות יכול להיעשות באלגוריתם מכני לגמרי, גם אם מורכב למדיי.

העובדה שקשה מאד לאסוף את כל הנתונים ההלכתיים הרלוונטיים היא רק שאלה טכנית. ברמה המהותית עדיין יש כאן היסק מכני לגמרי, וכעת גם דרגת החופש של בחירת הפעולות והתוצאות הרלוונטיות כבר אינה קיימת. לא סביר להעמיד את הבעייה למכן חשיבה לא אנליטית אך ורק על שאלת המורכבות (שהיא רק עניין של קושי ולא מניעה מהותית בפני הליך של מיכון). בפשטות יש כאן מרכיב נוסף, שהוא שונה מהותית, שבגללו צורות

החשיבה וההיסק הללו אינן מכניות במהותן. זו לא נראית רק בעייה של מורכבות. על כן הבעייה הפילוסופית בעינה עומדת.[9]

אז מהי בכל זאת משמעותו של המודל שלנו?

דומה כי התשובה לקשיים הללו נעוצה בהבחנה שנעשית בדרך כלל בתחום האינטליגנציה המלאכותית. ישנן שם שתי גישות עקרוניות באשר למטרת האלגוריתם של הבינה המלאכותית: 1. מטרת האלגוריתם היא להגיע לתשובה הנכונה (כלומר המתאימה לעובדות). 2. מטרת האלגוריתם היא להגיע באופן מכני לתשובה שאדם רגיל היה מגיע אליה באינטואיציה שלו, או בחשיבה לא פורמלית (כלומר לתשובה המתאימה למה שאדם היה מגיע אליו).

המודל שלנו אמור לשקף את אופן החשיבה האנושי. הוא נבנה מתוך מעקב אחרי הליכי חשיבה כפי שהם מבוצעים על ידינו ביומיום, במשפט ובמדע. הוא אמנם עושה זאת באופן מכני, אך מטרתו היא להגיע לתוצאות שהיינו מגיעים אליהן בחשיבה הרגילה (הלא-דדוקטיבית) שלנו.

התוצאות של הפעלת המודל אינן בהכרח נכונות במובן העובדתי, בדיוק כמו שהיסקים אנושיים רגילים אינם בהכרח נכונים. להבדיל מדדוקציה, באנלוגיה ואינדוקציה המסקנות אינן טמונות בהנחות, ויש בהן משום הרחבה של הנתונים שבהנחות. לכן הנביעה של המסקנות מן ההנחות אינה הכרחית. מה שהמודל הקשיח עושה הוא לייצג את אופן ההיסק האנושי, והמסקנה אליה המודל מגיע היא המסקנה שאליה אמור להגיע אדם שמפעיל נכון את החשיבה הלא דדוקטיבית שלו.

ביסוד הדברים עלינו לדעת כי הסיכונים לטעות בחשיבה הלא דדוקטיבית שלנו, יכולים לנבוע משתי סיבות: 1. טעות בהפעלת ההיסק. 2. ההיסק (אנלוגיה, או אינדוקציה) עצמו אינו הכלי הנכון לטפל בבעיה.

---

[9] הדברים לוקחים אותנו לשאלות של משפט גדל, ולבעיית העצירה לגבי מכונות טיורינג, שכן השאלה היסודית היא האם המערכת ההלכתית אכן ניתנת למיכון אוטומטי בצורה כזו. אנו משאירים את הדיון הלוגי-פילוסופי הזה למקום אחר.

לדוגמא, אני רואה צפרדע ירוקה, ואני מסיק מכאן שגם הצפרדע האחרת היא ירוקה. יכול להיות שיש לי טעות בהיסק, כלומר שלא הפעלתי אותו נכון (הייתי צריך לשים לב גם לצורת האוזניים שלהן). אבל בה במידה יכול להיות שהפעלתי אותו נכון (לפי כללי החשיבה האנושיים), אבל הוא לא הוביל למסקנה הנכונה, זאת מפני שלא נכון ללמוד לגבי תכונת הצבע מצפרדע אחת על חבירתה. לדוגמא, אם אסיק על אורכה של צפרדע א' מצפרדע ב' אטעה, לא בגלל שאין מקום לאנלוגיה, אלא בגלל שאנלוגיה אינה כלי נכון לשימוש ביחס לתכונת האורך של צפרדעים. בצורה אחרת נאמר, כי גם אם נשתמש בכל הנתונים שניתן לאסוף לגבי שתי הצפרדעים, ונעשה אנלוגיה מושלמת, עדיין אין ערובה לכך שמסקנת ההיסק תהיה נכונה. בזה שונה החשיבה הדדוקטיבית מעמיתתה הלא-דדוקטיבית.

הסוג השני של הבעיות, מבטא בעייה בחשיבה האנושית, ולא בעייה בהפעלת ההיסק. המודל שלנו, באם אכן הוא נכון, מהווה לכל היותר הפעלה מדוייקת של ההיסקים האנושיים, כלומר הוא ייתן את התוצאה שתתקבל מהפעלה מדוייקת של הכושר האנלוגי ואינדוקטיבי שלנו. אך המודל הזה כמובן אינו יכול לפתור את הבעיות שמובנות בחשיבה שלנו, כלומר לתקן משהו שבו האדם שמפעיל אנלוגיה או אינדוקציה היה טועה בו. המודל הזה רק מתאר את החשיבה האנושית, אך בהחלט לא מחליף אותה.

לשון אחר: אם החשיבה האינטואיטיבית שלנו אינה תואמת למסקנה שתעלה מהפעלת המודל שהצענו, אזי יש כאן בעייה בהפעלת החשיבה האנושית (בהנחה שהמודל נכון), או שיש לתקן את המודל. אולם אם החשיבה האנושית אכן מתאימה למה שיוצא מהמודל, אבל שני אלו לא הגיעו למסקנה הנכונה מבחינה עובדתית, זו אינה בעייה של המודל אלא של צורת החשיבה שלנו (הלא-דדוקטיבית), שאינה מדוייקת ואמינה לגמרי.

נספח ב: תכניות נוספות להמשך

1. בכוונתנו לנסות ולהסביר את המושג העמום 'קו"ח של מקומות', שעולה בספרות הכללים, ורבים נבוכו בו. הוא קשור לסיבוב של הקו"ח, אבל כפי שראינו הסיבוב אינו משפיע על קו"ח מהטיפוס הרגיל, אלא אם יש אסימטריה (שמוליכה ל'דיו').

2. במבוא למעלה עמדנו על כך שהמודל שלנו למידות הדרש מהווה מכשיר למחקר מדעי של התשתית המושגית של ההלכה. ראינו דוגמאות מסוגיית תחילת ב"ק, שם הגמרא עצמה עומדת על הפרמטרים המיקרוסקופיים שמייחדים את אבות הנזק השונים (כוונה להזיק, היזקו מצוי וכדו'). כעת עלינו לבדוק על סוגיית קידושין, לאחר שסיימנו את תהליך ההיסק, למצוא פשר סמנטי לפרמטרים המיקרוסקופיים שמצאנו (יש כנראה ארבעה כאלה). יש לעשות ניסיון לאתר ולאבחן אותם, ולהסביר את המודל המיקרוסקופי אותו קיבלנו אפריורי. לדוגמא, בחלק האחרון ראינו שהסוגיא עצמה מזהה במפורש את אחד הפרמטרים (ההנאה, שישנה בביאה ובכסף, אבל לא בחופה ובשטר). יש להבין את נחיצותו ואופן פעולתו של כל אחד מהפרמטרים הללו להחלת התוצאות הרלוונטיות אליו.

3. בכוונתנו ליישם את המודל הזה לגבי סוגיות נוספות, ולזהות את הפרמטרים המיקרוסקופיים הרלוונטיים לגביהן. לבסוף נבדוק את הסמנטיקה של הפרמטרים הללו (כמו בסעיף הקודם).

4. בכוונתנו לעשות ניסיונות למחקר מקיף של סוגיות שעדיין לא טופלו בספרות התלמודית, כפי המתואר בפרק המסכם. כלומר לקחת אוסף של פעולות ותוצאות, להשלים אותו עד שלא ייוותרו קצוות פתוחים, ולראות

האם אכן מתקבלות התוצאות הנכונות. בין היתר, זוהי בדיקה אפשרית לחד-הערכיות של המודל (ראה תהיות בפרק הסיום).

5. בכוונתנו לחקור את מידות 'כלל ופרט'. גם המידות הללו כורכות פרמטרים מיקרוסקופיים (צדדי ההכללה, בסוגיית נזיר ל"ה ומקבילות). יש לבחון האם ניתן לשלב את המידות הללו במודל הנוכחי. בשלב הנוכחי העולם המחקרי נבוך מאד ביחס למידות הללו ולאופן פעולתן, שכן ישנן סתירות חזיתיות בין מקורות שונים שעושים בהן שימוש. ייתכן שהשערתו של הרב הנזיר בספרו **קול הנבואה** יכולה להוות מפתח לפתרון התעלומה הזו.

6. בכוונתנו לבחון שאלות שנוגעות למידות הדרש הטכסטואליות. לדוגמא, לגבי מידת גז"ש – להבחין בין מופנה ולא מופנה. כיצד מאתרים מילות גז"ש וכיצד משתמשים בהן?

7. ברצוננו לבדוק קשרים בין המודל הזה לבין טכניקות כריית מידע בתחומים שונים (כמו בתחום המשפטי ועוד), וכן את הקשר למודלים של רשתות עצביות, שגם בבסיסם עומדים כנראה פרמטרים מיקרוסקופיים מופשטים (כלומר שמשתמשים בהם בלי לזהות אותם).

8. בכוונתנו להרחיב את המודל בכדי שיוכל לטפל בשאלות של הכללה מדעית ריאלית (ראה על כך בפרק הסיכום). לשם כך יש לפתח מודל שמטפל בפרמטרים רציפים, וערכים רציפים בטבלאות. בדיקה אפשרית

של המודל המוכלל יכולה להיעשות על הטבלא המחזורית, ועל טבלאות של חלקיקים אלמנטריים בפיסיקה של החלקיקים.

9. במישור המתמטי נותרו הדברים הבאים:

א. הוכחת משפטים לגבי פתרונות אופטימליים במצבים שונים.

ב. מציאת אלגוריתם סגור לכל סוגי וגדלי הטבלאות. האם שיטת הדיאגראמות נותנת תמיד פתרון אופטימלי?

ג. בדיקת היחס בין גרפים שמבוססים על פעולות (=שורות) לאלו שמבוססים על תוצאות (=עמודות). לא תמיד יש שקילות (ראה בדברינו לגבי ה'דיו', והשאלה היא באילו מקרים ניתן להוכיח שקיימת שקילות כזו, ומתי לא, ומדוע?

ד. לבדוק פירכות מיקרוסקופיות על כל סוגי הצד השווה וכל סוגי ההיסק.

ה. לבדוק ולהוכיח האם יש שקילות בין פירכות מיקרוסקופיות לפירכות שורה/עמודה (האם תמיד כשאומרים מה ל-X ו-Y שהם כך וכך, זה לא משנה האם הכך וכך הוא פרמטר או תכונה הלכתית. אפשר להגדיר תוצאה, פיקטיבית או לא, שהפרמטר מחיל אותה, וכך להציג פירכות מיקרוסקופיות כפירכות עמודה).

ו. לבדוק פירכא כל דהו לסוגיה. האם היא תמיד פירכא מיקרוסקופית?

ז. להרחיב את המודל לטבלאות נתונים מעל הממשיים (כלומר שהנתונים אינם בינאריים).

www.ingramcontent.com/pod-product-compliance
Lightning Source LLC
Chambersburg PA
CBHW070449100426
42812CB00004B/1242
* 9 7 8 1 8 4 8 9 0 0 0 0 4 *